나만의 진로 가이드북

: 직업을 알면 학과가 보인다

의약계열

머리말

'좋아하는 일을 할까요, 잘하는 일을 할까요?'

　많은 학생들이 진로 상담을 할 때 하는 질문입니다. 물론 좋아하는 일을 잘 할 수 있다면 더할 나위 없이 좋겠지만, 그것이 아니라면 누구나 진로를 선택할 때 이와 같은 고민을 할 것입니다. 이런 학생들을 만날 때마다 '우선 너의 적성과 흥미에 맞는 일을 찾아라. 그러면 열심히 하게 되고, 비록 당장은 아니더라도 결국에는 잘 하게 될 거야.'라고 답을 합니다. 그런데 자신이 좋아하는 일이 무엇인지 알고 있는 학생이라면 그나마 다행입니다. 그러나 많은 학생들은 자신이 무엇을 좋아하고, 어떤 일을 하고자 하는지조차 파악하지 못한 채, 자신의 성적에 맞춰 대학이나 학과를 선택하는 경우가 허다합니다.

'선생님, 제가 꿈꾸었던 학과가 아니에요. 전공을 바꿔야겠어요.'

　자신의 적성과 흥미에 적합할 것으로 예상되는 학과에 무난하게 진학한 경우라도 한 학기가 지나면 전공 적합성으로 고민하는 학생들이 많습니다.
　이는 진학한 학과에 대한 정확한 정보가 아닌, 피상적인 지식과 선입견으로 학과를 선택한 결과입니다.
　입시 준비에 열중하느라 바쁜 학생이 혼자서 학과에 대한 구체적인 정보를 찾기에는 어려움이 있을 뿐만 아니라, 비록 찾았다고 하더라도 진학을 위해 어떤 노력을 해야 할지 막막한 것이 사실입니다.

　이 책은 자신에게 적합한 전공 선택을 하고자 하는 중·고등학생들의 고민과 어려움을 해결하는 데 조금이라도 도움을 주기 위해 만들어졌습니다.

　대학 전공을 인문, 사회, 자연, 공학, 의약, 예체능, 교육 등 7개 계열로 나누고, 계열별로 20개의 대표 직업과 그 직업에 연관된 학과를 제시하여, 총 140개의 직업과 학과를 안내하고 있습니다. 해당 직업의 특성은 무엇인지, 하는 일은 무엇인지, 어떤 적성과 흥미를 지닌 학생에게 적합한지, 어떻게 진출할 수 있는지, 미래의 직업 전망은 어떤지, 어떤 자격증이 필요한지 등을 상세히 풀어놓았습니다.

　또한, 직업과 연관성이 큰 대표 학과에 대해 소개하면서 학과의 교육 목표, 학과에 적합한 인재상, 취득가능 자격증, 배우는 교과목, 졸업 후 진출 가능 직업을 제시하였습니다. 더불어 진로를 선택하는 데 도움이 되는 도서와 전공에 도움이 되는 고등학교 과목을 안내하였습니다. 마지막으로 원하는 학과에 진학하기 위해 중·고등학교 시절에 무엇을 어떻게 준비해야 하는지 알 수 있도록 수상, 자율, 동아리, 봉사, 진로, 교과, 독서 등의 항목으로 나누어 구체적으로 정리하였으니 이를 바탕으로 '학교생활기록부'를 잘 관리한다면 '학생부 종합 전형'을 대비하는 데 많은 도움이 될 것입니다.

　진로 계획을 잘 세우려면 시대의 변화에 관심을 가지고 그 흐름을 잘 파악해야 합니다. 평생직장의 개념이 사라진 현 시점에서는 자신에게 필요한 경험, 지식, 자격증, 학위를 쌓아가는 것이 좋습니다. 사회적으로 어떤 직업이 유망하고 안정적일 것인가에 초점을 두고 직업과 학과를 좇기보다는 자신이 어떤 일을 가장 즐겁게 할 수 있는가를 먼저 살피고, 그에 맞는 직업을 선택하여 꾸준히 능력을 개발하는 것이 중요합니다.

　'일을 즐기면 일의 완성도가 높아진다.'라고 한 아리스토텔레스의 말처럼, 좋아하는 일을 하게 되면 스스로 열심히 하게 되고, 어느 순간 그 분야의 전문가가 되어 있는 자신을 발견하게 될 것입니다. 그러나 그 과정이 순탄하지만은 않을 것입니다. 열심히 노력하더라도 극복해야 할 어려움들은 분명히 찾아올 것입니다. 그때마다 자신의 꿈에 대해 확신을 갖길 바랍니다. 간절히 원하는 만큼 노력한다면 무엇이든 이룰 수 있습니다. 그러한 여러분들을 열렬히 응원하겠습니다.

　끝으로, 이 책이 자신에게 적합한 진로를 찾아, 성공적인 직업 생활, 나아가 행복한 삶을 살아가는 데 조금이라도 도움이 되길 진심으로 기원합니다.

– 저자 일동

이 책의 구성

책은 인문, 사회, 자연, 공학, 의약, 예체능, 교육 등 총 7개 계열로 구성되어 있으며,
계열별 20가지 대표 직업과 각 직업과 관련된 학과를 소개하고 있습니다.
각 직업과 학과에 대해 보다 심도 있게 이해할 수 있으며, 실질적인 직업 진출 계획을
세우는 데 도움이 될 수 있도록 구성하였습니다.

Jump Up

직업 관련 토막 상식,
세부 직업 소개,
자격시험(자격증),
용어 해설 등
다양한 관련 정보를
자유롭게 다루는 코너입니다.

직업

직업의 유래와 정의는
물론, 우리 주변에서
볼 수 있는 직업의 모습과
직업이 하는 일
등을 관련 이미지와 함께
소개합니다.

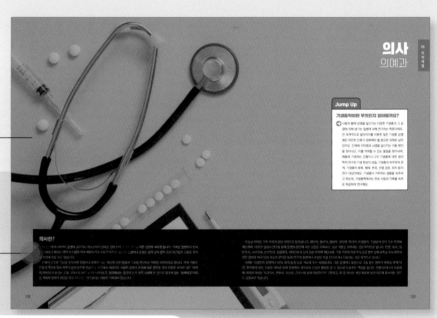

커리어맵(1p)

준비 방법, 관련 교과, 적성과 흥미, 흥미 유형, 관련 학과, 관련 자격,
관련 직업, 관련 기관 등 직업 진출을 위해 점검해야 할 요소들을
맵 형태를 활용하여 소개하였습니다.

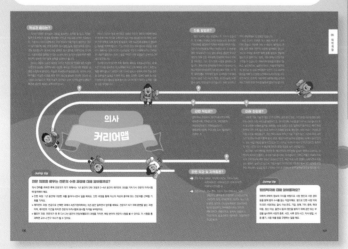

커리어맵(2p)

직업에 요구되는 적성과 흥미, 관련 학과와 자격증,
관련 직업, 직업의 진출 방법과 미래 전망을
객관적인 시각에서 상세하게 다루었습니다.

학과 전공 분석

각 직업과 관련되는 학과의 역할과 성격, 상세한 교육 목표와 교육 내용 등을 소개합니다.

주요 교육 목표

학과의 인재상을 통해 학과의 주요 교육 목표를 살펴봅니다.

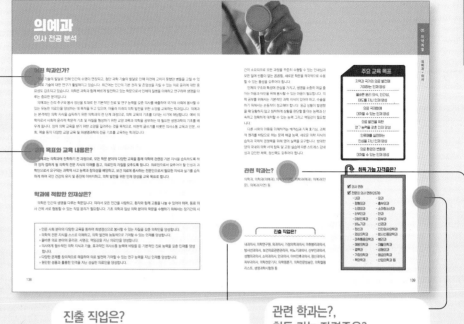

추천 도서는?

학과 공부에 도움이 되는 주요 추천 도서 목록을 제시하였습니다.

진출 직업은?

학과 졸업시 실제 진출할 수 있는 직업과 분야를 보다 폭넓게 생각해 볼 수 있도록 다양하게 제시하였습니다.

관련 학과는?, 취득 가능 자격증은?

관련 학과나 유사 학과, 각 학과에서 취득할 수 있는 자격증 등을 제시하였습니다.

학교 주요 교과목은?

각 학과 진학 시에 배우게 되는 다양한 교과목을 기초 과목과 심화 과목으로 분류하여 제시하였습니다.

학교생활기록부 관리는?

희망 학과 진학과 희망 직업 진출을 위해 중·고등학교 학교생활에서 어떠한 계획을 수립하고 실천해야 할지를 항목별로 정리하여 제시하였습니다.

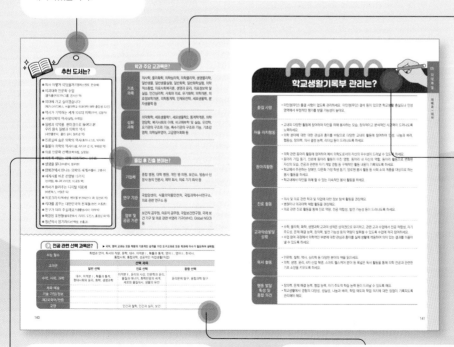

졸업 후 진출 분야는?

학과 졸업시 실제 진출할 수 있는 직업과 분야를 보다 폭넓게 생각해 볼 수 있도록 다양하게 제시하였습니다.

전공 관련 선택 과목은?

희망 학과 진학을 위한 전공 관련 선택 과목에는 무엇이 있는지 확인할 수 있도록 표로 정리하였습니다.

Contents 의약계열

간호사
간호학과
12

물리치료사
물리치료학과
22

미술치료사
예술치료학과
32

응급구조사
응급구조학과
122

위생사
보건학과
112

의사
의예과
132

임상병리사
임상병리과
142

작업치료사
작업치료학과
152

치과기공사
치기공학과
162

방사선사
방사선학과

보건의료정보관리사
보건행정학과

수의사
수의예과

42

52

62

안경사
안경공학과

72

웃음치료사
재활학과

언어치료사
언어재활학과

약사
약학과

102

92

82

치과위생사
치위생학과

치과의사
치의예과

한약사
한약학과

한의사
한의예과

172

182

192

202

PART
05

의약계열
소개

1. 의약계열은?

의약계열에는 인간 신체의 구조와 기능 및 질병의 예방과 치료 방법을 연구하는 의학, 의약품에 관한 기초 및 응용과학을 다루는 약학, 치아의 구조와 기능, 조성 및 재생 등의 원리에 대해 연구하는 치의학, 공중의 건강을 향상시키기 위해 연구하는 보건학이 포함됩니다. 각종 질병의 예방, 진단, 치료를 위한 단계별 이론과 응용 능력을 교육하여 국민에 대한 의료 서비스를 향상시키는 인재를 양성하며, 인류 복지에 기여하는 것이 교육 목표입니다.

2. 의약계열의 분야는?

의약계열은 의학, 간호학, 약학, 치의학, 보건학 분야로 분류됩니다.

3. 무엇을 배울까?

의약계열은 4년제 대학뿐만 아니라 3년제 전문 대학에도 간호학과, 물리치료학과, 치기공학과 과정이 개설되어 있습니다. 각 전공에 따라 이론적인 교과목과 함께 실제 환자를 대상으로 하는 임상 실습 교과목을 배우게 됩니다.

4. 졸업 후 진로는 어떨까?

졸업한 후 의사, 치과의사, 한의사, 약사, 간호사, 물리치료사, 치과위생사, 방사선사 등으로 진출할 수 있는데, 이를 위해서는 전공 관련 보건 의료인 국가시험에 합격하여 면허를 취득해야 합니다.

의약계열의 분야

가. 의학

의학은 사람의 건강 유지·회복·촉진 등에 적용되는 광범위한 학문입니다. 의학에는 질병의 치료뿐만 아니라 예방도 포함됩니다. 인체에 관한 연구와 질병의 예방 및 치료를 연구하는 영역으로 서양 의학인 의학, 동양 의학인 한의학이 포함됩니다.

나. 간호학

간호학은 인간의 건강을 보호하고 증진하기 위해 질병으로부터 회복할 수 있도록 돕는 행위에 관한 학문입니다. 또한 객관적이고 과학적인 방법을 통한 체계적인 설명으로 의학적 결과를 예측하고 처방하기 위한 학문입니다.
간호학에는 성인간호학, 모자간호학, 정신간호학, 보건간호학, 간호행정 및 간호사회학 등이 포함됩니다.

다. 약학

약학은 사람 또는 동물의 질병을 예방하고 치료하는 데 사용되는 의약품에 관한 기초 및 응용과학을 다루는 학문입니다. 의약품 개발에 필요한 질병 발생 및 생명 현상에 대한 기본 원리와 의약품의 제조·생산·관리에 관한 내용을 배웁니다. 약학에는 약과 관련된 화학, 물리학, 생물학 등의 분야가 포함됩니다.

라. 치의학

치의학은 구강 및 악안면의 질환, 특히 치아와 그 주위 조직의 질병을 치료하고 예방하며 치아의 결손 부위를 인공물로 대체하여 정상적인 저작 기능과 심미를 회복시키는 이론과 기술을 연구하는 학문입니다.

마. 보건학

보건학은 국민의 건강을 향상시키기 위한 학문으로, 개인과 가정의 건강 향상을 위한 생활 환경의 개선부터 지역 주민의 집단 건강을 향상시키기 위한 조직적 노력에 이르기까지 다양합니다. 환경 위생, 개인위생 교육, 질병의 조기 진단 및 예방, 심신 장애인의 사회 적응을 도와주는 활동을 포함하는 재활학과 의료공학 등이 포함됩니다.

전공 관련 선택 교과 활용의 유의점

본 책에서 제시된 학과의 선택 과목 추천은 2022 개정 교육과정 고등학교 보통교과에 한정되어 있습니다. 광주광역시교육청 발간 〈2024 진로연계 과목 선택을 위한 학과 안내서〉, 부산광역시교육청 발간 〈청소년을 사로잡는 진로디자인5〉 자료집과 2024학년도 서울대 권장 이수과목 목록, 고려대 외 5개 대학이 제시한 자연계열 핵심 권장과목, 부산대에서 제시한 2024 이후 학생부위주전형 모집단위별 인재상 및 권장과목 자료를 참고로 2022 개정 고등학교 교육과정 교과에 맞게 재구성하였습니다.

본 책에서 **국어 교과와 영어 교과의 일반 선택 과목은 도구 교과(다른 과목을 학습하기 위한 기본적인 수단이 되는 교과 과목)인 성격을 고려하여 모든 학과 선택 과목에 포함하지 않았음**을 안내합니다. 아울러 **수능 필수 지정 교과인 국어(화법과 언어, 독서와 작문, 문학), 수학(대수, 미적분I, 확률과 통계), 영어(영어I, 영어II), 한국사, 사회(통합사회), 과학(통합과학), 성공적인 직업생활(직업) 교과는 필수 선택 과목 영역으로 구분하여 제시**하였습니다.

본 책에 제시된 학과 관련 선택 권장 과목은 절대적인 것이 아니라 하나의 예시 자료입니다. 본 자료가 절대성을 의미하는 것은 아니므로 최종 과목 선택시 단순 참고자료로 활용하기를 바라며, 학생 개인의 희망과 진로 등을 고려하여 최종 선택하는 것이 바람직합니다.

05

의약계열

직 업	학 과
간호사	간호학과
물리치료사	물리치료학과
미술치료사	예술치료학과
방사선사	방사선학과
보건의료정보관리사	보건행정학과
수의사	수의예과
안경사	안경공학과
약사	약학과
언어치료사	언어재활학과
웃음치료사	재활학과
위생사	보건학과
응급구조사	응급구조학과
의사	의예과
임상병리사	임상병리과
작업치료사	작업치료학과
치과기공사	치기공학과
치과위생사	치위생학과
치과의사	치의예과
한약사	한약학과
한의사	한의예과

성인간호학이란 무엇인지 알아볼까요?

➡️ 성인간호학은 성인을 대상으로 한 간호학 전문 분야로, 생애 주기 즉 청년, 중년, 노년기에 이르기까지 의학적 관리, 내과적 관리, 수술 환자 관리, 외과적 관리 등 성인 간호 대상자의 이론적 적용부터 상황에 맞는 신체 사정, 신체 검진, 진단 검사를 다루어요. 또한 수분과 전해질, 통증, 감염, 상처, 암, 정신 건강 문제, 수면 문제 등과 특수한 질병에 대한 간호 및 건강 증진·유지·회복에 중점을 두며, 더 나아가 성인을 돌보는 간호사로서 자신의 실력을 배양하고, 학문적 틀을 형성하며, 미래의 삶에 도전하도록 이끄는 학문이에요.

간호사란?

우리가 몸이 아파 병원을 찾게 되면 의사의 진료를 도와주는 사람이 있습니다. 병에 걸린 사람들이 빨리 회복될 수 있도록 전문 간호 지식을 이용해 돌봐 주고, 주사를 놓고 약을 먹이며, 각종 검사나 수술 시 의사를 돕는 사람이 간호사입니다. 간호사가 되기 위해서는 간호학을 전공해야 합니다. 간호학은 인간의 건강을 보호하고 증진하기 위해 질병으로부터 회복할 수 있도록 도와주는 학문으로, 성인간호학, 모자간호학, 정신간호학, 보건간호학, 간호행정 및 간호사회학 등을 연구합니다.

간호사는 인간을 대상으로 간호 과정을 전인적으로 이해하고 적용하여, 사람들의 질병을 예방하고 건강을 유지·증진·회복하도록 도와주는 일을 전문적으로 담당합니다. 우리나라 '의료법'에 의하면 간호사의 업무는 환자의 간호 요구에 대한 관찰, 자료 수집, 간호 판단 및 요양을 위한 간호, 의사(치과의사, 한의사 포함)의 지도하에 시행하는 진료의 보조, 간호를 요구하는 사람에 대한 교육·상담 및 건강 증진을 위한 활동의 기획과 수행, 간호조무사가 수행하는 업무 보조에 대한 지도 등을 수행하는 것으로 규정되어 있습니다.

간호사라는 직업의 시초는 고대 및 중세 시대에서도 찾아볼 수 있으나, 오늘날의 간호사는 크림 전쟁 때 간호사로 전쟁에 참전한 나이팅게일로부터 시작되었습니다. 나이팅게일은 크림 전쟁에서 부상당한 병사들을 돌보는 일을 영국 성공회 수녀들과 함께 헌신적으로 실천하여, 그때까지 부족했던 군 의료 시설을 개선하였고, 기부를 받아 간호 학교를 개교하였습니다. 전쟁이 끝난 후에는 병원과 간호 영역에서 혁명을 일으키고, 간호의 개념을 정립하였습니다. 이때 정립한 나이팅게일의 간호 이념은 현대 간호 이념의 근간을 이루고 있습니다.

우리나라에 간호사라는 직업이 처음 소개된 것은 19세기 말 선교를 위해 들어온 서양의 의사와 간호사들에 의해서였습니다. 이들은 간호 활동을 하는 한편, 간호사를 양성하는 교육 사업을 진행했습니다. 간호 선교사 에드먼즈는 우리나라에 최초로 간호사 교육을 한 사람이고, 쉴즈는 세브란스 간호부 양성소에서 교육 활동을 한 사람으로 당시 '한국의 나이팅게일'로 불리었습니다.

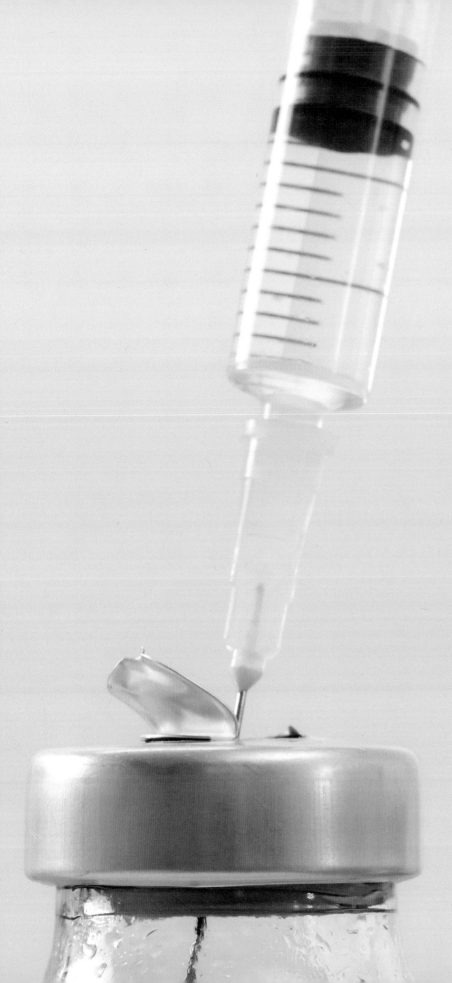

간호사가 하는 일은?

일반적으로 간호사는 병원에서 의사를 도와 환자를 치료하거나 환자를 돌보는 일을 하는 사람이라고 생각합니다. 그러나 간호사는 사실 이보다 훨씬 더 복잡하고 다양한 일을 합니다. 신체가 허약하거나 장애가 있는 사람, 다치거나 병든 사람, 임산부 등의 건강을 보살피고 그들을 치료하는 것은 물론, 질병 예방을 포함한 여러 가지 활동에 종사하는 전문 의료인입니다.

최근에는 규모가 큰 병원을 중심으로 마취, 종양, 응급, 임상, 정신 등 전문 분야에서 활동하는 전문 간호사들이 늘어나고 있습니다. 전문 간호사 제도는 2000년부터 시행되고 있으며, 전문 간호사 분야에는 가정·감염관리·보건·마취·노인·산업·응급·정신·중환자·호스피스·종양·아동·임상 전문 간호사 등 13개가 있습니다.

간호사는 취업률이 높고, 직업적 안정성이 높으며, 보수도 높은 편에 속합니다. 힘들고 어려운 일도 많지만 간호 업무를 하면서 느끼는 보람과 긍지도 높은 편이고, 간호사 외에도 보건교사나 간호장교 등 진출할 수 있는 분야가 다양하다는 장점이 있습니다. 그러나 환자를 부축하거나 병실을 돌아다니면서 환자들을 돌봐야 하기 때문에 육체적 노동 강도가 센 편이고, 24시간을 3교대로 근무하므로 근무 시간이 불규칙적입니다. 항상 아픈 사람을 대하기 때문에 감염의 위험에 노출되어 있고, 환자와 의사 등 많은 사람을 상대해야 하므로 스트레스가 많다는 단점이 있습니다.

> » 환자의 상태를 파악하기 위해 혈압, 맥박, 혈당, 체온 등을 측정합니다.
> » 약품을 투여하거나 외상을 치료하면서 환자의 상태와 반응을 관찰·기록하여 의사에게 알립니다.
> » 수술 또는 분만 시술 중인 의사와 해당 환자를 돕습니다.
> » 간호 활동과 관련한 기록을 수집하여 관련 문제에 대해 조언합니다.
> » 의사가 자리를 비웠을 경우에는 비상조치를 시행합니다.
> » 의사의 진료를 도우며, 의사의 처방, 규정에 따라 치료를 행합니다.
> » 환자 개인의 위생 관리나 질병 상황, 일어날 수 있는 신체적 현상에 대해 설명합니다.
> » 환자에게 처방된 약을 정확하게 투여하고, 환자의 통증을 관리합니다.
> » 환자의 요구 사항을 의사에게 전달하여 환자가 다치지 않도록 배려합니다.
> » 업무 내용을 확인하여 필요한 의료 물품을 신청하고, 의료 기기를 관리합니다.
> » 의료 기기와 소모품을 관리하고, 병원 시설을 관리·운영합니다.
> » 의사의 지시를 받아 수술한 환자들을 확인하고 돌봅니다.
> » 간호 활동과 병상 일지를 기록하며, 병실 환경을 관리합니다.

Jump Up

호스피스전문간호사에 대해 알아볼까요?

호스피스전문간호사는 죽음을 앞둔 환자가 편안한 죽음을 맞이할 수 있도록 돕는 일을 해요. 죽음이란 삶의 자연스러운 과정이라는 것을 환자에게 인식시키고, 이를 바탕으로 환자의 정신적·육체적 고통이 완화될 수 있도록 도와요. 환자의 통증을 확인하고 완화시킬 수 있도록 간호하며, 환자와 가족의 심리 사회적 상태를 평가하고, 심리 사회적 접근으로 간호하고 교육해요.

간호사

커리어맵

관련기관

준비방법

- 생명과학, 화학, 사회 교과 역량 키우기
- 간호 및 봉사 관련 동아리 활동
- 간호사 및 보건직 공무원 직업 탐방 활동
- 병원이나 의료 기관 체험 활동
- 강인한 체력 키우기
- 간호, 의료, 생명, 심리학, 인문학 등 다양한 분야의 독서

관련학과

- 간호학과
- 간호학과(인문)
- 간호학과(자연)
- 간호학부
- 간호학부 간호학과
- 간호학부(자연)
- 간호헬스케어학과
- 간호대학

관련자격

- 간호사
- 조산사
- 2급 정교사(보건)
- 전문간호사(13개)
- 중독전문상담가
- 보건교육사

간호사

흥미유형

- 현실형
- 사회형

관련교과

- 수학
- 사회
- 과학
- 보건

적성과 흥미

- 도덕성
- 책임감
- 성실성
- 따뜻한 마음과 배려심
- 순발력과 판단력
- 생물, 심리에 대한 기본 지식
- 봉사 정신
- 정확하고 꼼꼼한 성격
- 대인관계 능력
- 의사소통 능력
- 협업 능력
- 강인한 체력
- 사회성 및 정직성

관련직업

- 가정전문간호사
- 간호조무사
- 보건교사
- 간호장교
- 보건직 공무원
- 간호직 공무원
- 보험사무원
- 수술실간호사
- 응급구조사
- 의료관광코디네이터
- 산후조리원
- 조산원

적성과 흥미는?

간호사는 의사를 도와 환자의 건강과 생명을 다루는 일을 하므로 도덕성과 책임감, 성실함을 갖추어야 합니다. 환자를 상대해야 하는 만큼 그들의 아픔에 공감하고, 항상 밝은 표정으로 환자의 마음을 안정시켜 주며, 따뜻하게 보살필 수 있는 마음과 배려심, 봉사 정신이 필요합니다. 응급 상황이 발생했을 때 심폐소생술을 실시하거나 혈당 주사를 놓거나 수혈을 하는 등 빠르게 대처할 수 있는 판단력과 순발력을 갖추어야 합니다.

정확하고 꼼꼼한 성격을 가진 사람에게 유리하며, 의료진 및 환자들과 수시로 의사소통을 해야 하기 때문에 대인관계 능력, 의사소통 능력, 협업 능력을 갖추어야 합니다. 주야 24시간을 3교대로 근무해야 하고, 환자를 부축하거나 병실마다 돌아다녀야 하는 등 육체적인 노동 강도가 큰 편이므로 강한 체력을 지녀야 합니다. 현실형과 사회형의 흥미를 가진 사람에게 적합하며, 사회성, 정직성, 신뢰성 등의 성격을 가진 사람들에게 유리합니다.

간호사에 관심이 많다면 학창 시절부터 청소년 단체나 봉사 동아리에 참여하여 병원, 요양원, 사회 복지 시설 등에서 봉사 활동을 할 것을 적극 권장합니다. 인문학, 심리학, 의학, 간호학 등 다양한 분야의 독서를 통해 사고의 폭을 확장시키고, 간호사 관련 직업 체험 및 학과 탐방 활동도 추천합니다. 간호사로 활동하기 위해서는 체력이 중요하기 때문에 틈틈이 기본 체력을 키우기 위해 노력해야 합니다.

관련 학과 및 자격증은?

➡ 관련 학과: 간호학과, 간호학과(인문), 간호학과(자연), 간호학부, 간호학부 간호학과, 간호학부(자연), 간호헬스케어학과, 간호대학 등

➡ 관련 자격증: 간호사, 조산사, 정신보건간호사 1급, 정신보건간호사 2급, 2급 정교사(보건), 보건교육사, 전문간호사(가정, 감염관리, 보건, 마취, 노인, 산업, 응급, 정신, 중환자, 호스피스, 종양, 아동, 임상), 중독전문상담가 등

Jump Up

간호조무사에 대해 알아볼까요?

간호조무사는 의사의 환자 진료를 돕거나, 간호사가 환자를 보호하는 일을 도와주는 일을 해요. 간호사에 비해 전문성이 높지 않는, 비교적 단순한 의료 보조 행위와 간호 보조 행위를 해요. 간호조무사는 일반적으로 고등학교 졸업 후 약 9개월 동안 간호 학원에서 이론 및 실습의 기초 간호 교육을 받고, 특별시 및 광역시장, 도지사가 시행하는 간호조무사 자격시험에 합격해야 해요.

진출 방법은?

간호사가 되려면 4년제 대학 간호학과나 3년제 간호 전문 대학의 간호과에 입학해야 합니다. 3년제 간호 전문 대학에서 간호학을 공부한 후에 간호사 학사 학위 특별 과정에 편입하거나 학점 인정제를 통해 4년제 대학의 간호학과를 졸업한 것과 동등한 학사 학위를 취득할 수 있습니다.

간호사가 되려면 간호 관련 학과를 졸업하고, 한국보건의료인국가시험원에서 시행하는 간호사 국가 자격시험에 합격한 후 보건복지부장관으로부터 간호사 면허를 발급받아야 합니다. 전문간호사는 보건복지부장관이 지정하는 전문간호사 교육 기관에서 2년 이상 교육 과정을 이수한 후 보건복지부장관이 실시하는 전문간호사 자격시험에 합격해야 합니다.

간호사 면허를 취득한 후에는 국·공립 병원, 사립 병원, 결핵 요양원, 정신 병원 등과 같은 전문 병원에 진출하거나 기업체 의무실, 산후조리원, 요양 시설, 복지관, 의료 관련 기업 등으로 진출할 수 있습니다. 보건소나 보건지소에 근무하려면 간호직 공무원 임용 시험에 합격해야 하고, 보건교사가 되려면 대학 재학 중 교직 과정을 이수한 후 교원 임용 고시에 합격해야 합니다. 국군간호사관학교를 졸업한 후에는 군대에서 간호장교로 근무하게 됩니다.

간호사는 보통 여성의 직업으로 여겨졌으나, 최근에는 남자 간호사의 수가 계속 늘어나고 있습니다. 남자 간호사는 여자 간호사에 비해 신체적으로 강하여 여자 간호사의 부족한 점을 보완할 수 있다는 장점 때문에 해마다 증가 속도가 빨라지고 있습니다.

관련 직업은?

수술실간호사, 가정전문간호사, 간호조무사, 간호장교, 보건교사,
보건직 공무원, 간호직 공무원, 보험사무원, 응급구조사,
의료관광코디네이터, 보호관찰관, 산후조리원, 조산원 등

미래 전망은?

국민 소득이 증가하면서 국민들의 건강에 대한 관심도 늘어나고 있는데 비해, 우리나라 간호사 수는 수요에 비해 부족한 실정입니다. 정부에서도 의료의 질을 높이기 위해 병상 수 대비 간호사 수를 늘리려는 노력을 하고 있지만, 여전히 OECD 국가 중 인구 대비 간호사 비율이 매우 낮은 편이어서 간호사에 대한 수요는 계속 증가할 것으로 전망됩니다. 인구의 고령화, 만성 질환자의 증가, 노인 전문 요양 시설의 증가 등으로 간호사의 채용도 증가할 것으로 예상됩니다.

최근 정부에서 간호사 수에 따라 간호 관리 비용을 차등 지급하는 간호등급제를 실시하면서 등급과 병원 수익이 연관되기 때문에 더 많은 간호사를 채용하려는 것도 간호사 수요 증가의 요인으로 작용하고 있습니다. 또한 학교보건법에 따라 학교에서도 의무적으로 보건교사를 채용하게 되면서 보건 교사 자격증을 소지하고 있는 간호사들이 보건교사로 많이 진출할 것으로 예상됩니다.

미국, 유럽, 캐나다, 호주 등 선진국뿐만 아니라 중동 국가에서 간호사 인력 부족 문제가 심화되고 있는 것은 간호사들이 해외로 진출할 수 있는 기회가 되어 직업 전망에 긍정적인 요소로 작용하고 있습니다.

간호학과
간호사 전공 분석

어떤 학과인가?

간호학은 건강의 회복, 질병의 예방, 건강의 유지 및 증진에 필요한 일련의 간호 활동에 관한 이론을 연구하고, 실습함으로써 전문 간호인을 양성하는 학문입니다. 간호학은 인간을 대상으로 하는 학문이므로 자연과학, 인문과학, 사회과학을 기초로 하는 응용과학이라고 볼 수 있습니다.

간호학과에서는 인간의 건강을 보호하고 증진시키며, 질병으로부터 회복하고, 재활을 돕는 등 간호 활동에 대한 이론을 배웁니다. 간호학은 간호 대상의 특성과 변화에 따른 간호 방법을 연구하며, 성인간호학, 아동간호학, 모성간호학, 노인간호학, 정신건강간호학, 지역사회간호학 등으로 구분됩니다.

교육 목표와 교육 내용은?

간호학과에서는 성실, 박애, 봉사 정신을 바탕으로 과학적 지식과 전문적 기술 및 현장 실무 대처 능력을 갖춘 간호인을 양성하는 것을 교육 목표로 합니다. 인간이 최적의 건강을 유지하고, 최대의 잠재력을 개발할 수 있도록 도와주는 건강 전문인을 육성하는 데 중점을 두고 있습니다.

정보 기술 사회가 필요로 하는 지식과 기술, 높은 윤리적 가치, 인류의 건강 증진에 공헌하는 간호 정신, 합리적이며 과학적 사고를 지녀 국제화·세계화 시대에 기여할 수 있는 능력 있는 전문 간호사를 양성합니다.

학과에 적합한 인재상은?

간호학과에서는 간호 대상자인 인간을 이해하기 위해 기본적인 소양 교육을 받아야 하며, 간호 대상자의 질병 및 건강과 관련하여 직관력, 분석 능력, 적극성 등이 필요합니다. 또한 다양한 의료인과의 관계에서 조정자로서의 역할을 수행하기 위해 의사소통 능력이 요구됩니다. 인체나 질병, 생명 등에 대한 관심이 있고, 남을 도와주는 것에 관심이 있는 사람이면 좋습니다. 생물학, 화학에 대한 지식도 중요하지만 사회 과목에 흥미가 있고, 다양한 사람들 만나고 함께 생활해야 하기 때문에 대인관계 능력도 필요합니다.

> » 통합적 존재로서의 인간 이해를 기초로 한, 전인 간호 인재를 양성합니다.
> » 간호 전문직 발전을 위한 리더십을 갖춘 인재를 양성합니다.
> » 전문적 간호 지식과 기술을 기반으로 한, 통합적 간호 실무 능력을 지닌 인재를 양성합니다.
> » 창의적이고 비판적인 사고를 통한 문제 해결 능력을 지닌 인재를 양성합니다.
> » 인류애를 바탕으로 하는 전문직 직업관과 윤리 의식을 갖춘 인재를 양성합니다.
> » 지역 사회의 건강 증진과 질병 예방 구현을 위한 사회적 책임 의식을 지닌 인재를 양성합니다.
> » 국제적 감각과 역량을 갖추고 보건 환경 변화에 능동적으로 대처할 수 있는 인재를 양성합니다.

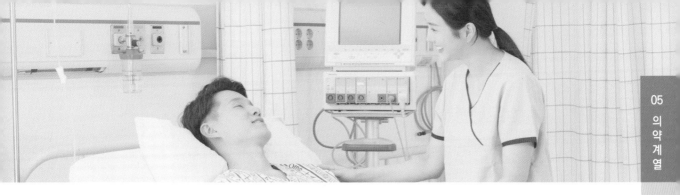

타인과의 협동심, 배려심이 뛰어나고, 마음이 따뜻하여 다른 사람을 잘 이해하며 배려하는 태도를 지니면 좋습니다. 빠르게 변화하는 환경에 유연하게 대처할 수 있는 능력, 논리적이고 비판적인 사고를 할 수 있는 통찰력, 상황에 대한 이해를 바탕으로 창의적인 문제 해결 능력이 필요합니다. 열정과 근성, 체력과 지구력, 성실성, 책임감 등을 갖추면 좋습니다.

관련 학과는?

간호학과(인문), 간호학과(자연), 간호학부, 간호학부 간호학과, 간호학부(자연), 간호헬스케어학과, 간호대학 등

주요 교육 목표

인간 이해를 바탕으로
전인 간호를 실천할 인재 양성

과학적 탐구력을 지닌 인재 양성

사회 요구에 부응하는
실무 능력을 지닌 인재 양성

과학적 지식·전문적 지식이
풍부한 인재 양성

소통 및 협력 능력을 지닌 인재 양성

간호 대상자와 효율적 의사소통이
가능한 인재 양성

취득 가능 자격증은?

☑ 간호사   ☑ 조산사 등
☑ 중등학교 2급 정교사(보건)
☑ 보건교육사
☑ 전문간호사(13개)

　- 가정　　　- 감염관리

　- 보건　　　- 마취

　- 노인　　　- 산업

　- 응급　　　- 정신

　- 중환자　　- 호스피스

　- 종양　　　- 아동

　- 임상
☑ 중독전문상담가 등

진출 직업은?

간호사, 간호장교, 보건교사, 수술실간호사, 호스피스전문간호사, 가정전문간호사, 감염관리전문간호사, 산업전문간호사, 보건직 공무원, 간호직 공무원, 보험사원, 응급구조사, 의료관광코디네이터, 산후조리원, 조산원 등

추천 도서는?

- 간호사가 말하는 간호사(부키, 권혜림 외)
- 청진기가 사라진다
  (청년의사, 에릭 토폴, 박재영 외 역)
- 의료 인문학 산책(문화의힘, 심정임)
- 간호 읽어주는 남자(크루, 김진수)
- 간호사 마음일기(강한별, 최원진)
- 연구간호사를 간직하다(드림널스, 박유원 외)
- 나는 35년차 간호사입니다(답, 김혜정)
- 법의간호사를 간직하다(드림널스, 최보은)
- 청춘 간호사의 세계 병원 여행
  (이담북스, 김진수)
- 우리는 미국 전문간호사입니다
  (푸른향기, 김은영 외)
- 나는 간호사, 사람입니다(아를, 김현아)
- 간호사 혁명 시대(라온북, 이경주)
- 낭만 간호사(포널스출판사, 송상아)
- 전쟁터로 가는 간호사
  (끌레마, 시라카와 유코, 전경아 역)
- 의학용어 알고리즘
  (포널스출판사, 간호사적응연구소)
- 사랑의 돌봄은 기적을 만든다
  (비전과리더십, 김수지)
- 간호사라서 다행이야(원더박스, 김리연)
- 간호사 너 자신이 되어라(메디캠퍼스, 한화순)
- 미스터 나이팅게일(김영사, 문광기)

학과 주요 교과목은?

기초 과목	생물학, 생물학실험, 심리학, 심리학개론, 해부학, 생리학, 화학, 화학실험, 생명의료윤리, 생명과학, 사회학이란 무엇인가, 심리학이란 무엇인가, 성장발달이론, 통계학, 의료현장적응실습, 사회복지학개론, 인간성장발달과 건강 등
심화 과목	간호관리학, 간호특론, 간호학개론, 간호연구개론, 아동건강간호학, 정신건강간호학, 지역사회간호학, 인간과 건강, 병원미생물학, 병태생리학, 간호통계학, 간호윤리세미나, 출산기가족간호학, 약물기전과 효과, 건강교육과 상담, 영양과 식이, 건강증진행위개론, 의사소통 및 인간관계 및 실습, 기본간호학 및 실습, 인체구조와 기능 및 실험, 재활간호학 및 실습, 지역사회간호학실습, 가족건강간호 및 실습 등

졸업 후 진출 분야는?

기업체	종합 병원, 대학 병원, 개인 병·의원, 노인 복지관, 사회복지관, 산후조리원, 조산원, 요양원, 의료 기기 업체, 의료 정보 회사, 보험 회사, 제약 회사, 레저 및 스포츠 관련 회사, 기업체 의무실, 의사협회, 약사협회, 보건 의료 분야의 언론사 등
연구 기관	보건 관련 연구소, 보건 산업 관련 연구소, 한국보건사회연구원, 보건환경연구원 등
정부 및 공공 기관	간호직 공무원, 보건직 공무원, 보건소, 국민건강보험, 국립정신건강증진센터, 국립재활원, 질병관리본부, 육해공군, 해병대 등

🔍 전공 관련 선택 과목은?

▶ 국어, 영어 교과는 모든 학문의 기초적인 성격을 가진 도구교과로 모든 학과에 이수가 필요하여 생략함.

수능 필수	화법과 언어, 독서와 작문, 문학, 대수, 미적분 I, 확률과 통계, 영어 I, 영어 II, 한국사, 통합사회, 통합과학, 성공적인 직업생활(직업)		
교과군	선택 과목		
	일반 선택	진로 선택	융합 선택
수학, 사회, 과학	대수, 미적분 I, 확률과 통계, 사회와 문화, 현대사회와 윤리, 화학, 생명과학	미적분 II, 윤리와 사상, 인문학과 윤리, 물질과 에너지, 화학 반응의 세계, 세포와 물질대사, 생물의 유전	윤리문제 탐구, 융합과학 탐구
체육·예술			
기술·가정/정보			
제2외국어/한문			
교양		인간과 철학, 인간과 심리, 보건	

학교생활기록부 관리는?

출결 사항	• 미인정(무단) 출결 사항이 없도록 관리하세요. 미인정(무단) 결석 등이 있으면 학교생활 충실도나 인성, 성실성 영역에서 부정적인 평가를 받을 가능성이 높아요.
자율·자치활동	• 간호학 분야에 대한 관심과 흥미를 바탕으로 다양한 교내외 활동에 참여하여 봉사심, 인성, 나눔과 배려, 협동심, 창의력, 의사 결정 능력, 리더십 등이 드러나도록 하세요.
동아리활동	• 간호 관련 혹은 봉사 관련 동아리 활동을 적극 추천해요. • 동아리 가입 동기, 진로에 동아리 활동이 미친 영향, 동아리 내 자신의 역할, 동아리 활동으로 변화된 자신의 모습, 전공과 관련된 자기 계발 경험 등 구체적인 활동 내용이 기록되도록 하세요. • 학교내에서 타인을 위해 할 수 있는 지속적인 봉사 활동을 하세요. • 학교에서 주관하는 보건소, 병원, 재활원, 사회 복지 시설 등 사회 소외 계층 및 약자를 대상으로 하는 봉사 활동에 참여하세요.
진로 활동	• 간호학과 및 간호사 관련 직업에 대한 정보 탐색 활동을 권장해요. • 병원이나 간호학 관련 체험 활동을 권장해요. • 간호 및 의료 분야의 진로 탐색 활동을 통해 진로 역량, 전공 적합성, 발전 가능성 등이 드러나도록 하세요.
교과학습발달 상황	• 사회, 과학, 수학 교과의 성적은 상위권으로 유지하고, 관련 교과 수업에서 전공 적합성, 자기 주도성, 문제 해결 능력, 창의력, 발전 가능성 등의 역량이 발휘될 수 있도록 수업에 적극 참여하세요. • 수업 참여 과정에서 적극적인 수업 태도, 타인에 대한 관심과 배려, 협력을 통해 결과를 이끌어 내는 모습이 드러나도록 해요.
독서 활동	• 인문학, 철학, 역사, 심리학 등 다양한 분야의 책을 읽으세요. • 생명, 윤리, 봉사, 의료, 건강 분야 등 폭넓은 독서 활동을 통해 전공 관련 소양을 키우도록 하세요.
행동 발달 특성 및 종합 의견	• 창의력, 문제 해결 능력, 협업 능력, 자기 주도력 등이 드러날 수 있도록 해요. • 학교생활에서 경험의 다양성, 성실성, 나눔과 배려, 학업 태도와 학업 의지에 대한 장점이 기록되도록 관리해야 해요.

물리치료사란?

　일상생활에서 팔이나 다리, 어깨가 갑자기 아프거나 운동량 과다로 인해 근육이 뭉쳐 불편을 느낄 때 병원이나 한의원에 가서 물리 치료를 받습니다. 병원에 비치된 각종 기구를 이용하거나 사람의 손을 이용하여 물리 치료를 받고 나면 몸이 많이 편안해짐을 느낍니다. 또한 교통사고, 운동 등으로 다친 사람들이나 선천적인 장애를 가진 사람들이 정상적인 활동을 할 수 있도록 재활하는 과정에도 물리 치료가 적용됩니다.

　물리치료학이란 각종 질병, 절단, 손상 등의 신체적 장애를 가진 환자들을 치료적 운동이나 열, 냉, 물, 빛, 전기, 초음파 및 마사지를 이용한 자극 등의 방법으로 치료하는 학문입니다. 물리 치료에 활용되는 광선, 물, 열, 냉, 수기, 운동 요법 등은 고대부터 인류의 질병을 치료하거나 건강을 증진하기 위해 민간요법으로 사용되었습니다. 물리적인 인자를 이용한 치료가 전문적으로 활용된 것은 1900년

물리치료사
물리치료학과

Jump Up

물리치료학의 주요 분야에 대해 알아볼까요?

▶ 치료적 마사지: 신체를 구성하는 근육 조직에 대해 연구하는 학문이에요. 인체의 모든 근육의 부착 부위인 기시점과 정지점, 근육을 지배하는 신경, 근육이 삭봉하는 움직임에 대해 공부하고, 실습을 통해 근육별 촉진법과 근육의 근력 검사를 위한 자세 및 평가에 대해 학습해요.

▶ 수치료학: 선천적·후천적인 질병, 외상 등에 나타나는 신체적·정신적 측면의 비정상적인 기능을 정상에 가깝게 회복시키기 위해 물을 이용하여 치료하는 방법을 연구하는 학문이에요.

▶ 전기치료학: 전기라는 물리학적 요소를 이용하여 질병을 치료하는 방법을 연구하는 학문이에요. 전기 치료의 역사와 전기의 물리학적 법칙을 이해하고, 강도, 빈도, 기간, 주파수에 따른 다양한 전기 자극과 이를 이용한 전기 치료 기기의 사용법과 임상 적용에 대해 학습해요.

▶ 광선치료학: 빛, 즉 광선을 이용한 물리 치료를 연구하는 학문이에요. 광선의 물리적·생물학적 개념과 특징을 이해하고 학습해요. 적외선, 자외선, 레이저의 정의 및 특징을 이해하고, 각 광선을 이용한 치료 방법과 적응증, 금기증을 학습해요.

▶ 정형도수치료학: 물리치료사의 손을 도구화하여 환자를 치료하는 방법을 연구하는 학문이에요. 근육, 인대, 관절 등 연부 조직의 구조와 특징을 학습하고, 각 근육을 촉진하는 방법과 근육을 신장시키는 방법, 각 부위별 관절과 신경의 비정상적 상태를 정상으로 회복시키는 방법을 학습해요.

대 초 소아마비가 유행하면서부터인데, 이 시기부터 물리 치료의 종류와 방법이 체계적으로 소아마비 치료에 활용되기 시작하였습니다.

물리치료사는 환자의 신체를 정상적으로 회복·유지·증진시키기 위해 과학적 지식을 바탕으로 의료 서비스를 제공합니다. 오랜 시간 동안 통증을 지니고 있고, 신체 기능이 정상적이지 않는 환자들을 대상으로 운동 치료, 마사지, 찜질, 광선이나 전기 자극 등을 이용하여 손상된 기능을 회복시키거나 장애를 최소화하기 위한 치료를 합니다.

태어날 때부터 장애를 가졌거나 각종 사고나 질환 등으로 후천적 장애를 가진 인구가 증가하면서 물리치료사의 중요성은 커지고 있습니다. 최근 미국이나 유럽, 아시아 국가에서는 물리치료사가 직접 환자를 진단하고 치료할 수 있도록 제도가 바뀌었는데, 우리나라에서는 아직 의사의 지도와 감독하에 환자를 진단하고 치료해야 하기 때문에 업무 수행에 있어 제약이 있습니다.

물리치료사가 하는 일은?

물리치료사는 신체의 통증이나 질환 등을 다양한 운동 요법이나 기구를 사용해 물리적 치료를 합니다. 물리 치료 업무가 이루어지는 영역은 외과, 정형외과, 신경외과, 재활의학과 및 마취통증의학과뿐만 아니라 소아과, 산부인과, 흉부외과, 치과 등 의료 전 분야에 걸쳐져 있습니다. 통증을 줄이고, 손상된 기능을 정상으로 회복시킴으로써 환자의 회복을 도와주는 역할을 합니다. 물리치료사는 업무의 특성상 하루에 30명 정도의 환자만을 치료하도록 적정 인원이 정해져 있습니다.

물리치료사는 병원의 상황에 따라 주말에도 일하는 경우가 많고, 오랜 시간을 서서 근무하며, 환자나 장비를 들어 올리고 운반해야 하는 육체적인 업무가 많습니다. 물리치료사 중 일부는 운동선수를 치료하기도 하는데, 이들은 국내나 해외 출장이 잦은 편입니다. 물리 치료 업무의 특성상 육체적인 노동 강도가 높은 편이고, 육체적 스트레스도 심한 편입니다.

> » 환자의 상태나 신체적인 기능을 평가하고, 의사와 치료 방향에 대해 협의합니다.
> » 각종 치료 기구를 사용하여 온열 치료, 전기 치료, 광선 치료, 수 치료, 기계 및 기구 치료, 마사지, 기능 훈련, 신체 교정 운동 등을 시행합니다.
> » 신체 교정 운동 및 재활 훈련에 필요한 기기, 약품의 사용 및 관리, 기타 물리 요법적 치료를 합니다.
> » 근골격계(관절 가동 범위, 도수 근육 검사, 관절 가동성, 자세 등), 신경계(반사, 호기성 능력, 지구력, 공기 순환, 혈류 순환, 호흡 등), 피부계(검진, 치료, 관리, 피하 지방, 비만 케어) 검사를 실시합니다.
> » 신체적 손상이나 기능적 회복을 위해 치료적 운동, 도수 치료, 보조 및 보호 기구와 장비에 대한 도움, 물리적인 전기 치료 기구의 사용, 환자 교육 등을 실시합니다.
> » 의료 장비 등 기타 물리 치료와 관련된 장비를 관리합니다.

Jump Up

미국물리치료사에 진출하기 위해서는 어떻게 해야 할까요?

우리나라 물리치료사가 미국에서 일을 하려면, 먼저 미국에서 일할 수 있는 노동허가증을 발급받아야 하고, 미국물리치료사 면허증이 필요해요. 석사 이상의 학위와 노동허가증을 받기 위한 조건, 즉 최소한의 학점 이수, TOEFL 성적, 인턴십 등이 각 주마다 다르므로 최신 정보를 정확히 살펴봐야 해요.

물리치료사 커리어맵

관련기관
- 대한물리치료사협회 ww.kpta.co.kr
- 대한작업치료사협회 www.kaot.org
- 한국보건의료인국가시험원 www.kuksiwon.or.kr

관련직업
- 스포츠트레이너
- 작업치료사
- 재활치료사
- 보건직 공무원

관련학과
- 물리치료학과
- 물리치료과
- 재활학과
- 스포츠재활학과
- 운동재활학과
- 의료재활학과
- 의료재활공학전공
- 재활퍼스널 트레이닝학과
- 건강재활서비스학과
- 스포츠재활의학과
- 스포츠재활학과
- 운동처방재활학과

관련자격
- 물리치료사
- 임상심리사
- 중독치료사
- 예술치료사
- 작업치료사
- 놀이치료사
- 청능치료사
- 운동처방사 1급
- 스포츠마사지 1급
- 응급처치
- 심폐소생술
- 인간공학기사

흥미유형
- 사회형
- 탐구형

관련교과
- 수학
- 사회
- 과학
- 체육
- 보건

물리치료사

적성과 흥미
- 대인관계 능력
- 의사소통 능력
- 수학, 물리학, 화학, 생명과학, 사회, 보건, 체육 교과에 대한 흥미
- 강인한 체력
- 판단력과 순발력
- 침착한 대처 능력
- 손재능
- 창의력
- 냉정한 결단력
- 상담 능력
- 봉사 정신
- 서비스 정신
- 타인에 대한 배려

준비방법
- 수학, 물리학, 화학, 생명과학, 사회, 체육 교과 역량 키우기
- 병원이나 보건소 주관 봉사 활동 참여
- 병원 및 보건소, 프로 스포츠 구단 체험 활동
- 물리 치료 관련 직업 체험 활동
- 물리치료학, 물리학, 생명, 화학, 철학, 심리학 등 다양한 분야 독서
- 강인한 체력 키우기

물리치료사는 신체적으로 아픈 환자와 함께 치료 업무를 수행하고 가르치면서 환자의 적극적인 참여를 유도합니다. 따라서 환자의 신체 건강 상태를 정확히 인식하고 분석할 수 있어야 하고, 환자가 물리치료사의 치료 과정을 따라올 수 있도록 유도하는 창의력을 갖추는 것이 중요합니다. 신체적 또는 정신적 장애를 앓고 있는 사람들을 치료하는 만큼 환자의 아픔에 공감하고, 친절하지만 냉정한 결단력도 갖추어야 합니다.

또한 환자에 대한 이해와 원활한 의사소통 능력이 필요합니다. 환자와의 대화를 통해 공감대가 형성되면 효과적인 치료가 진행될 가능성이 높기 때문에 관계 형성을 위한 상담 능력도 어느 정도 갖추어야 합니다. 봉사 정신이 필요하며, 환자의 증상에 맞는 적절한 치료 기구 선정과 환자에게 친절한 서비스가 요구됩니다.

신체 활동이 어려운 환자들을 이동할 때 부축하거나 들어 올리는 등의 업무도 수행해야 하고, 치료 과정에 비교적 오랜 시간 서서 일하기 때문에 강한 체력도 필요합니다. 여러 가지 다양한 증상에 적절히 대응하는 적응성과 융통성 그리고 신뢰성, 책임감과 진취성이 강한 성격이 요구되고, 자기 통제 능력, 남에 대한 배려, 봉사 정신을 가진 사람들에게 적합합니다. 사회형과 탐구형의 흥미를 가진 사람에게 적합한 직업입니다.

물리치료사에 관심이 많다면 평소 장애인이나 요양원 등에서 몸이 불편한 사람들을 대상으로 봉사 활동을 지속적으로 하여 환자의 아픔을 공감하고 배려하는 마음가짐을 함양할 필요가 있고, 기본 체력을 키우거나, 상담 능력을 높이기 위한 각종 프로그램에 적극 참여하는 것이 좋습니다.

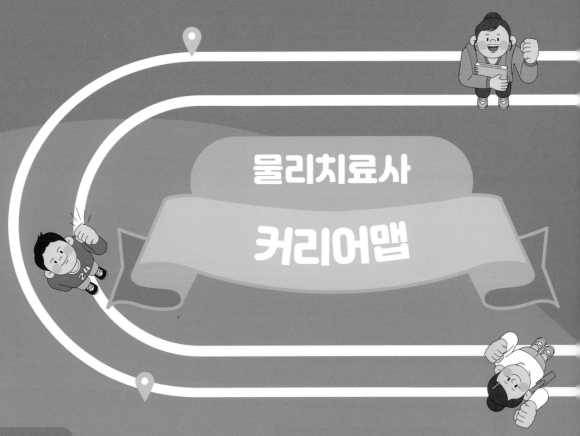

물리치료사

커리어맵

Jump Up

스포츠트레이너에 대해 알아볼까요?

스포츠트레이너는 운동선수들의 건강 상태를 확인하고, 선수들이 경기에서 최상의 컨디션을 발휘할 수 있도록 조언하고 훈련시키는 일을 해요. 감독 및 코치와 협의해 운동 종목, 선수들의 포지션과 선수 개인의 기량에 따라 필요한 운동량을 결정하고, 근육 단련을 위해 규칙적 운동과 식이 요법을 지도해요. 부상을 당한 선수들에 대해 응급조치를 취하고, 의사의 진단 결과에 따라 재활 훈련을 계획·실시하며, 선수들의 부상을 예방하기 위해 선수들의 몸을 마사지하고, 안전 교육을 실시해요.

진출 방법은?

물리치료사가 되기 위해서는 전문 대학이나 대학의 물리치료학과를 졸업하고, 한국보건의료인국가시험원에서 실시하는 물리치료사 국가시험에 합격한 후 보건복지부장관이 발급하는 면허를 취득해야 합니다. 물리치료학과는 전문 대학과 4년제 대학에 개설되어 있고, 대학원에 개설된 곳도 있습니다.

물리치료사 면허를 취득한 후에는 병원 및 의원, 재활원, 의료원, 보건소 등 보건 의료 기관의 물리 치료실, 노인 복지 시설, 장애인 복지 시설, 노인 복지관, 장애인 복지관, 장애 아동 전담 어린이집, 특수 학교, 장애 아동 복지 시설 등 사회 복지 분야에서 근무하기도 합니다. 최근에는 프로 야구 구단에 소속되어 팀의 전속 물리치료사로 일하거나 국가 대표 운동선수들의 물리치료사로 진출하는 경우도 있고, 발달 아동 센터, 연구소 등 다양한 곳으로 진출할 수 있습니다.

미래 전망은?

산업이 발달하면서 산업 재해가 증가하고 있고, 교통량이 증가하면서 교통사고로 인한 중추신경계 환자의 증가, 스포츠 레저 분야의 활성화로 인한 스포츠 손상 환자의 증가, 컴퓨터와 스마트폰의 사용으로 인한 근골격계 질환자의 증가, 초고령화 사회가 되면서 노인성 질환의 증가 등으로 물리치료사의 역할과 필요성이 중요해지면서 직업의 위상도 높아지고 있습니다.

예전에는 물리치료사가 주로 정형외과 병원을 비롯해 보건 의료 기관, 사회 복지 시설 등에서 일하는 경우가 많았지만, 최근에는 스포츠 치료 분야로 진출하거나 한의원에서 일하는 등 활동 범위가 넓어진 점은 물리치료사의 일자리 전망을 밝게 하고 있습니다. 특히 스포츠의학의 발달과 프로 스포츠의 인기에 힘입어 선수들을 대상으로 하는 물리치료사에 대한 관심도 높아져 최근 스포츠 치료 분야로 활발히 진출하는 추세입니다.

물리치료사는 비교적 근무 환경이 좋지 않고, 육체적 강도가 높은 작업을 수행하기 때문에 이직하는 비율이 다른 직업보다 높은 편입니다. 이로 인한 대체 수요가 물리치료사의 고용에 있어 큰 부분을 차지할 것으로 예상됩니다.

관련 직업은?

스포츠트레이너, 재활치료사, 보건직공무원, 작업치료사 등

관련 학과 및 자격증은?

➡ 관련 학과: 물리치료학과, 물리치료과, 재활학과,
스포츠재활학과, 운동재활학과, 의료재활학과,
의료재활공학전공, 재활퍼스널트레이닝학과,
건강재활서비스학과, 스포츠재활의학과,
스포츠재활학과, 운동처방재활학과 등

➡ 관련 자격증: 물리치료사, 임상심리사, 중독치료사,
예술치료사, 작업치료사, 놀이치료사,
청능치료사, 운동처방사, 스포츠마사지,
응급처치, 심폐소생술, 인간공학기사 등

Jump Up

물리치료사 자격증에 대해 알아볼까요?

물리치료사 자격시험은 필기와 실기 시험으로 이루어지는데, 필기시험은 객관식이고, 전 과목 총점의 60% 이상, 매 과목 40% 이상 득점하면 합격해요. 실기 시험도 객관식이고 만점의 60% 이상 득점하면 합격해요. 물리치료사 자격증의 응시 조건은 첫 번째, 물리치료사 면허에 상응하는 보건 의료에 관한 학문을 전공하는 대학 또는 산업 대학 또는 전문 대학을 졸업하거나 두 번째, 보건복지부장관이 인정하는 외국에서 물리치료사 면허에 상응하는 보건 의료에 관한 학문을 전공하는 대학과 동등 이상의 교육 과정을 이수하고, 외국의 물리치료사에 해당하는 면허를 받은 자가 응시할 수 있어요. 물리치료사 자격증을 취득한 후 보건직 공무원 임용 시험에 응시할 경우에 7급은 3%, 9급은 5%의 가산점을 받을 수 있어요.

물리치료학과
물리치료사 전공 분석

어떤 학과인가?

물리 치료는 물리적 에너지 현상분만 아니라 도수적 방법으로 통증의 완화, 근육의 수축 및 이완, 혈액의 순환, 비정상적 자세 및 운동 형태를 개선시킬 목적으로, 물리치료사에 의해 이루어지는 체계적이고 과학적인 치료 행위입니다. 즉, 신체장애 질환, 레저·스포츠 손상, 노인성 질환 등을 치료하고, 예방할 목적으로 물리적 요소를 과학적 법칙에 따라 인체에 적용하는 응용 의학이라 할 수 있습니다.

물리치료학과에서는 전공 학습을 통해 물리 치료의 원리를 이해하고, 물리 치료를 발전시킬 수 있는 지식과 역량을 갖춘 물리 치료 전문 인력을 양성하고, 운동생리학, 임상운동학, 관절생리학, 운동 치료 및 기능 훈련을 통해 환자의 손상 및 장애 등을 치료·진단하여 손상된 기능을 회복시키는 방법을 공부합니다. 질병이나 사고로 인한 신체의 기능적 제한과 장애를 물리적 인자(물, 광선, 전기, 열 등)와 치료적 운동 등을 통해 최소화하거나 회복시키는 물리치료사를 양성합니다.

교육 목표와 교육 내용은?

물리치료학과에서는 국제화·정보화 시대를 선도할 현장 적응형 전문 직업인 양성을 기본으로 하고, 다양한 산업이나 직종 등에 관련된 통증을 예방 및 치료하기 위해 체계적인 이론과 실습 교육을 바탕으로 재활 분야에서 직무를 수행할 수 있는 물리치료사, 재활 전문가, 전문 보건인을 육성하는 것이 교육 목표입니다.

전문화된 이론과 실무에 대한 지식을 습득하여, 근골격계·신경계·심폐계 물리 치료와 노인 물리 치료를 하는 데 있어 임상 중심의 전문인이 되도록 교육하고 있으며, 환자를 치료하는 데 필수적인 인성을 교육함으로써 이 시대가 요구하는 의술과 인술을 겸비한 인재가 될 수 있도록 전인 교육을 실시하고 있습니다.

» 물리치료사가 갖추어야 할 인성 및 대인관계 능력을 배양합니다.
» 전문적인 물리 치료 업무를 수행할 수 있는 치료 기술을 습득합니다.
» 교양과 봉사 정신을 갖춘 물리치료사를 양성합니다.
» 물리치료학 이론과 실기를 겸비한 전문 물리치료사를 양성합니다.
» 기초 의학, 임상 의학, 물리적 매체를 이용하여 국민의 건강 증진과 복지에 기여하는 물리치료사를 양성합니다.
» 지역 사회와 국가 인류 사회에 봉사할 수 있는 물리치료사를 양성합니다.

학과에 적합한 인재상은?

물리치료학은 인간의 건강을 유지하기 위해 치료를 수행하는 학문이기 때문에 인간을 사랑하고, 환자의 고통을 나눌 수 있는 마음가짐이 필요합니다. 환자의 건강 관련 정보에 대해 비밀을 유지해야 하므로 강한 책임감과 직업 윤리관이 필요합니다. 환자들과 함께 많은 시간을 보내기 때문에 다양한 사람들과 소통할 수 있고, 이해심이 많으며, 대인 관계가 원만하여 누구에게나 친근하게 다가가고 쉽게 어울리는 사람에게 적합합니다.

인체의 움직임에 대해 자세히 배우고, 기초 과학에서 응용과학까지 배우는 분야가 다양하기 때문에 모든 과정을 꾸준히 수행해 나갈 수 있는 인내심과 끈기, 독립성, 학문 탐구 능력을 지닌 사람에게 적합합니다.

변화하는 정책에 대응하여 빠르게 대처할 수 있는 능동성, 적극성, 진취성, 순발력을 갖추고, 교육 내용이 현장에서 활용되는 경우가 많기 때문에 환경에 대한 적응력도 필요합니다.

관련 학과는?

재활학과, 작업치료학과, 스포츠재활학과, 운동재활학과, 의료재활학과, 의료재활공학전공, 재활퍼스널트레이닝학과, 건강재활서비스학과, 스포츠재활의학과, 스포츠재활학과, 운동처방재활학과 등

진출 직업은?

물리치료사, 스포츠트레이너, 작업치료사, 필라테스, 운동처방사, 보건직 공무원 등

주요 교육 목표

인성 및 대인관계 능력을 지닌 인재 양성

물리 치료 이론을 탐구하는 인재 양성

교양과 봉사 정신을 갖춘 인재 양성

이론과 실기를 겸비한 고급 인재 양성

인간 존중과 건강 사회 구현을 위한 인재 양성

세계 속에서 활동하는 전문 인재 양성

 ### 취득 가능 자격증은?

- ☑ 물리치료사
- ☑ 운동처방사
- ☑ 작업치료사
- ☑ 응급처치
- ☑ 심폐소생술
- ☑ 필라테스
- ☑ 비만전문물리치료사
- ☑ 산업체전문물리치료사
- ☑ 발달재활서비스
- ☑ 테이핑자격증
- ☑ 병원코디네이터
- ☑ 스포츠마사지
- ☑ 치료교육실기교사
- ☑ 노인재활상담사
- ☑ 생활건강관리사
- ☑ 중등학교 2급 정교사(특수)

추천 도서는?

- 하루 15분 기적의 림프 청소(비타북스, 김성중 외)
- 나는 대한민국 물리치료사다(책과나무, 이문환)
- 헬스의 정석(한문화, 수피)
- 호주물리치료사의 13가지 체형교정법
  (용감한북스, 라이프에이드 연구소)
- 물리치료사는 이렇게 일한다(청년의사, 최명원)
- 베스트 물리치료사 이야기
  (학지사메디컬, 안소윤 외)
- 궁금해요 물리치료사(학자시메디컬, 심재훈 외)
- 나는 날마다 성장하는 물리치료사입니다
  (푸른들녘, 안병택)
- 사람 몸의 구조
  (그림씨, 안드레아스 베살리우스, 엄창섭 역)
- 신비로운 인체(비룡소, 엘렌 드뤼베르 외, 이정아 역)
- 내 몸의 지도를 그리자
  (니케북스, 가이드 다케루, 서혜영 역)
- 인체 해부학 대백과
  (보누스, 켄 에슈웰, 한소영 역)
- 중독에 빠진 뇌과학자
  (심심, 주디스 그리셀, 이한나 역)
- 통증혁명(국일미디어, 존 사노, 이재석 역)
- 몸, 그것은? 손발이 고생해야 몸이 낫는다
  (군자출판사, 박용남 외)
- 궁금해요! 물리치료사
  (학지사메디컬, 심재훈)

학과 주요 교과목은?

기초 과목	물리치료학개론, 해부학, 기능해부학, 생리학, 병리학, 생물학, 일반생물학, 물리학, 일반물리학, 화학, 일반화학, 신경과학, 임상신경학, 내과학, 약리학, 의학용어, 응급처리, 공중보건학, 의료관계법규, 심리학 등
심화 과목	근골격물리치료학, 임상물리치료학, 신경물리치료학, 아동물리치료학, 노인물리치료학, 스포츠물리치료학, 심폐물리치료학, 피부재활, 전기광선물리치료학, 수치료학, 신경학, 운동치료학, 보조기의수족, 보행분석학, 임상물리치료학 임상운동학, 임상실습, 물리치료진단학, 물리치료연구방법론, 운동치료학 및 실습, 임상운동학 및 실습, 해부학 및 실습, 스포츠물리치료학 및 실습 등

졸업 후 진출 분야는?

기업체	종합 병원, 대학 병원, 한방 병원, 개인 병·의원, 발달 장애 치료실, 사회 복지관, 직업 재활 시설, 의료 기기 및 보조기 제작·판매 업체, 스포츠 관련 단체, 종합 병원, 치과 병·의원 등
연구 기관	치료 관련 연구소, 재활 관련 연구소, 구강 보건 관련 연구소 등
정부 및 공공 기관	보건직 공무원, 의료기술직 공무원, 보건소, 특수 학교, 노인 복지관, 장애인 복지관, 사회 복지관 등

🔍 전공 관련 선택 과목은?

▶ 국어, 영어 교과는 모든 학문의 기초적인 성격을 가진 도구교과로 모든 학과에 이수가 필요하여 생략함.

수능 필수	화법과 언어, 독서와 작문, 문학, 대수, 미적분 I, 확률과 통계, 영어 I, 영어 II, 한국사, 통합사회, 통합과학, 성공적인 직업생활(직업)		
교과군	선택 과목		
	일반 선택	진로 선택	융합 선택
수학, 사회, 과학	대수, 미적분 I, 확률과 통계, 현대사회와 윤리, 생명과학	미적분 II, 세포와 물질대사, 생물의 유전	
체육·예술	체육1, 체육2	운동과 건강, 스포츠 과학	스포츠 생활1, 스포츠 생활2
기술·가정/정보			
제2외국어/한문			
교양		인간과 심리, 보건	

학교생활기록부 관리는?

출결 사항	• 미인정(무단) 출결 사항이 없도록 관리하세요. 미인정(무단) 결석 등이 있으면 학교생활 충실도나 인성, 성실성 영역에서 부정적인 평가를 받을 가능성이 높아요.
자율·자치활동	• 다양한 교내외 활동을 통해 자기 주도적 참여 활동 내용과 창의적이고 분석적인 사고 능력이 드러나도록 하세요. • 물리 치료 분야에 대한 관심과 흥미를 바탕으로 특정 사안에 대한 관심과 그 특징을 이해하기 위해 노력하는 과정이 드러나게 하고, 인성, 나눔과 배려, 협업 능력, 대인관계 능력 등이 드러나도록 하세요.
동아리활동	• 물리 치료, 의학, 봉사 관련 동아리 활동에 참여하여 물리치료사가 갖추어야 할 인성과 관련된 자신의 장점이 드러나도록 하세요. • 동아리 가입 동기, 진로에 동아리 활동이 미친 영향, 동아리 내 자신의 역할, 동아리 활동으로 변화된 자신의 모습, 전공과 관련된 자기 계발 경험 등 구체적인 활동 내용이 기록되도록 하세요. • 학교내에서 타인을 위해 할 수 있는 지속적인 봉사 활동을 하세요. • 학교에서 주관하는 보건소, 병원, 재활원, 사회 복지 시설 등 사회 소외 계층 및 약자를 대상으로 하는 봉사 활동에 참여하세요.
진로 활동	• 물리치료사 관련 직업의 정보 탐색 및 직업 체험 활동을 권장해요. • 물리치료사 관련 분야의 진로 탐색 활동을 통해 진로 역량, 전공 적합성, 발전 가능성 등이 드러나도록 하세요.
교과학습발달 상황	• 물리치료학과 관련 있는 수학, 물리학, 화학, 생명과학, 사회, 체육 교과의 학업 성취도를 올릴 수 있도록 관리하고, 수업을 통해 학업 수행 역량, 전공 적합성, 진로에 대한 열정 등이 드러나도록 하세요.
독서 활동	• 인문학, 철학, 심리학, 역사학 등 다양한 분야의 책을 읽으세요. • 물리치료학, 의학, 생체학, 과학 등 주변 학문과 관련된 독서 활동을 통해 기본 소양을 키우세요.
행동 발달 특성 및 종합 의견	• 학업 능력, 전공 적합성, 발전 가능성, 창의력, 문제 해결 능력, 협업 능력 등이 드러날 수 있도록 하세요. • 학교생활에서 자기 주도성, 경험의 다양성, 성실성, 나눔과 배려, 학업 태도와 학업 의지에 대한 장점이 기록되도록 관리해야 해요.

미술 치료의 장점에 대해 알아볼까요?

➡️ 미술심리치료학사 와데슨(Wadeson, 1980)이 주장한 미술 치료
의 장점은 다음과 같아요.

▶ 미술은 심상(image)의 표현이에요.
우리는 말로 표현하기 전에 마음으로 생각을 해요. 예술 매체는 마음
속의 생각을 일차적으로 나타나게 한 후 매체를 자극하여 창조적 과
정으로 나아가요.

▶ 미술은 방어가 감소돼요.
미술은 비언어적 수단이므로 종종 내담자의 방어 기제를 감소시켜 통
찰, 학습, 성장으로 유도하기도 해요.

▶ 미술은 어떤 유형의 대상을 즉시 얻을 수 있어요.
내담자가 만든 어떤 유형의 미술 매체를 통해서 치료자와 환자 사이에
하나의 공감대가 형성돼요.

▶ 미술은 자료의 영속성이 있어 회상할 수 있어요.
미술 작품은 보관이 가능하므로 필요한 시기에 재검토하여 치료 효과
를 높일 수 있어요. 때로는 새로운 통찰이 일어나기도 하며 감정을 회
상시키기도 함으로써 주관적인 기억의 왜곡을 방지할 수 있어요.

▶ 미술은 공간성을 지녀요.
미술은 공간적인 것이며, 시간적인 요소가 없어요. 미술에서는 공간 속
에서의 연관성들이 나타나요.

▶ 미술은 창조성과 신체적 에너지를 유발해요.
내담자들은 미술 작업을 하며 토론하고 감상하고 정리하는 과정에서
활발한 모습을 보여요. 이는 단순한 신체적 운동이기보다는 창조적 에
너지가 만들어졌다는 것을 의미해요.

미술치료사란?

농경 사회에서 산업 사회로, 정보 사회, 지식 산업 사회로 변화하면서 불안, 우울, 갈등 등 마음의 병을 앓는 사람의 수가 늘어나고 있
습니다. 치료를 하지 않고 그대로 두면 결국에는 병으로 이어져 정상적인 생활을 할 수 없게 됩니다. 예전에는 마음의 병이 생기면 정신
과 병원을 찾아 진료를 받고 약을 처방받는 것으로 치료를 했지만, 최근에는 심리적인 어려움을 극복하고 정신적인 안정감을 유지할 수
있는 더 나은 차원의 치료를 위해 미술 치료에도 관심이 높아지고 있습니다.

미술 치료는 미술과 심리학이 융합된 학문입니다. 말로써 감정이나 경험을 표현하기 어려워하는 사람들에게 미술이라는 수단을 통해
감정과 경험을 표현하게 하는데, 특히 심리적으로 큰 충격을 경험한 아이들에게 도움이 되는 치료 방법입니다. 미술은 아이들의 불안을
감소시키면서 감정을 표현할 수 있게 함으로써 우울증이나 외상 후 스트레스 증후군, 불안, 적응의 어려움을 경험하는 아이들의 심리를

미술치료사
예술치료학과

치료하는 데 매우 도움이 되고 있습니다.

미국이나 유럽의 미술 치료의 역사는 50여 년이 넘습니다. 우리나라에서는 정신과에서 환자를 대상으로 미술 활동을 시도하다가 1990년 이후에 본격적으로 치료에 활용하기 시작했습니다. 현재는 놀이 치료, 음악 치료와 더불어 아이들에게 가장 흔하게 사용하는 심리 치료 방법입니다.

미술치료사는 내담자가 그린 그림이나 조소, 디자인 등의 미술 작품을 통해 내면의 상태를 파악하고, 내담자가 가지고 있는 정서적 갈등이나 심리적인 증상을 줄여주는 동시에, 창조적인 삶을 살아갈 수 있도록 돕는 전문가입니다. 처음에는 언어적인 상담으로 시작해 미술을 이용한 창작 과정을 거친 후, 미술 이용 심리 검사를 통해 내담자의 문제점을 파악하고, 그 문제에 맞는 미술 활동을 제시함으로써 치료합니다. 그림 완성하기, 풍경화·전신상 그리기, 점토 만들기, 난화 그리기, 감정 그리기 등의 미술 활동을 거치면서 내담자의 마음을 치유합니다.

미술치료사가 하는 일은?

미술치료사는 미술을 통해 내담자를 치료합니다. 내담자가 그린 그림을 통해 내담자의 내면 상태를 파악하고, 내담자가 가지고 있는 정서적 갈등이나 심리적인 증상을 완화시키는 동시에, 정상적인 삶을 살아갈 수 있도록 도움을 줍니다. 미술 치료는 음악이나 놀이, 무용, 심리극, 시 등을 이용한 예술 치료의 한 영역으로, 비언어적 의사소통 기법 중 언어성 이미지와 시각적 이미지를 통해 내담자가 가지고 있던 여러 가지 심리적인 장애나 문제점을 해소하여 건강한 삶을 살아갈 수 있도록 도움을 줍니다.

> » 사회적·심리적·정서적으로 문제를 겪고 있는 내담자들에게 미술 활동을 통해 내면을 드러내도록 하고, 이를 분석·진단하고 치료합니다.
> » 언어적인 상담과 집, 나무, 사람, 가족화 등 여러 가지 그림 검사를 통해 내담자의 문제점을 파악합니다.
> » 내담자의 미술에 대한 흥미와 능력, 정서 및 대인 관계에서의 문제점 등을 종합하여 치료 계획을 수립합니다.
> » 그림 완성하기, 풍경화 구성하기, 전신상 그리기, 점토 사람 만들기 등 다양한 치료 활동을 통해 개인이 갖고 있는 문제를 해결하고 자아 성장을 도와줍니다.
> » 프로그램의 진행 결과에 대해 상담 일지를 작성하고, 치료 결과를 평가합니다.

Jump Up

미술치료상담사에 대해 알아볼까요?

미술치료상담사는 내담자가 미술 작품을 창작하는 과정과 그 결과물을 같이 살펴보면서 상담자의 심리적 상태와 문제점을 찾아내요. 일반적인 정신적·심리적 치료나 대체 요법과는 달리, 미술이라는 매개체를 통해 미술치료사와 내담자가 직접 창작 과정에 개입·조정·대면함으로써 문제를 바라볼 수 있는 시각을 통일할 수 있다는 것이 특징이에요.

미술치료사
커리어맵

미술치료사

준비방법

• 수학, 물리학, 화학, 생명과학, 사회, 미술 교과 역량 키우기
• 사회복지기관, 보건소, 사회복지시설 대상 봉사 활동
• 미술치료 관련 직업 체험 활동
• 미술치료, 물리학, 생명과학, 화학, 철학, 심리학 등 다양한 분야 독서
• 상담 능력을 키우기 위한 노력
• 미술 실기 능력을 배양하기 위한 노력

관련기관

• 한국미술치료학회 www.korean-arttherapy.or.kr
• 한국미술심리치료협회 www.kapa.pe.kr
• 한국미술통합심리치료학회 www.kiata.co.kr
• 대한임상미술협회 www.kacat.co.kr
• 국제임상미술치료학회 www.icata.or.kr

관련자격

• 미술심리상담사
• 미술심리지도사
• 보육교사
• 색채심리상담사
• 재활놀이지도사
• 평생교육사
• 독서심리상담사
• 드라마심리상담사
• 음악심리상담사
• 청소년상담사
• 사회복지사
• 산림치유지도사
• 언어재활교육사
• 언어재활사
• 청능사

관련학과

• 예술치료학과
• 예술심리치료학과
• 언어치료학과
• 특수교육학과
• 미술심리치료학과
• 미술학과
• 심리학과
• 교육학과
• 재활학과

관련교과

• 수학
• 사회
• 과학
• 미술
• 보건

흥미유형

• 사회형
• 현실형

적성과 흥미

관련직업

• 대인관계 능력
• 의사소통 능력
• 미술 활동에 대한 이해 능력
• 협업 능력
• 수학, 물리학, 화학, 생명과학, 사회, 보건, 체육 교과에

대한 흥미
• 대처 능력
• 상담 능력
• 봉사 정신
• 타인에 대한 배려
• 공감 능력
• 유머 감각
• 직관력과 통찰력

• 심리치료사
• 예술치료사
• 음악치료사
• 중독치료사
• 언어치료사
• 놀이치료사
• 작업치료사

• 웃음치료사
• 임상심리사
• 향기치료사 (아로마테라피스트)
• 애견테라피스트
• 청능치료사

적성과 흥미는?

미술치료사에게는 사람과 사람에 대한 관심이 우선입니다. 미술치료사와 내담자 간의 상호 교감을 통해 치료가 진행되기 때문에 서로 간에 마음을 열고 공감대를 형성할 수 있는 공감 능력과 유머 감각도 중요합니다. 또한 겸손함, 온화함, 안정감, 진심에서 우러나오는 행동과 열정이 드러날 때 내담자가 마음을 열 수 있는 신뢰성의 기초가 될 수 있기 때문에 인성적인 자질을 갖추어야 합니다. 또한 미술 활동에 흥미가 있어야 하고, 미술 활동 및 작품 속에서 내담자가 어떤 원인으로 고통 받고 있는지를 파악할 수 있는 직관력, 통찰력, 판단력, 분석력이 요구됩니다.

미술치료사는 자기 자신을 존중할 수 있어야 하는데, 이는 자기 자신을 존중할 줄 알아야 다른 사람도 존중하고 올바르게 바라보며 치료할 수 있는 기초가 되기 때문입니다. 또한 치료의 과정을 성공적으로 수행하기 위해서는 주도적으로 진행하지 않으면서도 위기 상황에서 흔들림이 없는 침착한 대처 능력을 지녀야 합니다. 치료 과정에서 내담자에 대한 선입견과 편견은 치료 진행 과정을 어렵게 하는 요인이 되므로 내담자의 마음을 이해하고 생각과 행동을 수용할 수 있어야 합니다.

치료 과정에서 나온 대화 내용이나 내담자의 개인적인 문제를 외부로 유출하지 않는 책임감도 요구되며, 정신의학이나 인간의 이해를 위한 인간학, 철학, 심리학, 교육학, 사회학 등 다양한 분야에 대한 지식이 필요합니다. 미술 치료의 다양한 이론적 관점, 진단 및 평가에 대한 안목이 필요하므로 미술 실기에 대한 기초적 훈련을 받아야 하고, 미술 활동에 대한 이해와 해석 능력을 갖추어야 합니다.

미술 치료는 사람을 대상으로 하기 때문에 다른 사람을 이해하고 포용력을 키울 수 있도록 사회 소외 계층을 대상으로 하는 다양한 봉사 활동에 참여할 것을 권장합니다.

미술치료사 커리어맵

관련 학과 및 자격증은?

➡ 관련 학과: 예술치료학과, 예술심리치료학과, 언어치료학과, 특수교육학과, 미술심리치료학과, 미술학과, 심리학과, 교육학과, 재활학과 등

➡ 관련 자격증: 미술심리상담사, 미술심리지도사, 보육교사, 색채심리상담사, 재활놀이지도사, 평생교육사, 독서심리상담사, 드라마심리상담사, 음악심리상담사, 청소년상담사, 사회복지사, 산림치유지도사, 언어재활교육사, 언어재활사, 청능사 등

Jump Up

웃음치료사에 대해 알아볼까요?

웃음을 통해 사람의 마음을 건강하고 즐겁게 해 주고, 그 영향으로 몸이 건강해질 수 있도록 도움을 주는 직업이에요. 불안, 우울, 강박 등 부정적인 감정에 빠져 있을 때 웃음 요법을 통해 긍정적인 감정으로 바꿔 줘요. 우리나라에서는 현재 60여 곳의 기관에서 웃음치료사 민간 자격증을 발급하고 있는데, 심리학이나 상담학 등을 전공하면 웃음치료사 자격증을 취득하는 데 유리해요.

진출 방법은?

미술치료사가 되기 위해 정해진 학력은 없지만, 반드시 미술과 심리 치료에 대한 지식을 갖추어야 합니다. 현재 미술치료사로 활동하는 사람들의 전공은 미술학과, 심리학과, 교육학과, 재활학과 등 다양합니다. 최근에는 미술 치료를 전문적으로 공부하는 학과가 등장했지만 대부분의 현장에서는 대학원 이상의 학력을 요구하는 경우가 많습니다. 현재 우리나라에는 미술 치료만을 전문적으로 교육·훈련하는 곳은 몇 개 대학의 학부 과정과 대학원에 불과한데, 그곳에서는 심리 치료, 집단 미술 치료, 가족 미술 치료 등 미술치료사에게 반드시 필요한 교육 과정을 운영하고 있습니다.

미술치료사가 되기 위해 꼭 미술을 전공해야 하는 것은 아닙니다.

그러나 미술 치료를 제대로 하려면 미술치료사 개인의 미술을 통한 치유 경험이 필수적입니다. 자신이 미술을 통한 치유 경험을 가져보지도 않고 그냥 머리로만 이해하고 타인을 치료한다는 것은 어렵습니다. 현직에서 활동하고 있는 미술치료사 중에 미술 전공자가 많은 이유입니다. 만약 미대 진학이 어려운 경우라면 관련 학과에 입학한 후에 서양화, 동양화, 현대 미술, 회화, 조소 등을 부전공이나 복수 진공하는 것도 하나의 방법입니다. 사설 협회 또는 학회에서 인정하는 미술치료사 과정을 수료하고, 복지관이나 문화 센터 등에서 진행하는 미술치료사 양성 과정 등을 통해 미술치료사가 되는 방법도 있습니다.

관련 직업은?

심리치료사, 예술치료사, 음악치료사, 중독치료사, 언어치료사, 작업치료사, 놀이치료사, 웃음치료사, 임상심리사, 향기치료사(아로마테라피스트), 애견테라피스트, 청능치료사 등

미래 전망은?

의학 기술의 발전으로 인한 수명 연장 등으로 우리 사회가 초고령화 사회로 접어들고 있습니다. 초고령화 사회로 진입하면서 가장 문제가 되고 있는 것이 건강과 고독의 문제입니다. 건강이란 신체적·정신적 건강 모두를 의미하는데, 결국 건강한 삶을 위해서는 의학뿐만 아니라 상담학, 심리학 분야가 중요하다고 볼 수 있습니다. 사회가 복잡해지면서 과거에는 볼 수 없었던 다양한 형태의 부적응 사례들이 나타나고 있으며, 이 문제를 해결하기 위한 노력들이 여러 가지 방향에서 진행되고 있습니다. 일반적 상담이나 심리적 접근을 통한 치료법이 성인들을 위한 치료 방법이라고 한다면, 청소년에게 나타나는 ADHD, 분리 불안 장애 등의 문제는 미술, 음악, 독서, 놀이 등의 예술적 치료법이 보다 효과적일 수 있습니다.

미술치료사는 미국, 영국, 캐나다, 오스트레일리아 등 선진국에서는 이미 오래전부터 일반화된 직업입니다. 우리나라는 1992년에 미술치료사 자격 제도가 본격적으로 도입되었지만, 아직까지는 직업으로 잘 정착되지는 않는 상황입니다. 하지만 최근에는 일반적인 부적응이나, 부모 교육, 성인들의 정체성 혼란, 우울증, 아동의 자신감 향상 등으로 미술치료사의 업무 영역이 확대되면서 많이 대중화되고 있는 상황입니다. 과거 미술 치료가 알려지지 않았을 때 비해 아동 심리 치료 분야에서 미술 치료가 일반화되고 있고, 가벼운 정서상의 문제도 상담 및 심리 치료가 필요하다는 인식도 커졌습니다.

선진국에서는 미술 치료에도 의료 보험을 적용하는 등 다양한 제도가 적용되면서 미술 치료사라는 직업이 활성화되었으므로 우리나라에서도 미술 치료가 일반화되면 미술치료사에 대한 관심이 높아질 것으로 전망됩니다. 현재 아동 대상의 복지관이나 교육 기관 등에서 미술 치료가 널리 활용되면서 수요가 증가하고 있습니다. 저출산, 한 부모 가정 및 맞벌이 가정의 증가로 인해 정서적으로 상담 및 치료가 필요한 아동이 늘면서 이에 대한 상담 치료가 늘고 있어 인력 수요의 증가가 예상됩니다.

예술치료학과
미술치료사 전공 분석

어떤 학과인가?

예술치료학은 예술의 치유적 힘을 활용하여 삶의 문제와 고통을 해소하고, 예술적 정신과 접근으로 개인이 겪고 있는 인지적·정서적·사회적 문제를 예방하고 치유하는 학문입니다. 삶에 고통을 겪고 있거나 노출될 가능성이 높은 개인에게 감정을 정확하게 인지하도록 하며, 성찰하게 하고, 삶의 질적인 변화를 추구하도록 돕는 학문입니다. 음악, 미술, 문학, 심리 등 예술과 치료를 통합하여 교육함으로써 예술치료사 양성을 목표로 하는 실용 학문입니다.

예술치료학과는 정신 장애, 특수 교육, 재활 치료와 같은 전문적인 치료 영역뿐만 아니라 일반인의 심리적 문제를 해결하는 데 도움이 되는 이론과 실제를 교육하는 학과입니다. 예술 치료의 다양한 분야의 학문 연구를 통해 자기 자신을 바르게 인식함으로써 인격적으로 성숙하고, 행복한 삶을 살 수 있도록 만들고, 예술 작품을 통해 심리적인 안정을 찾고, 치료 방법을 습득할 수 있도록 교육하는 학과입니다.

교육 목표와 교육 내용은?

최근에는 예술을 활용한 질병 예방과 치료 활동이 대체 의학으로서 관심을 끌고 있습니다. 예술 창작 및 공연, 연극, 감상 활동은 인간의 심성을 순화시키고, 생리적 변화를 통해 육체적 균형을 회복시켜 줍니다.

예술치료학과는 전문 지식과 기술을 바탕으로 다양한 임상 영역에서 각각의 예술 기법을 전문적으로 적용시킬 수 있는 예술 치료 전문가 양성을 교육 목표로 합니다. 예술을 활용한 심리 치료를 가능하게 하는 다양한 이론과 매체를 실습하고 연구하여, 예술치료사가 갖추어야 할 기본적인 요소들을 교육합니다. 또한 예술 매체의 체계적인 연구를 통해 예술 치료 분야를 선도할 수 있는 예술치료사를 양성하는 데 교육 목표를 두고 있습니다.

» 개인, 사회, 국가의 복지 향상을 위해 임상 훈련을 통해 예술 치료 전문가를 양성합니다.
» 미술, 영화, 음악, 연극 등의 예술적 기법들을 활용하여 예술 치료 분야에 공헌할 수 있는 인재를 양성합니다.
» 예술 치료(독서, 미술, 드라마, 영화, 사진, 음악) 분야를 통합하는 융합형 인재를 양성합니다.
» 예술 치료 분야의 활동과 실천을 통해 관련 프로그램 개발 능력을 지닌 인재를 양성합니다.
» 예술 치료의 이론과 실제를 겸비한 전문가적인 예술 치료인을 양성합니다.

학과에 적합한 인재상은?

예술 치료는 일상생활에서 어려움을 겪고 있는 사람을 대상으로 하기 때문에 예술치료사에게는 사람에 대한 관심이 가장 우선이고, 공감 능력, 원활한 의사소통 능력, 관계 형성 능력, 다양한 관련 학문에 대한 탐구 열정이 강해야 합니다. 사람들과 어울리는 것을 좋아하고, 친절하고 이해심이 많은 사람이 적합합니다. 다른 사람들과 협업을 하여 사회적으로 어려운 사람들을 도와주는 일을 하므로 매사 긍정적이고, 협동심과 대인 관계 능력을 지닌 사람에게 좋습니다.

마음과 감정의 상태를 아름다운 선율과 리듬, 그림, 몸짓 등 다양한 미술 매체로 표현하여 작품으로 승화시킬 수 있는 창조적인 에너지를 지닌 사람에게 적합합니다. 사람과 예술을 사랑하고, 사회적 약자에 대한 관심과 배려가 있으며, 대인 관계가 원만한 사람, 자신이 소유하고 있는 예술적 소양을 통해 다른 사람을 돕고자 노력하는 사람에게 적합합니다.

내담자를 위해 헌신하고자 하는 자세, 예술 치료 전공에 대한 열정과 투철한 사명감을 지닌 사람에게 어울립니다. 사회나 역사 등 인문 사회 계열 과목에 흥미가 높아야 합니다.

관련 학과는?

예술심리치료학과, 언어치료학과, 특수교육학과, 미술심리치료학과, 미술학과, 심리학과, 교육학과, 재활학과 등

진출 직업은?

예술치료사, 물리치료사, 작업치료사, 특수교사, 사회복지사, 임상심리사, 중독치료사, 언어치료사, 놀이치료사, 음악치료사, 미술치료사, 향기치료사(아로마테라피스트), 웃음치료사, 청능치료사, 스포츠트레이너 등

주요 교육 목표

예술 치료 분야의 지식과
품성을 지닌 인재 양성
- - - - - - - - - - - - - - - - - -
예술 치료 분야를 통합하는
융합형 인재 양성
- - - - - - - - - - - - - - - - - -
다양한 변화를
주도하는 인재 양성
- - - - - - - - - - - - - - - - - -
예술 치료 분야의 윤리적
사명감을 지닌 인재 양성
- - - - - - - - - - - - - - - - - -
예술 치료의 경쟁력을 갖춘 인재 양성
- - - - - - - - - - - - - - - - - -
국제화 시대에 맞춘 글로벌 인재 양성

취득 가능 자격증은?

☑ 미술심리상담사 ☑ 미술심리지도사
☑ 보육교사 ☑ 평생교육사
☑ 색채심리상담사 ☑ 재활놀이지도사
☑ 인문예술치료사 ☑ 철학치료사
☑ 미술치료사 ☑ 영화치료사
☑ 독서치료사 ☑ 문학치료사
☑ 음악심리상담사 ☑ 독서심리상담사
☑ 드라마심리상담사
☑ 문화예술교육사
☑ 청소년상담사 3급
☑ 사회복지사 2급
☑ 산림치유지도사 2급 등

추천 도서는?

- 예술치료의 이론과 실제(계축문화사, 김선명 외)
- 아동 청소년을 위한 예술치료의 이론과 실제
  (학지사, 홍윤주 외)
- 창조적인 미술치료 사진예술치료(계축문화사, 김선명 외)
- 통합예술심리치료의 이해(동문사, 이미나 외)
- 푸드표현 예술치료(창지사, 김민용 외)
- 지체장애인과 함께하는 예술치료(군자출판사,
  Marion Gordon-Flower, 이은혜 역)
- 한 권으로 보는 예술철학 예술치료
  이야기(성균관대학교출판부, 조정옥)
- 놀이를 통한 푸드표현 예술치료(경남, 박근자)
- 인문예술치료의 이해(한국문화사, 강신익 외)
- 올 댓 청소년 음악치료(학지사, 황은영 외)
- 올 댓 노인 음악치료(학지사, 황은영 외)
- 음악과 한의학의 만남 한방음악치료(밥북, 이승현)
- 처음 시작하는 미술치료(소울메이트, 양지원)
- 청소년을 위한 미술치료(아트북스, 주리애 외)
- 마음 챙김과 예술 치료
  (학지사, Laury Rappaport, 최은영 역)
- 아이들에게 예술을(교육과학사, 김재은)
- 헤르만 헤세처럼 그려라(자유문고, 김청영)
- 장애아동을 위한 미술교육(학지사, 박은혜 외)
- 강신주의 감정 수업(민음사, 강신주)
- 올 댓 청소년 음악 치료(학지사, 황은영 외)
- 아동·청소년 상담을 위한 미술 치료 핸드북
  (파워북, 이정숙 외)

학과 주요 교과목은?

기초 과목	심리학개론, 음악치료개론, 미술치료개론, 발달심리학, 이상심리학, 음악심리학, 성격심리학, 청소년심리학, 예술치료표현기법, 예술의 이해, 집단미술치료, 이야기치료, 상담의 이론과 실제 등
심화 과목	아동음악, 유아동음악치료, 장애아동음악치료, 유아동미술치료, 특수아동미술치료, 청소년미술치료, 노인미술치료, 가족미술치료, 성인노인을 위한 미술치료, 노인음악치료, 성인노인을 위한 음악치료, 음악치료심리진단과 평가, 음악치료임상기법, 미술치료임상기법, 놀이지도, 예술심리치료임상실습세미나, 상담심리학, 집단예술치료, 예술치료사례연구, 임상즉흥연주기법 등

졸업 후 진출 분야는?

기업체	사회 복지 기관, 장애인 복지관, 평생 교육원, 미술 치료 센터, 음악 치료 센터, 각종 상담 기관, 교육 관련 연구소, 장애인 복지 센터, 학교 밖 청소년 지원 센터, 문화 센터, 인문 예술 치료 관련 연구소 등
연구 기관	종합 병원, 개인 전문 의원, 재활 병원, 소아 신경 정신과, 정신과, 노인 전문 병원, 노인 요양원, 아동 보호 센터, 인터넷 중독 센터 등
정부 및 공공 기관	유아원, 유치원, 초·중·고등학교, 청소년 상담 센터, Wee 클래스, 방과 후 학교, 군부대, 소년원, 교도소 등

🔍 전공 관련 선택 과목은?

▶ 국어, 영어 교과는 모든 학문의 기초적인 성격을 가진 도구교과로 모든 학과에 이수가 필요하여 생략함.

수능 필수	화법과 언어, 독서와 작문, 문학, 대수, 미적분 I, 확률과 통계, 영어 I, 영어 II, 한국사, 통합사회, 통합과학, 성공적인 직업생활(직업)		
교과군	선택 과목		
	일반 선택	진로 선택	융합 선택
수학, 사회, 과학	생명과학	세포와 물질대사, 생물의 유전	
체육·예술			
기술·가정/정보	음악, 미술, 연극	움악 연주와 감상, 음악 감상과 비평, 미술 창작, 미술 감상과 비평	음악과 미디어, 미술과 매체
제2외국어/한문			
교양		인간과 심리, 보건	

학교생활기록부 관리는?

출결 사항	• 미인정(무단) 출결 사항이 없도록 관리하세요. 미인정(무단) 결석 등이 있으면 학교생활 충실도나 인성, 성실성 영역에서 부정적인 평가를 받을 가능성이 높아요.
자율·자치활동	• 다양한 교내외 활동을 통해 자신의 장점이나 자신이 한 활동 내용과 그 활동을 통해 배우고 느낀 점, 활동 후의 변화된 자신의 모습 등이 드러나도록 하세요. • 예술치료학 분야에 대한 관심과 흥미를 바탕으로 공동체 의식, 나눔과 배려, 리더십, 협업 능력, 대인관계 능력 등이 드러나도록 하세요.
동아리활동	• 미술, 음악, 봉사 관련 동아리 활동에 참여하여 예술치료사가 갖추어야 할 인성, 문제 해결 능력, 학업 탐구 능력, 자기 주도성 등이 드러나도록 하세요. • 동아리 가입 동기, 진로에 동아리 활동이 미친 영향, 동아리 내 자신의 역할, 동아리 활동으로 변화된 자신의 모습, 전공과 관련된 자기 계발 경험 등 구체적인 활동 내용이 기록되도록 하세요. • 학교내에서 타인을 위해 할 수 있는 지속적인 봉사 활동을 하세요. • 학교에서 주관하는 보건소, 병원, 재활원, 사회 복지 시설 등 사회 소외 계층 및 약자를 대상으로 하는 봉사 활동에 참여하세요.
진로 활동	• 미술 및 예술 치료 관련 학과 및 직업에 대한 정보 탐색 활동을 권장해요. • 미술 및 예술 치료 관련 학과에 대한 체험 활동을 권장해요. • 미술 및 예술 치료 분야의 진로 탐색 활동을 통해 진로 역량, 전공 적합성, 발전 가능성 등이 드러나도록 하세요.
교과학습발달 상황	• 미술 치료와 관련 있는 미술, 음악, 국어, 사회, 체육, 생명과학 교과의 학업 성취도를 올릴 수 있도록 관리하고, 수업 활동에서 학업 수행 역량, 전공 적합성, 진로에 대한 열정 등이 드러나도록 하세요. • 공동 과제 수행, 모둠 활동, 단체 활동 등에서 타인의 의견을 경청하고, 자신의 생각이나 의견을 논리적·체계적으로 표현한 경험, 새로운 지식을 적극적으로 습득한 경험 등이 드러나도록 하세요.
독서 활동	• 예술 치료, 음악 치료, 미술 치료, 생명, 인문학, 철학, 심리학, 역사학 등 다양한 분야의 독서를 통해서 융합적 사고력을 키우세요. • 관심 전공 분야에 대한 진학 의지, 지식수준 등이 드러나도록 독서 활동을 하세요.
행동 발달 특성 및 종합 의견	• 자신의 발전 가능성, 전공 적합성, 인성, 학업 능력, 창의력, 자기 주도적 학습 능력, 문제 해결 능력, 변화된 모습 등이 드러나도록 하세요. • 학교생활에서 경험의 다양성, 성실성, 나눔과 배려, 학업 태도와 학업 의지에 대한 장점이 기록되도록 관리해야 해요.

방사선사
방사선학과

방사선과학의 주요 분야에 대해 알아볼까요?

▶ 영상의학: 방사선의 투과성과 비투과성을 이용하여 신체를 촬영한 영상을 만들고, 이를 질환의 진단이나 치료 경과 판정 등에 이용하는 학문이에요.

▶ 핵의학: 방사성 및 안정된 핵종의 특이한 성질을 이용하여 신체의 해부학적·생리학적·생화학적 상태를 진단·평가하고, 개봉된 방사성 선원으로 치료하는 의학의 전문 분야예요.

▶ 방사선종양학: 영상의학이 방사능의 투과성과 비투과성을 이용하였다면, 방사선종양학은 방사선의 전리 작용을 이용하여 암을 치료하는 의학의 전문 분야예요.

방사선사란?

　현재 우리에게 무병장수의 길을 열어 주고 있는 현대 의학의 발전에 있어 가장 중요한 역할을 하는 것이 바로 방사선입니다. 방사선이 의학에 활용되면서 환자의 몸속을 들여다볼 수 있게 되었고, 아픈 부위를 정확하게 진단하거나 몸에 해로운 세포를 파괴해 병을 치료할 수 있게 되었습니다.

　방사선은 여러 분야에서 활용되고 있습니다. 방사성 동위 원소의 반감기를 이용해 수억 년 전에 형성된 지질층이나 화석의 연대를 밝히고, 방사선을 통해 DNA를 찾아내고, 방사선을 쬐어 유전자를 변형시켜 품종을 개량하는 등 농업이나 유전공학에도 유용하게 사용됩니다.

　그러나 방사선이 가장 폭넓고 유용하게 이용되는 분야는 바로 의학 분야입니다. 친구들과 놀다 뼈에 부상을 입거나 교통사고가 나서

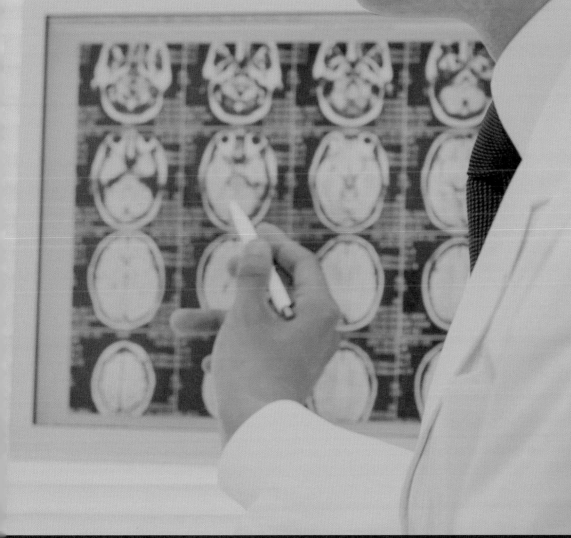

다리를 다쳤을 때, 우리는 병원에서 X-선 검사를 받게 됩니다. 방사선을 다친 부위에 투과하면 다친 부위를 자세하게 살펴보면서 적절한 치료 방법을 찾을 수 있게 됩니다. 최초로 '방사선'이라는 용어를 사용했다는 퀴리 부인은 1차 대전 당시 야전 병원에 X-선 검사 장치를 설치하도록 하여 부상병들의 몸에 박힌 총알의 위치를 찾도록 했습니다.

하지만 방사선은 유용한 동시에 위험한 물질입니다. 방사능 연구를 위해 지속적으로 방사선에 노출된 퀴리 부인은 결국 백혈병으로 사망했습니다. 몇 해 전 후쿠시마 원전 폭발 사고로 인해 많은 생명체들이 방사능에 대한 공포감을 갖게 되었습니다. 사고가 날 경우 방사선은 엄청난 위험을 발생시킵니다. 이러한 위험에도 불구하고 원자력 발전소를 건설하는 것은 방사선을 안전하게만 사용한다면 매우 유용한 물질이라는 것을 알려 줍니다.

방사선사는 환자가 병원에 방문했을 때 신체 내부 기관의 질병이나 장애를 진단하고 치료하기 위해 방사선 물질과 관련한 각종 방사선 장비를 조작하는 업무를 수행하는 사람입니다.

방사선사가 하는 일은?

방사선사는 전문 지식을 바탕으로 방사선 장비를 조작하고, 질병이나 장애가 의심되는 신체 내부 기관을 촬영·검사하며, 그 결과를 의사에게 제공해 진단과 치료를 돕는 직업입니다. X-선 촬영 검사, 컴퓨터 단층 촬영 검사, 자기 공명 영상 촬영 검사 등 영상 의학적 검사뿐만 아니라 방사성 동위 원소를 이용한 핵의학 검사, 방사선 치료 관련 업무, 치과에서 촬영하는 파노라마 검사 등이 방사선사의 업무입니다.

방사선사는 의료 분야 직종 중에서 방사선 피폭 선량이 가장 많습니다. 업무 수행 시 방사선에 노출될 위험이 있기 때문에 피폭 선량을 측정할 수 있는 계측기를 항상 휴대해야 하며, 6~12개월에 한 번씩 정기 검진을 받아야 합니다.

» 컴퓨터 단층 촬영, 자기 공명 영상 촬영, 초음파, 디지털 영상 등을 위한 첨단 의료 영상 장비에 관한 이론과 응용을 교육하고 연구합니다.
» X-선, γ(감마)-선, 중성자선을 이용한 방사선 종양 치료에 관한 이론 및 응용, 첨단 치료 장비의 원리를 교육하고 연구합니다.
» 분자 영상의 핵심 영상 기기인 단양자 방출 단층 검사, 감마 카메라, 양전자 방출 단층 촬영(PET)에 관한 이론 및 응용을 교육하고 연구합니다.
» 의료 목적 외의 방사성 동위 원소의 응용 및 이를 검출하기 위한 방사선 센서와 하드웨어 개발을 교육하고 연구합니다.
» 의료 영상 저장 전송 시스템, 유헬스케어 등과 같이 IT 기술과 방사선 기술이 결합된 분야에 대한 이론 및 응용을 교육하고 연구합니다.
» 신체 특정 부위에 대한 치료를 위해 X-선 검사, 컴퓨터 단층 촬영 검사, 자기 공명 영상 촬영 검사, 초음파 검사 등을 통해 환자의 상태를 정밀하게 진단합니다.
» 방사선 촬영 및 치료를 위해 환자를 고정시키고, 검사받지 않는 다른 신체 부위가 방사선에 노출되지 않도록 의사의 지시에 따라 방사선 노출 범위와 강도를 조절하여 치료합니다.
» 방사선 촬영 결과를 보고서로 작성하여 의사에게 전달하며, 치료 기록을 관리하는 업무를 수행합니다.

Jump Up

방사선 검사의 종류에 대해 알아볼까요?

일반적으로 수행되는 방사선 검사에는 X-선을 인체에 투과시켜 결과를 영상화하는 X-선 촬영 검사, 초음파를 인체 내에 보내어 반사 음파를 영상화하는 초음파 촬영 검사, 인체 내부를 일정한 두께의 단면으로 잘라 영상화하는 컴퓨터 단층 촬영 검사(CT), 인체의 주요 성분인 수소 원자핵을 자기 공명시켜 조직의 물리적·화학적 특성을 영상화하는 자기 공명 영상 촬영 검사(MRI), 도관을 몸속에 삽입하고 그 관에 조영제를 넣어 검사하는 혈관 검사, 막힌 인체 부위를 통하게 하거나 치료를 위해 혈관 등을 막는 중재적 시술, 방사성 동위 원소를 이용하여 신체의 내부 장기나 골절 등의 해부학적·생리학적 기능을 진단하는 핵의학 검사 등이 있어요.

방사선사

커리어맵

방사선사

준비방법
- 물리학, 화학, 생명과학, 사회 교과 역량 키우기
- 병원이나 보건소, 사회 소외 계층 대상 봉사 활동
- 강인한 체력 키우기
- 병원이나 보건소의 방사선사 관련 직업 체험 활동
- 방사선학, 물리학, 화학, 생명과학, 철학, 심리학 등 다양한 분야 독서

관련기관
- 대한방사선사협회 www.krta.or.kr
- 한국보건의료인국가시험원 www.kuksiwon.or.kr

관련직업
- 의료장비기사
- 진단방사선사
- 핵의학방사선사
- 치료방사선사
- 원자로조정제어원
- 진단방사선과 전문의사

관련학과
- 방사선과
- 방사선학과
- 방사선화학과

관련교과
- 수학
- 사회
- 과학
- 보건

흥미유형
- 탐구형
- 현실형

적성과 흥미
- 대인관계 능력
- 의사소통 능력
- 협업 능력
- 화학, 물리학, 생명과학, 사회, 보건, 심리학 교과에 대한 흥미
- 꼼꼼하고 치밀한 성격
- 고도의 집중력
- 끈기와 인내
- 책임감
- 예리한 관찰력
- 전기·전자에 대한 관심과 기기를 다루는 것에 대한 흥미
- 집중력과 세심한 주의력
- 침착한 자세와 정확성
- 타인에 대한 배려와 사회성
- 인간에 대한 사랑과 직업 윤리관

관련자격
- 방사선비파괴검사기사
- 방사선비파괴검사산업기사
- 초음파비파괴검사기사
- 초음파비파괴검사산업기사
- 방사선사
- 방사선취급감독자
- 방사성동위원소취급자일반
- 방사성동위원소취급자특수
- 전문방사선사
- 심폐소생술
- 병원코디네이터
- 방사선카운슬러
- 의료정보관리사

적성과 흥미는?

방사선사가 되려면 수학, 생물학, 물리학 등 기초 과학 과목에 흥미가 있고, 기본 지식을 갖추어야 합니다. 방사선 기계나 장비를 사용하기 때문에 전기전자공학 분야에 대한 흥미가 있어야 하고, 기계나 장비를 조작하는 것에 소질이 있어야 합니다. 방사선은 인체에 심각한 피해를 줄 수 있기 때문에 방사선 관련 기계를 조작할 때에는 집중력, 세신한 주의력, 정확성, 침착한 자세가 요구됩니다.

방사선사는 주로 병원이나 건강 검진 센터 등에서 근무하기 때문에 전문 의학 용어에 대한 지식이 필요하고, 많은 환자들을 대상으로 다양한 촬영을 하므로 타인에 대한 배려와 사회성이 필요하며, 외향적인 성격의 사람에게 적합합니다. 방사선사 중에는 치료 업무에 참여하는 치료방사선사가 있는데, 이들은 방사선종양학과 의사와 함께 방사선으로 암세포를 죽이는 치료 업무를 수행합니다. 이때에는 방사선량의 조절이 중요하므로 고도의 집중력과 전문성이 요구됩니다.

방사선사는 병원 내에서 다른 분야의 의료진들과 의료 정보 및 지시 사항 등을 공유하는 경우가 많으므로 의사소통 능력과 대인관계 능력, 협업 능력을 갖추어야 합니다. 사람의 생명을 다루는 의료인으로서 봉사 정신이 투철해야 하고, 인간을 사랑하고 환자와 함께 고통을 나눌 수 있는 직업 윤리관이 필요합니다. 현실형과 탐구형의 흥미를 가진 사람에게 적합하며, 자기 통제 능력, 글로벌 환경에 맞는 이해력, 능동적인 대처 능력을 지닌 사람에게 유리합니다.

방사선사
커리어맵

관련 학과 및 자격증은?

→ 관련 학과: 방사선과, 방사선학과, 방사선화학과 등

→ 관련 자격증: 방사선사, 전문방사선사, 방사선비파괴검사기사,
　　　　　　　방사선비파괴검사산업기사, 초음파비파괴검사기사,
　　　　　　　초음파비파괴검사산업기사, 방사선취급감독자,
　　　　　　　방사성동위원소취급자일반, 방사성동위원소취급자특수, 심폐소생술,
　　　　　　　병원코디네이터, 방사선카운슬러, 의료정보관리사 등

진출 방법은?

방사선사가 되려면 방사선사 국가 면허를 취득해야 하는데, 방사선사 국가시험의 응시 자격은 전문 대학이나 대학교의 방사선학과를 졸업하여 학위를 취득한 사람에 한해서만 주어집니다. 방사선학과에서는 해부학, 방사선물리학, 방사선학개론, CT영상학 및 실험, 방사선계측 및 실험, MR영상학 및 실험, 방사선기기학 및 실험, 방사선현장실습 등에 대해 배웁니다.

방사선사 국가시험에 합격해 보건복지부장관으로부터 면허를 발급받은 자만 방사선사로 활동할 수 있습니다. 방사선사는 전문성이 요구되는 직업이므로 취업 후에도 연간 8시간 이상의 보수 교육을 의무적으로 받아야 합니다. 보수 교육을 받지 않았을 경우에는 면허가 정지

될 수도 있습니다. 비교적 고용이 안정적이고 근무 환경이 좋은 대학 병원에 진출하기 위해서는 대학 성적이 우수해야 하고, 공인 어학 성적도 필요합니다. 치과 병원이나 보건의료직 공무원으로 진출할 수 있고, 원자력 발전소, 방사선 의료 기기 업체, 비파괴 검사 관련 산업체 등으로도 진출할 수 있습니다.

일반적으로 진단방사선과에서 일반방사선사로 7~8년 정도 근무하면 책임방사선사로 승진하고, 또 4~5년이 지나면 주임방사선사로 승진할 수 있습니다. 주임방사선사로 4~5년 근무하면 팀장으로 승진하고, 기사장까지 승진할 수 있습니다.

관련 직업은?

진단방사선사, 핵의학방사선사, 치료방사선사,
의료장비기사, 방사선투과검사산업기사,
원자로조정제어원, 진단방사선과전문의사 등

미래 전망은?

방사선사는 미국의 시사 주간지 타임이 선정한 미래의 5대 유망 직종에 포함될 정도로 장래성을 평가받고 있는 직업입니다. 병원에서 주로 사용하던 컴퓨터 단층 촬영(CT), 자기 공명 영상(MRI) 등의 장비가 보편화되면서 장비를 다루는 전문가인 방사선사는 유망 직종으로 꼽히고 있습니다. 인간의 평균 수명이 연장되고, 생활 수준이 높아지면서 보건·의료 서비스에 대한 사람들의 인식이 '치료' 중심에서 '예방' 중심으로 바뀌면서, 정기적으로 건강 검진을 받는 사람의 수도 증가하는 추세입니다. 특히 방사선 검사는 방사선 기기를 이용하여 개별 촬영 검사가 진행되어야 하므로 방사선사에 대한 수요는 증가할 것으로 전망됩니다. 특히 암 검진에 있어 초음파 검사 및 유방암 검사에 대한 방사선사 인력 수요가 증가하고 있고, 산부인과나 유방 진단 분야에서는 남성보다는 여성 방사선사의 채용이 활발할 것으로 전망됩니다. 또한, 대부분의 의료 기관에서 의료 영상 저장 전송 시스템의 사용이 증가하고 있어 영상 편집 기술 능력을 갖추면 취업에 유리할 것으로 보입니다.

반면, 방사선사가 유망 직종으로 인식되면서 각 대학에서 관련 학과를 증설하여 인력 배출이 늘어난 점은 방사선사 고용에 부정적인 영향을 미칠 것으로 예상됩니다. 특히 종합 병원이나 보건의료직 공무원 등 근무 조건이 좋은 곳은 취업 경쟁이 치열하며, 근무 조건이 상대적으로 좋지 않은 곳은 이직하는 비율이 높습니다. 이러한 점을 해결하기 위해 방사선사의 해외 진출을 적극적으로 추진 중이므로 향후 해외 진출이 활발해질 것으로 예상됩니다.

Jump Up

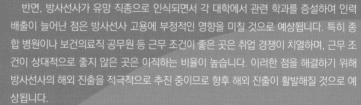

핵의학방사선사에 대해 알아볼까요?

방사성 동위 원소를 이용하여 신체의 해부학적·생리학적·생화학적 상태를 진단하는 데 필요한 검사를 수행하고, 개봉된 방사성 동위 원소를 이용하여 치료를 수행하는 직업이에요. 핵의학 검사 및 동위 원소 치료 과정에 필요한 정보를 환자에게 제공하고, 핵의학 검사에 이용되는 의료 장비(감마 카메라, PET, PET/CT, PET/MRI, 방사선 계측기 등)의 관리를 수행하며, 방사성 의약품을 준비·관리해요. 의사의 처방에 따라 핵의학 검사, 방사성 동위 원소 치료를 규정된 검사·치료 방법에 따라 수행해요. 환자에게 불필요한 방사선 피폭 선량을 줄이는 방사선 안전 관리 업무도 수행해요.

방사선학과
방사선사 전공 분석

어떤 학과인가?

방사선학은 질병의 진단과 함께 암 치료 등에서 많이 활용되는 학문으로, 의학 기술의 발전과 함께 빠르게 발전하고 있습니다. 방사선학은 방사선 촬영 기기, 컴퓨터 단층(CT) 촬영 기기 등의 다양한 첨단 장비를 이용하여 질병의 원인을 진단하는 진단 방사선 분야, 방사성 동위 원소를 이용하여 핵의학 검사 등을 하는 핵의학 분야, 방사선을 이용하여 암세포 등의 치료 원리 및 기술을 다루는 치료 방사선 분야로 구분합니다.

방사선학과에서는 각종 첨단 의료 장비를 이용하여 질병의 진단과 치료에 대한 영상 의학적 학문과 기술을 교육하고, 방사선을 이용해 다양한 암을 치료하는 방사선 종양 분야와 방사성 동위 원소를 이용해 핵의학 검사를 수행하는 핵의학 기술 과학 분야 등에서 근무하는 방사선사를 양성합니다. X-선, 라듐 방사선, 초음파 등의 취급 기술과 검사 원리 및 과정 등을 교육하여 병원 현장에서 바로 활용할 수 있도록 합니다.

교육 목표와 교육 내용은?

방사선학과에서는 의료 현장에서 방사선과 방사성 동위 원소를 이용하여 진단하고 치료하는 업무 수행에 필요한 뛰어난 능력을 지닌 인재를 양성합니다. 방사선학과는 방사선 진단, 방사선 치료, 핵의학 기술의 활용 등 보건의료학 분야의 체계화된 학문과 기술을 교육하여 국민 보건 향상에 기여할 수 있는 유능한 방사선사를 배출하는 것을 교육 목표로 합니다.

학과에 적합한 인재상은?

방사선학은 자연과학이 기초가 되는 학문이므로 수학, 생물학, 물리학 등의 과목에 흥미가 있고 기본적인 지식을 갖추고 있으면 좋습니다. 전기전자공학 분야에 대한 흥미가 있고 기기 조작에 능숙한 사람은 방사선학을 공부하는 데 매우 유리합니다. 방사선은 인체에 해를 끼칠 수도 있으므로 장비를 다루는 데 있어 세심한 주의력과 정확성, 침착함을 갖추고 있어야 합니다.

» 방사선의 이용에 대한 지식 기반 사회를 선도하는 방사선사를 양성합니다.
» 방사선 전공 분야의 탁월한 리더 능력을 함양한 방사선사를 양성합니다.
» 자기 공명 영상(MRI), 컴퓨터 단층 촬영(CT) 및 방사선학에 관한 전문 기술을 겸비한 방사선사 전문인을 양성합니다.
» 첨단 의료 기술을 능동적으로 습득하는 창의적 능력을 갖춘 방사선사를 양성합니다.
» 봉사 정신이 투철하고, 실무 능력, 창의적인 문제 해결 능력을 갖춘 방사선 분야의 전문가를 양성합니다.

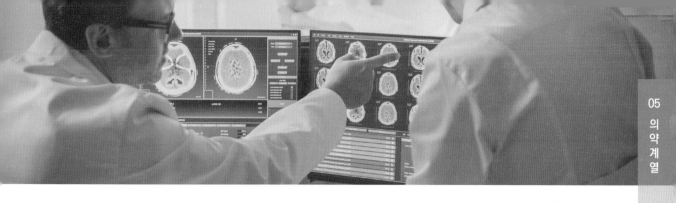

진취적 기상을 가지고 능동적으로 참여 가능하고, 사람의 생명을 다루는 학문이기 때문에 보건 의료인으로서 봉사 정신이 투철하고, 인간을 사랑하고 환자와 함께 고통을 나눌 수 있는 직업 윤리관이 필요합니다. 도전적인 정신으로 방사선 관련 연구 분야를 활성화할 수 있는 사람, 책임 의식을 기반으로 전문 지식과 협동심, 의사소통 능력을 갖춘 사람이 적합합니다.

임상병리 업무를 수행하려면 다른 의료진들과 의료 정보 및 지시 사항을 서로 공유하는 경우가 많으므로 원만한 대인관계 능력과 협업 능력이 요구됩니다. 다른 사람에 대한 배려와 사회성이 필요하며, 사람을 직접 상대하는 일이 많아 외향적인 사람에게 적합합니다. 각종 의학 용어에 대한 기본적인 지식을 갖추고 있으면 좋고, 미래에 대한 방향성이 확고한 가치관, 글로벌 환경에 맞은 이해력, 능동적인 대처 능력을 갖춘 사람에게 추천합니다.

방사선사에 관심이 많은 학생은 기초 과학을 공부하는 데 필수인 수학, 물리학, 생물학, 생명과학 등의 교과와 사회 교과의 학업 성취도를 높일 수 있도록 관리하고, 사회 소외 계층을 대상으로 하는 지속적인 봉사 활동을 통해서 방사선사가 갖추어야 할 직업 윤리관을 함양하는 데 많은 노력을 기울여야 합니다.

관련 학과는?

방사선과, 방사선화학과 등

진출 직업은?

방사선사, 의료장비기사, 진단방사선사, 핵의학방사선사, 치료방사선사, 진단방사선과전문의사 등

주요 교육 목표

창의적인 문제 해결 능력을
갖춘 인재 양성

- - - - - - - - - - - - - - -

지식 기반 사회를 선도하는
인재 양성

- - - - - - - - - - - - - - -

창의적 사고 능력을 지닌 인재 양성

- - - - - - - - - - - - - - -

방사선 분야에서 탁월한 능력을
지닌 인재 양성

- - - - - - - - - - - - - - -

인간 존중과 건강 사회
구현을 위한 인재 양성

- - - - - - - - - - - - - - -

국제 경쟁력을 갖춘 인재 양성

 ## 취득 가능 자격증은?

- ☑ 방사선사
- ☑ 전문방사선사
- ☑ 방사선검사기사
- ☑ 방사선검사산업기사
- ☑ 초음파비파괴검사기사
- ☑ 초음파비파괴검사산업기사
- ☑ 방사선취급감독자
- ☑ 방사성동위원소취급자일반
- ☑ 방사성동위원소취급자특수
- ☑ 심폐소생술
- ☑ 방사선카운슬러
- ☑ 보험심사평가사
- ☑ 병원사무관리사 등

추천 도서는?

- 질의 응답으로 알아보는 방사선 방사능 이야기
  (성안당, 타다 준이치로, 김기복 역)
- 조건우의 방사선방호 이야기(집문당, 조건우)
- 이 세상 모든 곳의 방사선(지식과감성, 이레나 외)
- 우주날씨 이야기(플루토, 황정아)
- 생활 속에서 알아야 할 라돈 이야기
  (지우북스, 박경북)
- 방사선 물리학(대학서림, 방사선물리학 교육연구회)
- 방사선으로 치료할 수 있는 7가지 암
  (중앙생활사, 임채홍)
- 머릿속에 쏙쏙! 방사선 노트
  (시그마북스, 고다야 가즈야, 김정환 역)
- 과학이 우주를 만났을 때
  (돋을새김, 제임스 진스, 권혁 역)
- 에너지 상식사전(MID, 이진복)
- 세상에서 가장 쉬운 과학 수업: 방사선과 원소
  (성림원북스, 정완상)
- 방사선 신비한 힘의 광선(북랩, 류성열)
- 방사선사를 위한 의학용어(대학서림, 민정환 외)
- 수학 없는 물리
  (프로텍미디어, Paul G. Hewitt, 박홍이 외 역)
- 고등학생을 위한 일반물리학(책과나무, 김형근)
- 방사선 과학(대한의학서적, 김명진)
- 방사선 방사능 이야기
  (성안당, 타다 준이치로, 김기복 역)

학과 주요 교과목은?

기초 과목	해부학, 인체해부학, 생리학, 인체생리학, 물리학, 방사선물리학, 병리학, 방사선학개론, 의학용어, 인체해부학 및 실습, 방사선수학, 보건통계학, 원자력이론, 방사선생물학 등
심화 과목	초음파영상학, 방사선치료학, 자기공명영상학, 전산화단층촬영학, 디지털영상학, 디지털영상처리, 방사선계측학, 핵의학기술학, 초음파영상학, 영상정보학실험, 투시조영영상학, 혈관조영촬영 및 중재적시술, 진료영상기술학, 원자력법령, 치과방사선학, 전기전자공학개론, 보건의료법규, 방사선관리학, 공중보건학 등

졸업 후 진출 분야는?

기업체	의료 장비 및 방사성 의약품 판매 업체, 방사선 관련 기기 생산 업체, 방사선·비파괴 검사 관련 업체, 종합 병원, 대학 병원, 치과 병원, 보건소, 비파괴 검사 전문 회사, 중공업·건설업 분야, 원자력 산업 분야, 기업체의 안전 진단 분야 등
연구 기관	방사성 동위 원소 취급 연구소, 원자력 관련 연구소, 한국수력원자력연구소 등
정부 및 공공 기관	보건직 공무원, 의료기술직 공무원, 한국원자력환경공단, 질병관리본부 등

전공 관련 선택 과목은?

▶ 국어, 영어 교과는 모든 학문의 기초적인 성격을 가진 도구교과로 모든 학과에 이수가 필요하여 생략함.

수능 필수	화법과 언어, 독서와 작문, 문학, 대수, 미적분Ⅰ, 확률과 통계, 영어Ⅰ, 영어Ⅱ, 한국사, 통합사회, 통합과학, 성공적인 직업생활(직업)		
교과군	선택 과목		
	일반 선택	진로 선택	융합 선택
수학, 사회, 과학	대수, 미적분Ⅰ, 확률과 통계, 현대사회와 윤리, 물리학, 화학, 생명과학	미적분Ⅱ, 역학과 에너지, 전자기와 양자, 물질과 에너지, 화학반응의 세계, 세포와 물질대사, 생물의 유전	융합과학 탐구
체육·예술			
기술·가정/정보	정보		
제2외국어/한문			
교양		인간과 심리, 보건	

학교생활기록부 관리는?

출결 사항	• 미인정(무단) 출결 사항이 없도록 관리하세요. 미인정(무단) 결석 등이 있으면 학교생활 충실도나 인성, 성실성 영역에서 부정적인 평가를 받을 가능성이 높아요.
자율·자치활동	• 다양한 교내외 활동을 통해 자기 주도적 참여 활동 내용과 창의적이고 분석적인 사고 능력이 드러나도록 하세요. • 의학 및 방사선 분야에 대한 관심과 흥미를 바탕으로 특정 사안에 대한 관심과 그 특징을 이해하기 위해 노력한 과정이 드러나도록 하세요. • 인성, 나눔과 배려, 협업 능력, 대인관계 능력 등이 드러나도록 하세요.
동아리활동	• 의학, 봉사, 과학 탐구, 토론 관련 동아리 활동에 참여하여 전공 관련 기초 지식, 자신의 인성과 장점이 드러날 수 있도록 하세요. • 동아리 가입 동기, 진로에 동아리 활동이 미친 영향, 동아리 내 자신의 역할, 동아리 활동으로 변화된 자신의 모습, 전공과 관련된 자기 계발 경험 등 구체적인 활동 내용이 기록되도록 하세요. • 학교내에서 타인을 위해 할 수 있는 지속적인 봉사 활동을 하세요. • 학교에서 주관하는 장애인, 다문화 가정 학생 돕기, 양로원 봉사 활동 등 사회 소외 계층을 대상으로 하는 봉사 활동을 하세요.
진로 활동	• 방사선사 관련 직업의 정보 탐색 및 체험 활동을 권장해요. • 방사선사 및 의료 관련 분야의 진로 탐색 활동을 통해 진로 역량, 전공 적합성, 발전 가능성 등이 드러나도록 하세요.
교과학습발달 상황	• 방사선학과와 관련 있는 물리학, 화학, 생명과학, 사회, 수학 교과의 학업 성취도를 상위권으로 유지하고, 수업 활동에서 학업 수행 역량, 전공 적합성, 진로에 대한 열정 등이 드러나도록 하세요.
독서 활동	• 인문학, 철학, 심리학 등 다양한 분야의 책을 읽으세요. • 방사선학, 의학, 생체학, 과학, 공학, 생명 등 주변 학문과 관련된 독서 활동을 통해 기본 소양을 키우세요.
행동 발달 특성 및 종합 의견	• 학업 능력, 전공 적합성, 발전 가능성, 창의력, 문제 해결 능력, 협업 능력 등이 드러날 수 있도록 하세요. • 학교생활에서 경험의 다양성, 성실성, 나눔과 배려, 학업 태도와 학업 의지에 대한 장점이 기록되도록 관리하세요.

보건의료정보관리사
보건행정학과

보건의료정보관리사란?

교통사고를 당해 다치게 되면 병원에 입원하여 치료를 받고, 치료가 끝나면 퇴원하게 됩니다. 환자는 입원해 있는 동안 각종 치료 및 주사, 처치를 받고, 그 대가로 병원비를 지불합니다. 보험에 가입한 사람의 경우, 입원 기간 동안 발생한 각종 진료 내역서와 병원 비용 서류를 보험 회사에 청구하여 보험료를 지급받습니다. 만약 입원 중에 사망 사고가 일어났을 때에는 책임 소재를 두고 법적 다툼을 하게 되는데, 이때 각종 진료 기록은 중요한 판단 자료가 됩니다. 이처럼 병원 내에서 각종 보건 의료 정보 기록을 법적 테두리 안에서 정확하게 보관하고 관리하는 일은 매우 중요합니다.

최근에는 법적 분쟁의 증가와 개인 보험 가입자의 증가로 인해 환자를 포함해 병원 외부에서의 병원 의무 기록 사본에 대한 발급 요구가 급속도로 증가하고 있습니다. 또한 보건 복지 서비스에 대한 국민적 기대가 높아지면서 보건 통계 및 연구를 목적으로 하는 보건 의료 정보의 요구 등이 다양화되면서 이를 관리하는 업무 또한 복잡하고 전문성을 요구하고 있습니다.

종합 병원 이상의 큰 병원에서는 보건 의료 정보를 관리하는 보건의료정보관리사를 의무적으로 고용해야 합니다. 그 외 중소 병원이나 요양 병원에서 보험 심사 청구 업무를 처리하기 위해 보건의료정보관리사를 고용하는 곳이 늘어나고 있습니다. 보건의료정보관리사는 환자의 질병에 관계된 정보와 병원이 진단과 치료를 위해 시행한 모든 내용을 기록한 '보건 의료 정보'와 관련한 업무를 수행하는 사람을 말합니다. '의료 기사 등에 관한 법률' 제1조에 의하면 보건의료정보관리사는 '의무에 관한 기록을 주된 업무로 하는 자로, 의료 기관에서 질병 및 수술 분류, 진료 기록의 분석, 진료 통계, 암 등록, 사망 등 각종 의무에 관한 기록 및 정보를 유지·관리하고, 이를 확인하는 업무에 종사한다.'라고 규정되어 있습니다.

의무 기록은 환자의 인적 사항, 진단 치료 내용 그리고 그에 대한 결과를 기록한 영구적인 법적 문서로, 이러한 기록 내용은 담당 주치의의 책임 아래 의료진에 의해 환자 진료 후 즉시 정확하고 빠짐없이 기록됩니다. 보건의료정보관리사는 해당 기록을 담당 의사나 책임자로 하여금 보충·정정 과정을 거친 후 법적인 문서로서 의무 기록이 완성되도록 합니다. 규모가 작은 병원에서는 의무 기록 관리 외에 접수 및 수납 업무, 입원과 퇴원, 제증명 발급 등의 원무과 제반적인 업무까지 수행하기도 합니다.

보건의료정보관리사가 하는 일은?

보건의료정보관리사는 국민들의 귀중한 보건 의료 정보가 안전하고 효율적으로 생성·저장·활용되도록 관리함으로써 신뢰성 있는 보건 의료 데이터가 되도록 관리합니다. 보건 의료 정보 표준 전문가로서 의료 관련법을 지키고, 보건 의료 정보의 컨텐츠와 기술의 국제 표준을 따르며, 나아가 국가 보건 의료 정보의 신뢰성을 확보하고, 정보 교류 및 활용을 촉진하는 역할을 담당합니다. 보건의료정보관리사는 다양한 의료 정보를 법률에서 정하는 규정에 따라 수집하고, 이것이 법적인 효력을 갖는 정보로서 역할을 할 수 있도록 유지·보관·이용·제공하는 일을 수행합니다.

대부분의 의료 기관은 의무 기록 작성과 유지·관리에 전산 정보 시스템을 이용하고 있어 일반적인 사무 환경과 비슷하며, 일정 수준의 전문 지식이 필요합니다. 환자의 진료 정보 사본 발급 업무와 접수 업무를 담당하는 경우 주로 대민 창구에서 근무하게 됩니다. 근무 시간이 규칙적이고, 근무 환경이 쾌적하여 육체적 스트레스가 없는 편에 속합니다.

» 환자의 진료 기록 내용을 꼼꼼히 검토하고 분류하여, 이를 일정한 순서에 따라 체계적으로 보관·관리합니다.

» 의료 기관에서 질병 및 수술 분류, 진료 기록의 분석, 진료 통계 등 각종 의무에 관한 기록 및 정보를 유지·관리하고 이를 확인합니다.

» 의무 기록을 신속하고 정확하게 대출 및 관리하기 위해 외래 및 입원 환자로 구분하여 의사가 의무 기록에 기록한 내용 등으로 분류하여 보관합니다.

» 의무 기록의 내용을 검토하고 분석하여 기록 내용이 부족한 경우 보충 내용을 첨부하여 담당자에게 알립니다.

» 의료 정보 생성 및 관리를 위한 각종 병원 정보 시스템의 개발에 참여하여 환자의 치료 과정에서 발생하는 다량의 의료 정보가 전산 시스템을 통해 수집되고 유지될 수 있도록 합니다.

» 수집된 진료 데이터를 검토하고 분석하여 목적과 요구에 따라 데이터베이스화하고, 부족한 부분을 보완하는 작업을 지원합니다.

» 방대한 양의 진료 기록 내용을 가치 있는 정보로 이용할 수 있도록 의무 기록의 내용을 검토하여 국제 표준 분류 방법에 따라 질병 분류를 하고, 수술의 경우 수술 처치 및 검사 분류를 하며, 사망 환자는 사인 분류를 하여 진단, 수술, 사인을 코드화하여 데이터베이스를 구축합니다.

» 각종 의료 정보 접근 및 의료 정보 작성 권한 수준에 따라 보안이 유지되고 정보가 보호될 수 있도록 관리합니다. 의무 기록 사본 발급 시 환자 본인의 동의 여부를 확인하여 발급하며, 법적 권한이 없는 사람에게 개인의 의료 정보가 노출되지 않도록 보호합니다.

» 보건 의료 정보 정책 전문가로서 국가와 기관이 올바르고 미래 지향적인 보건 의료 정책을 세울 수 있도록 발전 방향을 제시합니다.

» 환자의 의무 기록 내용 중 연구, 교육, 통계 등의 자료를 검색할 수 있도록 의무 기록의 핵심 내용을 분석하여 보건 의료 통계 등을 작성하는 업무를 수행합니다.

보건의료정보관리사 커리어맵

• 국어, 수학, 사회, 정보, 보건 교과 역량 키우기
• 사회 복지 시설, 보건소, 병원 대상 지속적인 봉사 활동
• 보건의료정보관리사 직업 체험 활동
• IT, 4차 산업 혁명, 의학, 빅데이터, 상담, 심리학, 인문학, 철학 등
  다양한 분야 독서
• 컴퓨터 활용 능력, 영어 실력 향상

• 대한의료정보학회 www.kosmi.org
• 한국보건의료인국가시험원 www.kuksiwon.or.kr
• 대한보건의료정보관리사협회 www.khima.or.kr

• 병원코디네이터
• 보건직 공무원
• 의무행정직
  공무원
• 의무행정장교
  (장교, 부사관)
• 의무기록사
• 위생관리사
• 보험관리사
• 건강보험심사평
  가사

관련기관

준비방법

관련직업

적성과 흥미

흥미유형

보건의료정보관리사

관련교과

관련자격

관련학과

• 컴퓨터 활용 능력
• 통계적 능력
• 분석적 사고 능력
• IT, 빅데이터 지식
• 대인관계 능력
• 설득 능력
• 의사소통 능력
• 협업 능력
• 꼼꼼함과 치밀함
• 직업 윤리
• 책임감
• 인내심
• 스트레스 감내성

• 관습형
• 현실형

• 국어
• 수학
• 사회
• 과학
• 정보
• 보건

• 의무기록정보관리사
• 병원코디네이터
• 국제의료관광코디네이터
• 병원행정사
• 보건교육사
• 보험심사평가사
• 의료보험사

• 보건의료정보관리사
• 병원경영관리자
• 건강보험사
• 위생사
• 한국보험심사평가사
• 병원CS강사

• 보건행정학과
• 보건행정학부
• 보건행정경영학과
• 보건의료경영학과
• 보건의료정보학과
• 보건의료관리학과
• 보건의료복지학과

• 보건의료행정전공
• 의료경영학과
• 의료정보학과
• 스마트의료정보학부
• 병원경영학과
• 건강관리학과
• 운동건강관리학과

적성과 흥미는?

보건의료정보관리사는 각종 의료 자료와 관련된 업무를 수행하는데, 자료가 전산화로 구축되어 있기 때문에 전문적인 전산 지식을 갖추어야 하고, 각종 통계 자료를 활용하기 때문에 통계 분야에 대한 능력과 분석적 사고 능력이 필요합니다. 의학, 병원 행정 등의 의료 관련 지식과 빅데이터, IT 등의 정보 통신 지식도 필요합니다. 최근 의학 및 의료 기술의 급속한 발달과 의료 정보화의 급속한 진행으로 지속적인 자기 능력 개발이 요구됩니다. 보건의료정보관리사는 기본적으로 의무 기록지의 내용을 이해할 수 있어야 하고, 서류를 검토하면서 부족한 부분을 찾아내어 기록을 보충해야 하기 때문에 꼼꼼함, 치밀함을 갖추어야 합니다.

보건의료정보관리사는 업무 수행 과정 중에 병원 관계자와 협업하는 일이 많기 때문에 대인관계 능력, 의사소통 능력, 설득 능력, 협업 능력이 필요합니다. 또한 환자 개인들의 민감한 의료 정보를 관리해야 하기 때문에 직업 윤리와 책임감이 요구되고, 진료 기록을 전산으로 관리해야 하기 때문에 기억력이 좋아야 하며, 의학 용어 중 영어가 많으므로 영어 실력을 갖추는 것이 좋습니다. 똑같은 업무를 반복적으로 수행하고, 오랜 시간 동안 앉아서 근무하기 때문에 인내심이 요구되고, 스트레스 감내성이 있어야 합니다. 관습형과 현실형의 흥미를 가진 사람에게 적합합니다.

보건의료정보관리사에 관심이 있다면 대량의 정보를 다루기 위한 컴퓨터 활용 능력을 갖춰야 하고, IT, 공학, 4차 산업 혁명, 의학 등 다양한 분야의 독서를 통해 의학과 공학 분야의 기초 지식을 습득하도록 노력을 해야 합니다. 원만한 대인관계 능력을 키우기 위한 리더십 프로그램이나 자기 주도성 관련 프로그램에 적극 참여하는 것도 좋은 방법입니다.

보건의료정보관리사 커리어맵

관련 학과 및 자격증은?

→ 관련 학과: 보건행정학과, 보건행정학부, 보건행정경영학과, 보건의료경영학과, 보건의료정보학과, 보건의료관리학과, 보건의료복지학과, 보건의료행정전공, 의료경영학과, 의료정보학과, 스마트의료정보학부, 병원경영학과, 건강관리학과, 운동건강관리학과 등

→ 관련 자격증: 보건의료정보관리사, 의무기록정보관리사, 병원코디네이터, 국제의료관광코디네이터, 병원행정사, 보건교육사, 보험심사평가사, 의료보험사, 병원경영관리자, 건강보험사, 위생사, 한국보험심사평가사, 병원CS강사 등

진출 방법은?

보건의료정보관리사로 진출하기 위해서는 전문 대학 및 대학교에서 병원행정학과, 보건행정학과, 병원경영학과, 의무행정과, 의료정보학과, 보건정보관리과 등 보건 의료 관련 학과를 졸업하고, 한국보건의료인국가시험원에서 매년 1회 시행하는 보건의료정보관리사 국가 자격시험에 합격한 후 보건복지부장관으로부터 면허를 발급받아야 합니다. 외국에서 관련 교육 과정을 이수하거나 해당 의료 기사 면허를 받은 자도 보건의료정보관리사 국가 자격시험에 응시할 수 있습니다. 의무 기록 관련 학과에서는 의무 기록 관리, 질병 및 수술 분류, 의학 용어 및 해부학, 임상 지식, 전산 실기, 건강 보험 청구 및 심사, 의료의 질 관리, 병원 및 보건 통계, 의료 관계법, 개인 정보 보호법, 병원 경영과 조직 등에 대해 배웁니다.

시험은 필기와 실기로 나누어지고, 필기 과목으로는 공중보건학개론, 의무기록관리학, 의학 용어, 의료 관계 법규 등이 있으며, 실기는 의무 기록에 관한 전반적인 사항에 대해 다룹니다. 일정 기간의 경력을 가진 보건의료정보관리사의 경우, 대한의무기록협회에서 운영하고 있는 전문 교육 과정을 이수하면 보건의료정보사 자격증을 취득할 수 있으며, WHO-FIC에서 실시하는 시험에 합격하면 국제원사인분류 코더, 국제원사인분류 트레이너 자격을 취득할 수 있습니다.

보건의료정보관리사는 주로 공개 채용이나 학교 추천을 통해 채용되는데, 경력이 쌓이면 책임 보건의료정보관리사, 주임 보건의료정보관리사 순으로 승진할 수 있고, 승진 연한은 보통 2~3년 정도 걸립니다. 주로 종합 병원, 대학 병원, 개인 병·의원의 의료정보팀 또는 의무 기록과에서 근무하며, 원무과나 행정 부서에서 환자 관리, 보험 청구, 구매, 기획 및 의료 질 향상 등의 업무를 담당하기도 합니다. 공무원 시험에 응시하여 보건직 공무원으로 진출할 수도 있으며, 국민건강보험, 건강보험심사평가원, 질병관리본부, 통계청 등과 같은 공공 기관과 보건 관련 연구소, 교육 기관에도 진출할 수 있습니다. 보험 회사의 손해 배상, 상품 기획 및 심사 분야에 진출하거나 기업체의 보건 담당 업무를 맡기도 합니다. 이외에도 보건 의료 분야의 진료정보보안관리자, 보험청구심사자, 병원전산프로그래머, 의료관련기획자로 이직할 수도 있고, 데이터관리자, 보건 계열 대학교수로 이직하는 경우도 있습니다.

관련 직업은?

의무기록사, 병원코디네이터,
보건직 공무원, 의무행정직
공무원, 위생관리사, 보험관리사,
건강보험심사평가사 등

미래 전망은?

최근 의료 사고 등에 따른 법적 분쟁과 개인 보험 가입자가 증가하면서 환자 본인 및 가족, 보험 기관 등에서 진료 내역을 입증하는 의무 기록 문서의 발급 요청이 증가하고, 각종 보건 통계 조사 및 연구를 위한 목적으로 의료 정보 요구 등 업무가 다양화되고 있습니다. 또한 의학 지식 및 기술의 발전과 건강한 삶에 대한 관심의 증가로 인해 많은 의료 서비스 이용하게 됨으로써 그 후에 생산되는 엄청난 양의 진료 정보를 효율적으로 유지·보관·이용하기 위한 전산 시스템 구축과 진료비 청구, 심사 및 지급 관리를 위한 전문적인 업무도 증가하고 있습니다.

개인의 정보 보호에 대한 관심이 커지면서 진료 정보에 담겨 있는 환자의 개인 정보가 불법적으로 외부로 유출되지 않도록 관리하는 업무도 증가하여 보건의료정보관리사의 수요는 지속적으로 증가할 것으로 예상됩니다. 특히 4차 산업 혁명 시대가 되면서 의료 정보를 이용한 진단 및 개인 맞춤형 서비스를 제공하기 위한 보건의료정보관리사의 역할이 더 커질 것으로 기대됩니다.

강화되는 의료 기관 평가와 의료 정보 질 평가에 대비하여 정확한 의료 정보를 구축하기 위한 전문 인력에 대한 수요가 증가하여, 보건의료정보관리사를 채용하지 않은 병·의원 등에서도 채용하는 추세입니다. 특히 전 국민 건강 보험 적용과 의료 시장 개방 등 보건 의료 환경의 변화에 대응하고자 보건의료정보관리사의 채용을 늘리면서 전망을 밝게 하고 있습니다.

Jump Up

WHO-FIC(보건 의료 분야 표준화 협력 센터)에 대해 알아볼까요?

전 세계적으로 질병 분류(ICD), 국제 의료 행위 분류(ICHI), 국제 기능·장애·건강 분류(ICF) 등 보건 의료 현장에서 사용되는 표준 용어와 분류 기준을 개발·보급하는 WHO의 협력 기관이에요.

보건행정학과
보건의료정보관리사 전공 분석

어떤 학과인가?

보건행정학은 보건학의 기본 지식을 습득하여 정부의 보건 의료 정책과 보건 의료 기관의 운영에 적용하는 학문입니다. 보건행정학은 국민들에게 높은 수준의 보건 의료 서비스를 체계적으로 제공하기 위해 그 중요성이 커지고 있습니다. 앞으로는 더 강화된 정보화 및 지식 기반 사회가 될 것이므로 보건 행정의 역할은 국민의 건강과 삶의 증진을 위해 반드시 필요합니다.

보건행정학과는 국민의 건강 유지 및 증진을 위한 목표를 효과적으로 달성할 수 있도록 보건 의료 정책, 보건 의료 조직, 사업 및 소비자 등에 대한 행정 관리의 이론과 기법을 교육하고 연구하는 학과입니다. 앞으로는 국민의 삶의 질 향상과 더불어 국민들의 보건 복지에 대한 요구가 더 늘어날 것이며, 특히 전 국민의 건강 보험 적용과 의료 시장 개방 등으로 보건 의료 환경이 변화함에 따라 기초 사회 과학 및 행정 관리 과학을 보건 의료 현장에 적용할 수 있는 보건 행정 전문가에 대한 수요가 급증할 것입니다. 보건행정학과는 이러한 사회적 요구를 충족시키기 위해 만들어진 학과입니다.

교육 목표와 교육 내용은?

사회가 발전하고 건강에 대한 국민의 관심이 높아지면서 보건 복지 서비스에 대한 요구가 증가하고 있습니다. 이를 위해 보건행정학과에서는 보건 의료 분야의 행정 전문가를 육성하기 위해 보건 복지 정책, 보건 의료 경영, 보건 의료 정보 등 보건 행정 전반에 대한 교육을 하여, 국민 건강을 책임지고 보건 의료 산업 발전에 핵심적인 역할을 수행할 보건 행정 전문가 양성을 교육 목표로 합니다.

학과에 적합한 인재상은?

관련 학문의 특성상 각종 보건 행정에 필요한 문서를 분류·보관하기 위해서는 치밀함, 꼼꼼함, 세심함을 지닌 사람에게 적합합니다. 다양한 사람들과의 협업을 통해 업무를 수행하는 분야이므로 원만한 대인관계 능력, 의사소통 능력, 협업 능력이 필요합니다. 또한 환자 및 보험 회사와 관련하여 업무를 수행하므로 상대방에 대한 배려와 책임 의식이 있는 사람, 긍정적이고 활달한 성격의 사람, 상황 판단력과 순발력이 있는 사람에게 적합합니다. 전산을 통해 병원 행정 업무 처리 방법에 대한 교육이 진행되기 때문에 컴퓨터 활용 능력이 필요합니다.

» 보건 산업의 특성을 이해하고, 다양한 현장 경영 능력과 산업 분석 능력을 갖춘 인재를 양성합니다.
» 국민 건강 증진과 보건 의료 산업의 발전에 중추적인 역할을 담당할 보건 의료 행정가를 양성합니다.
» 미래 성장 산업인 보건 의료 산업 분야의 정보 관리자 및 기획 전문가, 보건 교육 전문가를 양성합니다.
» 인성 교육을 통한 올바른 가치관을 겸비한 보건 행정인을 양성합니다.
» 국제 보건 분야에 대한 이해를 통해 글로벌 보건 의료 행정 전문가를 양성합니다.

정의롭고 건강한 사회성을 지닌 사람, 전문 역량을 갖추기 위해 노력하는 사람, 체계적인 전문 지식과 창의성을 겸비하기 위해 노력하는 사람, 인류의 건강 증진과 환경 개선에 기여하는 도전 정신이 있는 사람에게 적합합니다. 인간다운 삶을 영위하기 위해 질병 예방 업무 및 질병 개선책에 대한 실행 능력을 배양하고 이를 현장에서 활용할 수 있는 사람, 생물학, 화학, 해부학, 생리학 등의 기초 의학에 대한 이해가 깊고, 건강 및 환경의 개선에 대해 관심이 많은 사람에게 적합합니다.

관련 학과는?

보건행정학부, 보건행정경영학과, 보건의료경영학과, 보건의료정보학과, 보건의료관리학과, 보건의료복지학과, 보건의료행정전공, 의료경영학과, 의료정보학과, 스마트의료정보학부, 병원경영학과, 건강관리학과, 운동건강관리학과 등

주요 교육 목표

현장 경영 능력, 산업 분석
능력을 갖춘 인재 양성

- -

보건 의료 산업 발전에
기여할 인재 양성

- -

직업 윤리와 책임감을 갖춘 인재 양성

- -

국민 건강 증진에
기여할 보건 행정인 양성

- -

윤리적 인성을 갖춘
봉사하는 인재 양성

- -

국제적인 보건 의료 행정 인재 양성

취득 가능 자격증은?

- ☑ 보건의료정보관리사
- ☑ 병원경영관리자
- ☑ 보험심사평가사
- ☑ 병원행정사 ☑ 건강보험사
- ☑ 보건교육사 ☑ 위생사
- ☑ 의료보험사 ☑ 간호조무사
- ☑ 한국보험심사평가사
- ☑ 병원코디네이터
- ☑ 국제의료관광코디네이터
- ☑ 응급처치전문과정
- ☑ 스포츠마사지
- ☑ 병원CS강사 등

진출 직업은?

보건의료정보관리사, 의무기록사, 보건직 공무원, 의무행정직 공무원, 의무행정장교, 병원코디네이터, 위생관리사, 손해사정사, 보험관리사, 건강보험심사평가사 등

추천 도서는?

- 보건의료인을 위한 기초 의학용어(의학교육, 김정임 외)
- 반려동물 보건행동학
  (형설출판사, 반려동물보건행동학 교재편찬연구회)
- 보건행동경제학
  (서울의학서적, 크리스티나 로베르토 외, 김남희 역)
- 보건의료인을 위한 생리학
  (대한나래출판사, 생리학교재편찬위원회)
- 시작은 간호사입니다만(포널스출판사, 신보혜)
- 쉽게 배우는 보건의사소통(바이오사이언스출판, 최선혜)
- 통일보건의료의 미래(박영사, 전우택 외)
- 4차 산업혁명시대의 스마트 헬스케어(청독, 정미라)
- 요즘 병원, 요즘 경영(렛츠북, 김도유 외)
- 병원 사람들을 위한 행복한 경영이야기(김영사, 김종혁 외)
- 작은 병원 생존 마케팅(라디오북, 김세희)
- 그 병원이 잘되는 12가지 비밀
  (매일경제신문사, 박정섭)
- 미움 받을 용기(인플루엔셜, 기시미 이치로 외, 전경아 역)
- 완벽한 보건 의료제도를 찾아서
  (청년의사, 마크 브릿넬, 류정 역)
- 아픔이 길이 되려면(동아시아, 김승섭)
- 의료개혁, 누가 어떻게 할 것인가
  (청년의사, 건강복지정책연구원)
- 바이오테크 시대(민음사, 제레미 리프킨, 전영택 역)
- 일렉트릭 유니버스
  (생각의나무, 데이비드 보더니스, 김명남 역)

학과 주요 교과목은?

기초 과목	공중보건학, 보건교육학, 보건행정학, 병원통계실습, 병리학개론, 보건경제학개론, 해부생리학, 의학용어, 원무행정론, 의료윤리학, 병원회계학, 조사방법론, 병원통계학 등
심화 과목	병리학, 의료전산학, 의료정보관리학, 의무기록관리학, 노인보건, 근거중심보건의료, 질병 및 수술분류, 보건교육실습, 병원재무관리학, 병원물류학, 병원전략기획론, 암등록, 의무기록실무, 적정진료보장, 의료보험, 의료관계법규, 의료서비스마케팅, 의무기록전사, 보건사업관리론, 보건 및 병원행정실습, 병원코디네이터 및 의사소통, 병원원무관리와 실습 등

졸업 후 진출 분야는?

기업체	보건 의료 정보 업체, U-health 관련 분야, 보건 의료 관련 업체, 보험 관련 업체, 병원(원무과, 인사과, 관리과), 약국, 연구소, 제약 회사, 대한병원협회, 대한의사협회, 대한한의사협회, 대한병원행정관리자협회 등
연구 기관	국민건강보험, 국민연금공단, 건강보험심사평가원, 한국보건의료연구원, 한국보건사회연구원, 한국보건산업진흥원 등
정부 및 공공 기관	중앙 정부, 지방 자치 단체, 의무행정장교(의정사관, 특수사관), 식품의약품안전처, 질병관리본부 등

🔍 전공 관련 선택 과목은?

▶ 국어, 영어 교과는 모든 학문의 기초적인 성격을 가진 도구교과로 모든 학과에 이수가 필요하여 생략함.

수능 필수	화법과 언어, 독서와 작문, 문학, 대수, 미적분 I, 확률과 통계, 영어 I, 영어 II, 한국사, 통합사회, 통합과학, 성공적인 직업생활(직업)		
교과군	선택 과목		
	일반 선택	진로 선택	융합 선택
수학, 사회, 과학	대수, 미적분 I, 확률과 통계, 현대사회와 윤리, 화학, 생명과학	미적분 II, 윤리와 사상, 인문학과 윤리, 물질과 에너지, 화학 반응의 세계, 세포와 물질대사, 생물의 유전	사회문제 탐구, 윤리문제 탐구, 융합과학 탐구
체육·예술			
기술·가정/정보	정보		
제2외국어/한문			
교양		인간과 심리, 보건	

학교생활기록부 관리는?

출결 사항	• 미인정(무단) 출결 사항이 없도록 관리하세요. 미인정(무단) 결석 등이 있으면 학교생활 충실도나 인성, 성실성 영역에서 부정적인 평가를 받을 가능성이 높아요.
자율·자치활동	• 다양한 교내외 활동에 참여하여 창의적이고 분석적인 사고력이 드러나도록 노력하세요. • 리더십, 나눔과 배려, 협업 능력, 대인관계 능력 등이 나타나도록 하세요.
동아리활동	• 의료, 보건, 공학, 봉사 관련 동아리 활동에 참여하여 다양한 경험을 쌓고, 전공 관련 직업인이 갖추어야 할 인성, 문제 해결 능력, 학업 탐구 능력, 자기 주도성 등이 드러나도록 하세요. • 동아리 가입 동기, 진로에 동아리 활동이 미친 영향, 동아리 내 자신의 역할, 동아리 활동으로 변화된 자신의 모습, 전공과 관련된 자기 계발 경험 등 구체적인 활동 내용이 기록되도록 하세요. • 학교내에서 타인을 위해 할 수 있는 지속적인 봉사 활동을 하세요. • 학교에서 주관하는 장애인, 다문화 가정 학생 돕기, 양로원 봉사 활동 등 사회 소외 계층을 대상으로 하는 봉사 활동을 하세요.
진로 활동	• 보건 행정 관련 학과 및 직업에 대한 정보 탐색 활동을 권장해요. • 보건 행정 관련 학과에 대한 체험 활동을 권장해요. • 보건 행정 분야의 진로 탐색 활동을 통해 진로 역량, 전공 적합성, 발전 가능성 등이 드러나도록 하세요.
교과학습발달 상황	• 보건행정과 관련 있는 국어, 수학, 사회, 과학, 정보, 보건 교과의 학업 성취도를 올릴 수 있도록 관리하고, 수업 활동에서 학업 수행 역량, 전공 적합성, 진로에 대한 열정 등이 드러나도록 하세요. • 공동 과제 수행, 모둠 활동, 단체 활동 등에서 타인의 의견을 경청하고, 자신의 생각이나 의견을 논리적·체계적으로 표현한 경험, 새로운 지식을 적극적으로 습득한 경험 등이 드러나도록 하세요.
독서 활동	• 보건학, 의학, 공학, 인문학, 철학, 심리학, 4차 산업 혁명, 인공 지능 등 다양한 분야의 독서 활동을 통해 융합적 사고 능력을 키우세요. • 관심 전공 분야에 대한 지식수준, 전공 학과에 대한 기초적인 지식 등이 나타나도록 다독 활동이 필요해요.
행동 발달 특성 및 종합 의견	• 자신의 장점을 종합적으로 나타낼 수 있도록 발전 가능성, 전공 적합성, 인성, 학업 능력, 창의력, 자기 주도적 학습 능력, 문제 해결 능력, 변화 모습 등이 드러나도록 하세요. • 학교생활에서 자기 주도성, 경험의 다양성, 성실성, 나눔과 배려, 학업 태도와 학업 의지에 대한 장점이 기록되도록 관리해야 해요.

수의테크니션에 대해 알아볼까요?

동물 병원이나 동물의 치료를 목적으로 하는 기관에서 수의사를 보조하여 응급 처치와 간호를 담당하는 직업이에요. 동물의 행동과 상태를 관찰하고 보호자와 의견을 나누고 상담을 해요. 우리나라에서는 동물 간호복지사라고 부르며, 동물 산업의 발전과 반려동물에 대한 관심이 높아지면서 주목받고 있는 직업이에요.

수의사란?

인간과 동물은 오랜 시간 함께 공존해 왔습니다. 인간에게 있어 동물은 때로는 식량으로, 때로는 작업 수단으로, 때로는 전쟁 수단으로 이용되며 인간들의 삶에 있어 매우 중요한 역할을 담당해 왔습니다. 더불어 동물을 보살피고 관리해 주는 수의사의 역사도 매우 오래되었습니다. 고대 유적지 곳곳에서 수의사를 의미하는 단어들의 흔적을 찾을 수 있습니다. 고대 유적지인 메소포타미아 남부 수메르 지역의 어느 왕의 무덤에서는 '소의 질병을 고치는 의사'를 의미하는 문자가 발견되었고, 바빌론 제국의 함무라비 법전에도 '소와 당나귀 의사'라는 단어가 발견되었습니다. 우리나라에서는 수의사가 언제부터 존재했는지 정확히 알려지지는 않았지만, 서기 595년 고구려의 혜자 스님이 불교를 전파하러 일본에 갔다가 말을 치료하는 의술을 가르쳤다는 기록이 있는 것으로 보아 삼국시대로 추측하고 있습니다. 이러한 역사적인 기록들은 수의사가 오랜 옛날부터 존재했던 직업이라는 것을 알 수 있게 합니다.

18세기 유럽에서 전염병으로 인해 대부분의 소가 죽게 되었고, 사람들이 굶주림을 겪으면서 동물 의학에 대한 필요성이 대두되었습니

수의사
수의예과

다. 이후 프랑스에서 세계 최초로 수의과 대학이 생기면서 근대 수의학이 시작되었습니다. 동양과 서양을 막론하고 동물은 여러 면에서 인간이 살아가는 데 필수적인 존재이고, 역할도 다양해 그 중요성을 인정받고 있습니다.

최근에는 인간과 동물이 서로 함께하는 삶이 주목을 받으면서 단순히 애완동물이 아닌 반려의 의미로 자리매김하고 있습니다. 1978년 유네스코에서는 '모든 동물은 동일하게 생존 및 존중의 권리를 가지며, 어떠한 동물도 학대 또는 잔혹 행위의 대상이 되어서는 안 된다.'고 선포했습니다. 우리나라는 아직은 동물의 권리가 법으로는 정해져 있지 않지만, 인간과 동물의 공존과 동물 복지에 대한 관심은 날로 커지고 있습니다.

이러한 사회적 변화로 인해 동물의 질병을 예방하고 치료하는 수의사의 인기가 높아지고, 업무 분야도 매우 다양해졌습니다. 수의사는 사람과 더불어 가족의 일원으로 살아가는 반려동물과 인간의 식량으로써의 산업 동물, 그리고 야생 동물의 질병을 예방하고 치료하는 것은 기본이고, 의약품의 효능과 안전성 평가, 식품 위생 및 환경 위생 분야의 안전성 관리, 동물 실험을 통한 기초 의학 및 생명공학 연구, 구제역이나 광우병처럼 국가 경제를 위협하는 해외 악성 전염병에 대한 방역 작업 등 그 역할이 확대되고 있습니다.

수의사가 하는 일은?

　수의사는 사람을 제외한 개나 고양이와 같은 반려동물, 소, 말, 돼지, 닭 등의 산업 동물, 수생 동물, 파충류, 꿀벌과 같은 곤충에 이르기까지 지구상에 생존하는 거의 모든 생명체를 진료 대상으로 하고 있습니다. 구제역, 조류 독감 등 전염병의 예방과 방역, 축산 식품의 안전성을 확보하기 위한 검역, 생명공학, 기초 의학 연구, 야생 동물의 보호와 생태계 보존에 이르기까지 수의사가 하는 일은 광범위합니다.

　수의사는 말을 하지 못하는 동물들을 달래가며 아픈 곳을 찾아야 하고, 때로는 야생의 본능이 살아 있는 야생 동물을 치료해야 하기 때문에 육체적·정신적 스트레스가 심한 직업입니다. 그러나 대화를 할 수 없는 동물들과의 교감을 통해 생명의 신비와 소중함, 자연과 인간의 조화에 대해 보람을 느낍니다. 또한 반려동물을 키우는 사람들이 늘어나고, 환경 파괴로 인한 동물들의 피해가 커지면서 다양한 동물 의료 서비스가 필요한 상황에서 수의사에 대한 직업적 전망은 밝습니다.

> » 동물의 질병 진단, 치료, 예방을 위해 연구하고 자문합니다. 아픈 동물을 X-ray, 초음파 등 각종 검사를 통해 질병을 진단하고 치료하며, 필요에 따라 수술을 합니다.
> » 외국에서 들어오는 전염병, 병균, 해충을 막기 위해 공항과 항구에서 검사하는 일을 합니다.
> » 광견병, 조류 독감, 광우병 등 동물들로부터 발생하는 전염병을 예방하기 위해 역학 조사를 하고 철저하게 위생을 관리합니다.
> » 육류, 햄, 소시지, 치즈, 분유, 달걀 등 축산물에 대한 식품 위생 검사를 실시하여 안전성을 확인하고, 허용된 동물 약품이 가축 사육 농장에 적절히 사용되도록 감독합니다.
> » 가축 전염병 연구를 위해 실험동물을 관리하고, 병원체를 동물에게 투여하여 동물실험을 진행합니다.
> » 각종 가축들을 형질이 더 우수한 품종으로 개량하거나 우수한 품종을 많이 증식시키기 위한 연구를 합니다.
> » 동물원이나 수족관 등에서 살아가는 각종 동물들의 영양 상태를 살피고, 질병의 치료 및 예방 활동을 합니다.
> » 동물들이 아프지 않도록 예방 접종을 실시하고, 동물들이 새끼를 잘 낳을 수 있도록 분만을 돕기도 합니다.

Jump Up

수의사가 활동하고 있는 분야에 대해 알아볼까요?

수의사는 동물 병원 및 동물원 등에서 아픈 동물들을 진단하고 치료하는 일뿐만 아니라 다양한 분야에서 활동하고 있어요.

▶ 반려동물 수의사: 애완동물의 건강을 돌보는 수의사이며, 다루는 종은 개, 고양이를 비롯해 햄스터, 기니피그와 같은 작은 설치류, 금붕어와 같은 어류, 조류, 파충류부터 최근에는 애완용 미니돼지, 원숭이, 담비, 토끼, 저빌, 쥐, 고슴도치, 이구아나, 뱀, 도롱뇽, 곤충, 달팽이, 게, 해파리 등으로 종류가 다양해지고 있어요.

▶ 산업 동물 수의사: 축산 농가의 생산성 향상을 위해 사육하는 동물인 한우, 젖소, 말, 돼지, 닭, 염소, 양 등을 다루는 수의사로, 이외에도 양어장에서 기르는 물고기에서 양봉장에서 기르는 꿀벌까지 돌봐요.

▶ 야생 동물 수의사: 사슴, 멧돼지, 여우, 밍크, 곰, 꿩, 뜸부기, 청둥오리, 오소리 등과 같은 야생 동물을 다루거나, 대공원이나 국립 공원 등에서 야생 동물의 생태를 관찰하고, 병에 걸린 동물들을 치료하는 수의사예요.

▶ 연구직 수의사: 국가 기관 연구소, 공기업 연구소 및 일반 기업체 연구소 등에서 근무하면서 연구를 수행하는 수의사예요.

▶ 수의관(수의장교): 군대에는 수의병과가 따로 있으며, 수의장교는 각종 유가공품 및 축산물들을 검사하고 그 위생 상태를 점검하거나, 군견이나 군마 등의 치료나 건강을 돌보는 수의사예요.

수의사

커리어맵

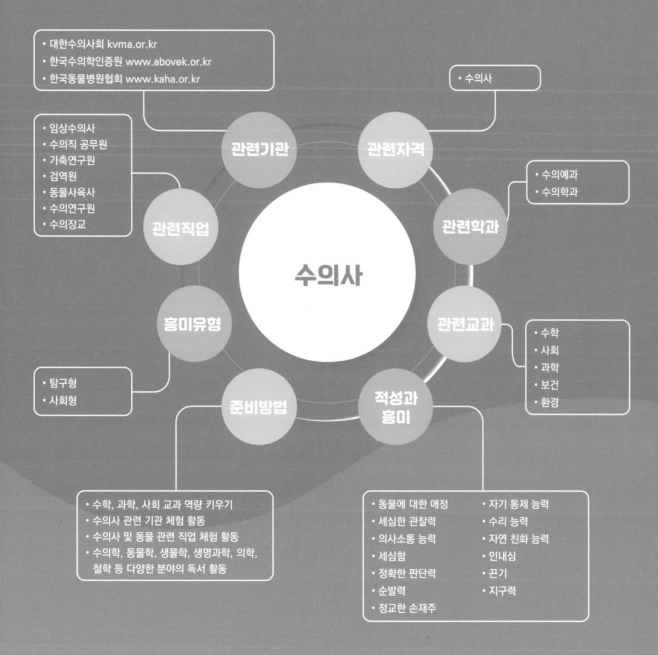

관련기관

- 대한수의사회 kvma.or.kr
- 한국수의학인증원 www.abovek.or.kr
- 한국동물병원협회 www.kaha.or.kr

관련직업

- 임상수의사
- 수의직 공무원
- 가축연구원
- 검역원
- 동물사육사
- 수의연구원
- 수의장교

관련자격

- 수의사

관련학과

- 수의예과
- 수의학과

관련교과

- 수학
- 사회
- 과학
- 보건
- 환경

흥미유형

- 탐구형
- 사회형

수의사

준비방법

- 수학, 과학, 사회 교과 역량 키우기
- 수의사 관련 기관 체험 활동
- 수의사 및 동물 관련 직업 체험 활동
- 수의학, 동물학, 생물학, 생명과학, 의학, 철학 등 다양한 분야의 독서 활동

적성과 흥미

- 동물에 대한 애정
- 세심한 관찰력
- 의사소통 능력
- 세심함
- 정확한 판단력
- 순발력
- 정교한 손재주
- 자기 통제 능력
- 수리 능력
- 자연 친화 능력
- 인내심
- 끈기
- 지구력

적성과 흥미는?

수의사가 되려는 사람에게 가장 중요한 것은 동물을 사랑하는 마음입니다. 어디가 아픈지 말로 표현할 수 없는 동물과 정서적 교감을 하며, 때로는 위험을 무릅쓰고 야생 동물이나 특수 동물을 치료하기 위해서는 동물에 대한 깊은 애정이 바탕이 되어야 합니다.

수의사는 동물들의 상태를 파악하고, 검사 결과를 바탕으로 원인을 찾아내어 치료해야 하기 때문에 깊은 관찰력이 필요합니다. 동물을 키우고 있는 보호자와도 세심한 의사소통을 해야 합니다. 병적 증상이라든지 평소 생활 환경, 먹이, 습관 등에 대해 이야기를 들어야 하고, 치료 후에는 동물을 돌보는 요령에 대해 설명을 해주어야 하므로 원활한 의사소통 능력을 갖추는 것은 필수적입니다.

수의사는 동물의 생명을 다루는 일을 하므로 생명에 대한 존엄성을 갖추어야 합니다. 동물의 증상에 적합한 치료 방법을 찾아내어 시행해야 하기 때문에 정확하고 빠른 분석 능력, 판단 능력 중요합니다. 작은 실수가 동물의 생명을 앗아갈 수 있기 때문에 세심하면서도 돌발 상황에 침착하게 대처할 수 있는 순발력과 자기 통제 능력이 필요합니다. 또한 수술을 하는 경우가 종종 있기 때문에 고도로 훈련된 섬세한 손재주도 필요합니다. 기본적인 수리 능력과 함께 정교한 의술을 갖추기 위한 인내심과 끈기, 지구력과 냉철한 이성 그리고 무엇보다 따뜻한 감성이 요구됩니다.

수의사
커리어맵

관련 학과 및 자격증은?

➡ 관련 학과: 수의예과, 수의학과 등

➡ 관련 자격증: 수의사 국가 면허 등

진출 방법은?

수의사가 되기 위해서는 대학에서 수의학을 전공해야 합니다. 수의학과는 6년 과정으로, 예과 2년, 본과 4년을 다녀야 합니다. 6년 과정을 마친 후 수의학사를 취득하고, 수의사 국가 면허 시험에 합격하면 수의사가 될 수 있습니다. 수의사 국가 시험은 농림수산검역검사본부에서 주관하여 시행하며, 합격 기준 점수는 기초수의학, 예방수의학, 임상수의학, 수의법규 축산학 중 전 과목 평균 60점 이상, 각 과목 40점 이상을 득점해야 합격할 수 있습니다.

수의사 면허를 취득한 후에 가장 많이 진출하는 분야는 임상수의사입니다. 반려동물을 치료하는 동물 병원 수의사가 여기에 해당합니다. 그 외에는 검역이나 방역, 축산 정책을 담당하거나 공중 보건 업무를 담당하는 공무원이나 학교나 연구소에서 바이러스 및 미생물 관련 연구를 하는 분야로도 진출합니다. 일부는 군의관처럼 수의장교로서 군에서 활동하기도 합니다. 이 밖에도 축산물 유통 업체나 육류 가공 업체, 사료 업체, 유제품 가공 업체, 동물 약품 업체 등으로 진출합니다. 우리나라에는 수의사에 대한 전문의 제도가 없어서 수의사 면허를 딴 뒤에 개인적으로 관심 분야에 대한 공부를 하여 전문성을 쌓는 경우가 대부분인데, 미국은 수의사 전문의 제도가 시행되고 있습니다.

관련 직업은?

임상수의사, 수의직 공무원, 가축연구원, 검역원, 동물사육사,
수의연구원, 수의장교 등

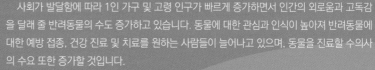

미래 전망은?

사회가 발달함에 따라 1인 가구 및 고령 인구가 빠르게 증가하면서 인간의 외로움과 고독감을 달래 줄 반려동물의 수도 증가하고 있습니다. 동물에 대한 관심과 인식이 높아져 반려동물에 대한 예방 접종, 건강 진료 및 치료를 원하는 사람들이 늘어나고 있으며, 동물을 진료할 수의사의 수요 또한 증가할 것입니다.

조류 인플루엔자, 광우병, 구제역과 같은 악성 해외 전염병의 빈번한 발생과 장기 이식 복제 동물의 생산, 줄기세포를 이용한 난치병 치료 연구 및 신약 개발 등 다양한 분야에서 수의학이 중추적 역할을 담당함으로써 앞으로 수의사의 전망은 밝을 것으로 예상됩니다.

최근에는 새로운 기능을 가진 나노 소재, 줄기세포 및 세포 치료제, 유전자 치료제, 복제 장기, 유전자 조작 소재, 천연 기능성 소재 등 신소재 개발을 위한 국가별 경쟁이 치열해지고 있고, 고령화 시대로 접어들면서 난치병 치료를 위한 신약 및 바이오 장기의 수요가 급증하고 있습니다. 이와 같은 연구 및 실험은 대부분 실험동물을 통해 이루어지고, 그 업무를 수의사가 담당하게 되므로 국립보건원, 국립독성연구원, 식품의약품안전처, 제약 회사, 바이오 분야 연구 기관 등으로 진출이 증가할 전망입니다. 수의사는 동물의 건강을 지키고, 인간과 공존하는 지구상의 모든 생명체를 다루는 직업으로 날로 역할과 비중이 증가할 것입니다.

수의예과

수의사 전공 분석

어떤 학과인가?

동물은 인간에게 기본적으로 먹을거리를 제공하여 삶의 조건을 충족시켜 주고, 정서적 교감을 통해 마음의 위안을 주는 한편, 의약품 및 과학 발전의 안전성과 성과를 입증하는 대상이 되기도 합니다. 오늘날에는 동물의 복지와 권리에 대한 관심이 높아져 실험에 참여하는 동물들의 기본적인 권리 보호에도 관심을 쏟아야 하는 상황입니다.

수의학은 사회가 발전하는 데 있어 꼭 필요한 학문으로, 각종 동물의 건강을 감시하여 질병을 예방하고, 질병에 걸린 동물은 치료하여 인간과 동물의 건강한 삶에 기여하는 학문입니다. 또한 수의학은 식품 위생과 생명 과학 발전 및 환경 보존에 영향을 미치기 때문에 인간과 동물의 상호 작용 및 자연계의 질서 유지에 많은 역할을 담당하고 있습니다.

수의예과는 동물을 대상으로 하는 수의 임상 및 관련된 학문의 이론과 실무를 교육하고 연구합니다. 소, 돼지, 말, 염소, 닭, 오리와 같은 산업 동물부터 실험 쥐, 토끼, 햄스터, 개, 영장류와 같은 실험동물, 개와 고양이로 대표되는 반려동물, 수생 동물, 야생 동물, 곤충에 이르기까지 모든 동물에 대한 진료와 치료에 대해 배우는 학과입니다. 수의예과는 예과 2년, 본과 4년으로, 총 6년의 과정으로 이루어집니다. 수의예과에서는 생물학, 생화학, 수의윤리학 등의 기초 과목들을 이수하고, 수의학과에서는 해부학, 생리학, 약리학, 공중 보건 및 임상에 필요한 외과, 내과, 산과 실습 등을 공부합니다.

교육 목표와 교육 내용은?

수의예과는 동물, 인간, 자연을 건강하게 보호하고, 동물과 사람의 복지를 증진하며, 동물들의 생명과 생태적 가치를 구체적으로 실현하는 데 교육 목표를 두고 있습니다. 모든 생명에게 필요한 건강하고 행복한 삶을 구현하고, 병들고 아픈 동물을 치료하는 동시에 사람들에게 건강한 생태적 환경 여건을 만드는 데 기여할 역량 있는 수의사를 양성합니다. 또한 창의적 연구 촉진, 선도적 동물 의료 서비스 제공뿐만 아니라, 수의학 분야에서 글로벌 리더십을 발휘할 수 있는 우수한 인재를 양성하는 것을 교육 목표로 하고 있습니다.

» 수의학, 의·약학, 공중 보건 등 생명과학 분야에 종사할 수 있는 전문 수의사를 양성합니다.
» 수의사로서 사회적 사명감과 윤리관을 갖추고, 유전공학 및 생물공학의 발달에 기여할 수 있는 수의학 분야의 전문 인재를 양성합니다.
» 동물의 건강 및 가축의 생산성 향상을 통해 인류의 공중보건학적 발달에 기여하는 인재를 양성합니다.
» 국제 기준에 맞는 교육 환경을 제공하여 사회 변화에 걸맞은 혁신적인 수의학계 리더를 양성합니다.

학과에 적합한 인재상은?

수의예과에 입학하기 위해서는 평소 동물을 돌보거나 치료하는 것에 관심이 있어야 합니다. 생명을 다루는 학문이므로 동물을 사랑하는 마음을 기본적으로 갖추고 있어야 하며, 동물들에게 피해를 줄 수 있는 각종 환경을 개선하고, 질병을 치료해야 하므로 직업적 소명 의식도 필요합니다.

하나의 현상에 대해 꾸준히 탐구하는 자세가 필요하며, 지적 호기심과 인내심을 갖춘 사람이라면 더욱 좋습니다. 수의학은 매우 광범위하기 때문에 생물, 화학 등 기초 과학에 대한 기본 지식을 갖추고, 관련 교과에 대한 적성과 흥미가 있는 사람에게 적합합니다.

수의예과는 오랜 기간 동안 공부를 해야 하므로 끈기와 인내심을 바탕으로, 목표 의식이 뚜렷하고 생명을 존중하는 마음과 윤리 의식이 있는 사람에게 적합합니다. 세심하게 동물을 살피고 동물과 교감할 수 있는 사람, 응급 상황에 침착하게 대처할 수 있는 사람, 정교한 손놀림을 가진 사람, 곰곰이 탐구하는 것에 대한 흥미가 있는 사람에게 적합합니다.

주요 교육 목표

혁신적인
수의학 리더 양성

직업 윤리와 사명감을 갖춘
인재 양성

합리적 의사소통 능력을
지닌 인재 양성

4차 산업 혁명에 걸맞은
미래 사회형 인재 양성

인류의 공중보건학 발전에
기여하는 인재 양성

수의학 분야의 글로벌
리더십을 지닌 인재 양성

관련 학과는?

수의학과 등

진출 직업은?

임상수의사, 수의직 공무원, 가축연구원, 검역원, 동물사육사, 수의연구원, 수의장교 등

 취득 가능 자격증은?

☑ 수의사
☑ 축산기사 등

추천 도서는?

- 의사 어떻게 되었을까
  (캠퍼스멘토, 한승배)
- 희망의 이유 (궁리, 제인 구달, 박순영 역)
- 수의사로 산다는 것(VET CHOICE, 정인성 외)
- 10대와 통하는 동물 권리 이야기
  (철수와 영희, 이유미)
- 의사와 수의사가 만나다
  (모멘트, 내터슨 호러위즈 외, 이순영 역)
- 수의사라서 행복한 수의사(토크쇼, 김희진)
- 어쩌다 보니 열혈 수의사(꿈공장플러스, 정정석)
- 모든 생명은 서로 돕는다(리수, 박종무)
- 할퀴고 물려도 나는 수의사니까
  (씽크스마트, 박근필)
- 반려동물 행동학(박영스토리, 강성호)
- 최재천의 인간과 동물(궁리, 최재천)
- 수의사가 말하는 수의사(부키, 이학범 외)
- 야생 동물 병원 24시
  (책공장더불어, 전북대학교 수의과대학 야생동물의학실)
- 나의 직업은 수의사
  (동천출판, 청소년행복연구실)
- 생물학 이야기(행성B, 김웅진)
- 유기 동물에 관한 슬픈 보고서
  (책공장더불어, 고다마 사에, 박소영 역)
- 아름답고 슬픈 야생 동물 이야기
  (푸른숲주니어, 어니스트 톰프슨 시턴, 김세혁 역)

학과 주요 교과목은?

기초 과목	수의생화학, 수의미생물학, 수의해부학, 수의생리학, 수의조직학, 수의발생학, 수의면역학, 축산식품학, 유기화학, 기초생화학, 영양학개론, 동물행동학, 수의학사, 일반화학, 자료와 정보 등
심화 과목	수의병리학, 수의약리학, 수의독성학, 수의기생충학, 수의공중보건학, 수의방사선학, 수의임상병리학, 수의전염병학, 어류질병학, 조류질병학, 야생동물질병학, 세포생물학, 분자생물학, 생명윤리와 법, 생활 속의 미생물, 자연과학의 이해, 생명현상의 이해 등

졸업 후 진출 분야는?

기업체	동물 병원, 제약 회사, 동물 약품 회사, 동물 사료 회사, 식품 위생, 육류 및 우유 가공 회사, 화장품 회사, 식품 제조 회사, 생명공학 관련 업체, 서울대공원, 동물원 등
연구 기관	수의학 관련 국가 연구소(농림수산검역검사본부, 국립독성연구원), 기업의 동물 의약품 연구소, 동물 생명공학 연구소 등
정부 및 공공 기관	공무원(농림축산식품부, 특허청, 농림수산검역검사본부, 보건복지부, 국립보건원, 식약청 및 식품의약품안전평가원, 환경부 및 국립환경과학원, 축산위생연구소, 보건환경연구원), 농협중앙회, 한국마사회, 한국동물약품협회, 한국사슴협회 등

🔍 전공 관련 선택 과목은?

▶ 국어, 영어 교과는 모든 학문의 기초적인 성격을 가진 도구교과로 모든 학과에 이수가 필요하여 생략함.

수능 필수	화법과 언어, 독서와 작문, 문학, 대수, 미적분 I, 확률과 통계, 영어 I, 영어 II, 한국사, 통합사회, 통합과학, 성공적인 직업생활(직업)		
교과군	선택 과목		
	일반 선택	진로 선택	융합 선택
수학, 사회, 과학	대수, 미적분 I, 확률과 통계, 사회와 문화, 현대사회와 윤리, 화학, 생명과학	미적분 II, 윤리와 사상, 인문학과 윤리, 물질과 에너지, 화학반응의 세계, 세포와 물질대사, 생물의 유전	수학과제 탐구, 기후변화와 지속가능한 세계, 기후변화와 환경생태, 융합과학 탐구
체육·예술			
기술·가정/정보			
제2외국어/한문			
교양	생태와 환경	인간과 심리, 보건	

학교생활기록부 관리는?

출결 사항	• 미인정(무단) 출결 사항이 있으면 학교생활 충실도나 성실성, 인성 영역 등에서 부정적 평가를 받을 가능성이 높아요.
자율·자치활동	• 학급이나 학교 공동체 활동에서 리더십, 협업 능력 등 자신의 역량을 보여줄 수 있도록 자기 주도적으로 참여하고, 참여 동기나 활동 내용, 자신의 변화 모습 등이 나타날 수 있도록 하세요. • 학급 및 학교 공동체 활동에서 자기 주도적으로 참여하여 인성, 리더십 등 역량을 보여주고, 참여 동기나 활동 내용, 자신의 변화 모습 등이 드러나도록 하세요.
동아리활동	• 애완동물 관련 동아리 활동에 참여하세요. • 동아리 내 자신의 역할, 동아리 활동으로 변화된 자신의 모습, 전공과 관련된 자신의 소질 계발 경험 등이 드러나도록 하세요. • 학교에서 주관하는 동물병원, 야생 동물 구조 센터, 동물 복지 센터, 유기견 보호 센터 등에서 진행하는 봉사 활동에 참여하세요.
진로 활동	• 수의사 및 수의학과 관련 진로 정보 탐색 활동을 권장해요. • 농림축산식품부, 식품의약품안전처 등과 같은 공공 기관에서 주관하는 진로 체험 프로그램에 적극 참여하세요. • 동물 병원 및 야생 동물 구조 센터 등에서 체험 활동을 통해 동물과 교감의 기회를 갖는 것을 권장해요.
교과학습발달 상황	• 수학, 과학 등 자연 계열 관련 교과의 학업 성취도를 상위권으로 유지하고, 관련 교과 수업에서 어떤 역량을 발휘했는지, 수업 전후의 활동들이 기록될 수 있도록 수업에 적극 참여하세요. • 공동 과제 수행, 모둠 활동, 단체 활동 등에서 타인의 의견을 경청하고, 자신의 생각이나 의견을 논리적·체계적으로 표현한 경험, 새로운 지식을 적극적으로 습득한 경험 등이 드러나도록 하세요.
독서 활동	• 수의학, 동물학, 심리학, 상담학, 생명, 인문학, 철학 등 다양한 분야의 독서를 통해 융합적 사고 능력을 키우고, 수의학 관련 분야에 대한 지식수준을 높이도록 하세요.
행동 발달 특성 및 종합 의견	• 발전 가능성, 전공 적합성, 인성, 학업 능력, 창의력, 자기 주도적 학습 능력, 문제 해결 능력, 발전된 모습 등 자신의 장점이 표현되도록 관리해야 해요. • 학교생활에서 자기 주도성, 경험의 다양성, 성실성, 나눔과 배려, 학업 태도와 학업 의지 등 자신의 장점이 기록되도록 관리해야 해요.

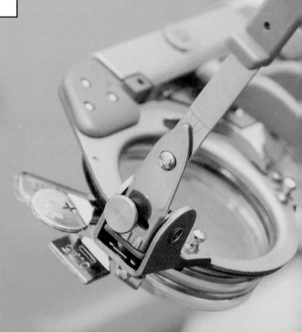

Jump Up

안경사 자격 면허 응시 자격에 대해 알아볼까요?

➡ 다음 각 호의 자격이 있는 자기 응시할 수 있습니다.

1) 취득하고자 하는 면허에 상응하는 보건의료에 관한 학문을 전공하는 대학·산업대학 또는 전문대학을 졸업한 자.(※복수전공 불인정) 단, 졸업예정자의 경우 이듬해 2월 이전 졸업이 확인된 자이어야 하며 만일 동 기간내에 졸업하지 못한 경우 합격이 취소됩니다.

2) 보건복지부장관이 인정하는 외국에서 취득하고자 하는 면허에 상응하는 보건의료에 관한 학문을 전공하는 대학과 동등이상의 교육과정을 이수하고 외국의 해당 의료기사등의 면허를 받은 자. 다만, '95. 10. 6 당시 보건사회부 장관이 인정하는 외국의 해당 전문대학 이상의 학교에 재학 중인 자는 그 해당학교 졸업자.

3) 1988년 5월 28일 당시 의료기사법 부칙(제3949호, 1987.11.28) 제2조에 따른 안경업소에서 안경의 조제 및 판매업무를 행한 자에 한함.

안경사란?

인간의 삶에 있어서 눈은 가장 중요한 신체 부분 중 하나입니다. 눈을 관리하고 보호하는 일이야 말로 건강한 라이프스타일을 영위하는데 있어 핵심적인 요소입니다. 인간의 눈은 1초에 천만 개 이상의 정보를 흡수하여 즉시 처리할 수 있습니다.

인간의 눈은 사물을 보려면 복잡한 과정을 거쳐야 합니다. 무엇인가를 보려면, 눈과 뇌에서 일련의 단계가 진행되어야 합니다. 간단히 설명하면 인간의 눈이 주위 환경에서 빛을 흡수하여 막막에 모읍니다. 그 결과 최초의 시각 인상이 생깁니다. 그런 뒤 각 눈은 이 인상을 시신경을 통해 노로 전송하고 처리하여 이른바 '시각'이 생기게 됩니다. 우리가 눈으로 모든 것을 볼 수 있는 것은 빛 덕분입니다. 즉 사물에 빛이 비쳐야 보입니다.

이러한 인간의 중요한 신체 기관인 눈 건강이 나빠지게 되면 삶의 질도 떨어지고 일상 생활에서 매우 불편한 상태로 살아가게 됩니다.

안경사
안경공학과

삶의 불편함을 해결하기 위해 안경을 착용하게 됩니다. 안경은 교정용 렌즈를 사용하여 근시, 원시, 난시 등과 같은 시력 이상을 보정하고 눈의 피로를 완화하기 위해 디자인되어 있습니다. 또한, 햇볕이나 유해한 빛으로부터 눈을 보호하는 역할도 수행합니다. 누구나 안경과 관련된 일을 수행할 수가 없습니다. 전문 자격을 갖춘 안경사에 의해 가능합니다.

　우리나라에서 안경사는 1987년 11월 의료기사법(현 의료기사 등에 관한 법률)이 공표되고, 국가 자격시험에 의해 면허를 취득해야만 하는 제도가 전격 도입되면서 인기 유망직종으로 자리를 잡기 시작했습니다. 안경사는 보건복지부장관의 면허를 득하고, 시력보정용 안경의 조제가공 및 판매, 그리고 시력보정 및 미용용 콘택트 렌즈의 판매를 주된 목적으로 하는 안보건 전문가입니다. 안경사는 의료기사와 달리 의사의 지시를 따르지 않는 특징이 있습니다. 그러나 6세 이하 아동에 한해, 약물시력검사(조절마비굴절검사)등이 필요할 수 있어 안과 전문의의 검안과 처방에 따라서 안경을 조제해야 합니다. 안경사는 시력이 좋지 않은 사람에게 시력검사를 통하여 적합한 안경이나 콘택트렌즈를 맞춰주고 건강한 시력 관리를 위해 눈을 보호하고 관리해주는 일을 하는 직업입니다.

안경사가 하는 일은?

안경사는 사람의 건강한 눈을 보호하고 관리하기 위해 각종 시력검사를 비롯해서 안경을 만들고 콘텍트렌즈와 같은 시력 보호 도구들을 판매하는 일을 합니다. 사람들의 눈 상태나 안경의 착용과 시력의 변화, 건강한 시력을 유지하는 방법 등 눈 건강에 필요한 상담을 제공합니다.

> » 기계나 검안장비 등을 이용해 타각적 굴절검사, 자각적 굴절검사, 안경착용검사 등 각종 시력검사를 진행합니다.
> » 안경이나 콘텍트렌즈 또는 기타 시력을 좋게 하기 위한 처방을 합니다.
> » 고객 개개인의 눈동자 간의 거리 및 코의 높이 등을 피디(자)를 사용 측정하고 고객 얼굴에 맞는 안경테를 추천합니다.
> » 렌즈를 가공하는 기계를 이용해 고객에게 적합한 안경테에 맞추어 렌즈를 가공하여 조립합니다.
> » 콘텍트렌즈의 경우, 처방된 도수, BC 값, DIA 값 등을 확인하여 고객에게 제공합니다.
> » 안경을 조제 및 판매하며, 6세 이하의 아동을 위한 안경은 의사의 처방에 따라 조제·판매합니다.
> » 시력을 보호하고 관리하기 위한 안경이나 콘텍트 렌즈의 세척 방법을 설명하고 시력을 보호하기 위한 조명 사용 등에 대해 조언합니다.
> » 안압 측정, 안저 검사 등 기본적인 안과 검사를 진행하며, 이상 증상이 발견될 경우 안과 진료를 권고합니다.
> » 고객의 특성에 맞는 안경테를 선정하는데 도움을 줍니다.
> » 안경 및 콘텍트렌즈 착용 후 발생하는 불편함이나 문제점에 대해 상담하고 해결 방안을 제시합니다.
> » 눈 건강 유지 및 시력 보호를 위한 생활 습관 개선, 눈 운동 등을 권장하고 교육합니다.

Jump Up

우리나라에 현존하는 가장 오래된 안경에 대해 알아볼까요?

조선 선조 때 문신 학봉 김성일의 안경이 우리나라에 현존하는 안경 가운데 가장 오래된 것입니다. 우리나라의 안경역사의 시작을 임진왜란 전으로 끌어올린 안경으로 안경의 형태, 코 모양은 조선 특유의 투박함과 섬세함은 물론 강약의 적절한 조화로움과 안경집의 처리법이 우리나라 전통 공예품과 같아 선조들에 의해 만들어졌을 가능성이 큽니다.

안경사

커리어맵

안경사

준비방법
- 의사소통 능력 향상 프로그램 참여
- 관련 교과 능력 향상
- 관련 동아리 활동(건강, 생명, 경제 및 경영, 마케팅)
- 안경사 직업인 인터뷰
- 관련학과 탐방 활동
- 안경사 직업체험 활동

관련기관
- 대한안경사협회 www.optic.or.kr
- 한국보건의료인국가시험원 www.kuksiwon.or.kr

적성과 흥미
- 꼼꼼함
- 정확성
- 원만한 의사소통 능력
- 대인관계능력
- 섬세한 손기술
- 문제 해결 능력
- 마케팅 능력

관련직업
- 검안사
- 안과의사
- 의무기록사

관련교과
- 수학
- 사회
- 과학
- 보건

흥미유형
- 탐구형
- 예술형

관련자격
- 안경사
- 광학기사
- 광학기능사

관련학과
- 안경광학과
- 안경광학전공
- 광공학과
- 레이저광정보공학전공

안경사는 인간의 편안함 삶을 살아갈 수 있도록 시력 건강을 책임지는 직업인이기 때문에 성공적인 안경사가 되려면 다음과 같은 적성과 흥미를 갖추는 것이 중요합니다.   첫 번째로 안경사는 중요한 시력과 관련되어 있기 때문에 꼼꼼함과 정확성을 갖추어야 합니다. 시력검사 및 안경처방은 섬세하고 정확한 작업이 요구되고, 꼼꼼하고 정확한 수치 판단 능력, 실수를 최소화하고 안전하게 업무를 수행할 수 있는 능력이 요구됩니다.

두 번째로 원만한 의사소통 능력과 대인관계 능력을 갖추어야 합니다. 고객과의 원활한 의사소통은 안경사의 중요한 역량입니다. 고객의 눈 상태, 생활 방식, 안경 선호도, 시력 측정이나 불만사항 등을 정확하게 파악을 위해서는 원만한 의사소통 능력과 대인관계 능력이 필수적입니다.

세 번째로 섬세한 손기술도 필요합니다. 고객에게 적합한 안경 조립, 안경 렌즈 교체 등 섬세한 작업을 위해서는 손기술이 요구됩니다. 관련 기계 및 장비 사용에 대한 능력과 깔끔하고 정교한 작업을 통해 완성도 있는 결과물을 제시해야 합니다.

네 번째로 문제 해결 능력이 필요합니다. 고객의 시력 문제에 대한 해결책을 제시해야 하고, 다양한 렌즈, 프레임,콘텐트렌즈 등에 대한 지식을 바탕으로 고객에게 가장 최적의 해결책을 제시해야 합니다. 안경사는 직접 안경점을 운영하는 경우도 많기 때문에 재고관리능력, 마케팅능력이 요구되며 고객들에게 신뢰를 줄 수 있는 단정한 용모와 태도가 필요합니다.

안경사 직업에 관심이 많다면 의사소통 능력이나 원만한 대인관계 능력을 키울 수 있는 다양한 학교 프로그램에 적극 참여하고 수학, 과학, 사회 교과 등의 학업 역량을 키우는 활동이 도움이 됩니다. 특히 건강, 생명, 경제 및 경영, 마케팅 관련 동아리 활동도 적극 추천합니다.

안경사

커리어맵

Jump Up

안경렌즈의 종류에 대해 알아볼까요?

안경렌즈의 종류에는 크게 단초점렌즈와 다초점렌즈로 나뉘어집니다. 단초점렌즈는 안경의 도수가 일정하게 들어가 있어 어느 부분으로 보더라도 큰 차이를 보이지 않는 안경입니다. 안경착용자 대부분이 사용하고 있는 제품입니다.

다초점렌즈에는 대표적으로 이중초점렌즈와 다초점렌즈로 나눕니다. 주로 노인이 시작된 중년 이후의 사람들이 착용하는 안경입니다. 이중초점렌즈의 경우 원거리를 보는 부분과 근거리를 보는 부분이 따로 나누어져 있어 안경하나로 멀리와 가까이를 같이 볼 수 있는 구조의 안경렌즈입니다. 다초점렌즈는 이보다 더 세밀하게 설계된 안경으로 가까운 곳과 중간거리 먼 거리 까지도 동시에 볼 수 있는 안경입니다.

안경렌즈는 두께를 결정하는 굴절률에 따라서도 분류를 합니다. 굴절률이 높을수록 두께가 얇아지는 효과를 볼 수 있습니다. 많이 사용되는 굴절률로는 1.56과 1.60이 있으며 도수가 높아 안경두께가 두꺼운 경우는 1.67이나 1.74를 이용해 제작된 렌즈를 사용하기도 합니다. 이외에 색상이 들어간 착색렌즈들도 여러 가지가 있으며 자외선에 따라 색깔의 농도가 변하는 변색렌즈, 낚시용으로 많이 사용되는 편광렌즈등 특별한 기능을 가진 제품들도 있습니다.

진출 방법은?

안경사로 진출하기 위해서는 전문대학 및 대학교에 개설되어 있는 안경광학과나 광학공학과를 졸업하고 안경사 국가면허 시험에 합격해야 합니다. 안경사가 되려면 2년제 이상의 전문대에서 안경광학 분야를 전공해야 합니다. 졸업 또는 졸업예정자에 한해 안경사 국가시험에 응시할 수 있고, 합격하면 보건복지부장관으로부터 면허를 발급받습니다. 안경사가 되기 위해서는 한국보건의료인국가시험원이 시행하는 안경사 국가면허시험에 합격해야 합니다.

안경사 시험은 매년 1회 시행되고, 필기시험(객관식)과 실기시험(객관식)을 치르고 시험과목은 안광학, 안경학, 안과학, 의료관계법규 등 4과목이고 필기시험은 매과목 만점의 40% 이상, 전과목 총점의 60% 이상 득점해야 하고, 실기시험은 만점의 50% 이상을 득점해야 합격할 수 있습니다.

안경사 자격 면허를 취득한 후에는 안경원을 직접 개원하여 운영하거나 근무하며, 일부 안경사는 면허 취득 후 종합병원이나 안과 전문 병원에서 검안 및 안경, 콘택트렌즈 처방업무에 종사한다. 또한 안경렌즈 제조업체나 안경테 제조업체, 안과와 관련된 렌즈 개발 등의 연구를 수행하는 광학관련 연구소에도 취업할 수 있습니다.

관련 직업은?

검안사, 안과의사, 의무기록사

관련 학과 및 자격증은?

➡ 관련 학과: 안경광학과, 안경광학전공,
　　　　　　　광공학과, 레이저광정보공학전공
➡ 관련 자격증: 안경사, 광학기사,
　　　　　　　광학기능사

미래 전망은?

최근 우리 사회의 가장 큰 변화는 인구 고령화에 있습니다. 인구고령화가 빠르게 진행되면서 노령화로 인한 노안시 발생이 증가하여 안경 또는 콘택트렌즈에 대한 수요가 증가하고 있습니다. 또한 스마트폰 및 디지털 기기 사용 증가로 인해 특히 청소년층의 근시 유행률이 증가하고 있습니다. 이러한 원인은 안경사 직업의 미래 유망성을 높여주고 있습니다.

새로운 시력 교정 기술인 레이저 시술 및 ICL 등 다양한 시력 교정 기술 개발로 안경 또는 콘택트렌즈에 대한 수요가 증가할 것으로 예상됩니다. 안과 진단 및 치료 기술 발전:안과 진단 및 치료 기술 발전으로 안경사의 역할 변화가 예상됩니다. 안경 구매 방식도 온라인 편의성 추구로 인해 온라인 안경 판매가 증가하고 있습니다. 온라인 안경 처방 서비스 등장:온라인 시력 검사 및 안경 처방 서비스 등장으로 안경 구매 방식 변화가 예상됩니다.

여러 상황을 종합적으로 고려했을 때, 안경사 직업은 향후 수요 증가와 기술 발전, 온라인 시장 성장, 인공지능 도입 등의 변화를 맞이할 것으로 예상됩니다. 안경사 직업의 미래 전망을 긍정적이라고 예상할 수 있습니다.

하지만 다음과 같은 변화에 대비해야 합니다. 온라인 시장 성장과 인공지능 기술 도입으로 안경사 간 경쟁이 심화될 수 있습니다. 지속적인 학습 필요:안경 관련 최신 기술 및 지식에 대한 지속적인 학습이 필요합니다. 또한 안경사를 양성하는 안경광학과가 증가하면서 예상보다 많은 인원이 진출하고 있는 점은 향후 안경사 고용증가에 단점으로 작용할 것으로 예측됩니다.

안경사 직업은 다른 직업에 비해 근무시간이 비교적 긴 편이고 주말에도 근무하는 일이 잦아 개인시간이 많지 않습니다. 그러나 찾아오는 고객들을 상대하므로 육체적·정신적 스트레스는 크지 않은 편에 속한 직업입니다.

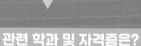

Jump Up

시력검사의 종류에 대해 알아볼까요?

안과병원이나 안경원에 가면 시력검사를 진행한다. 시력검사는 안과 검사의 가장 기본적인 검사로 수정체로 들어온 물체의 상이 얼마나 잘 보이는지 검사하는 것이다. 시력검사의 방법에는 시력검사표, 정밀시력검사, 정밀검사 등이 있다.

시력검사표는 크기가 다른 문자나 그림을 명확하게 알아보는 검사로 시력검사표를 통해 시력을 측정하며 근시, 난시, 원시 등을 측정하는 방법이다. 정밀시력검사는 굴절상태를 측정하는 검사로 굴절 및 조절, 굴절 마비 등을 검사한다.

정밀검사는 눈에 빛을 보내 굴절상태를 측정하는 검사와 투약제를 점안한 후 동공을 키워 굴절상태를 측정하는 조절마비 굴절검사가 있다.

안경공학과

안경사 전공 분석

어떤 학과인가?

현대 사회의 미디어 산업 발전으로 인한 시력저하와 노령화 추세에 따른 고령인구의 비율증가 및 시각정보의 다양화로 안보건 관리의 중요성이 나날이 증대하고 있습니다. 이에 국민의 건강한 생활을 위한 시력관리와 안질환에 대한 정밀한 처방과 안경조제가공을 위한 광학적인 지식과 검안실력을 갖춘 유능한 안경사의 양성이 요구되고 있습니다. 눈 관리를 위한 안과학, 시력 처방을 위한 안광학, 시력 교정을 위한 안경학을 기본으로 한 전반적인 분야의 전문적인 이론과 기술 연구를 통하여 보다 전문화된 안경사를 양성하여 국민의 시력 교정 및 안보건 증진에 이바지하고 안경광학 연구에 선도적인 역할을 하는 인재 양성 필요성이 증가하고 있습니다.

안경광학과는 안과 진찰과 시력검사, 안경 처방 등 안과 진단 및 치료에 필요한 기본적인 지식과 기술을 배우고, 안경을 선택하고 사용하는 고객에게 최적의 서비스를 제공하기 위한 고객서비스 능력을 갖추게 하여 고객의 요구에 맞는 적절한 안경을 추천하며, 고객이 안경을 편안하게 사용할 수 있도록 돕는 능력을 배우는 학과입니다.

다양한 분야의 지식과 기술을 갖춘 안경광학과의 학생들은, 안경 및 광학기기 분야의 전문가로서 성공적으로 진출할 수 있게 될 뿐만 아니라 고객의 시력 보정뿐만 아니라, 보다 편안하고 안전한 시력 생활을 제공하는데 기여하게 됩니다.

안경광학과를 졸업한 후 안경사 자격을 취득한 후에는 안경업계 연구원이 되기 위한 의학전문대학원 진학, 대학원 및 보건대학원으로 진학할 수 있고, 광학기기 회사 연구원이나 콘택트렌즈 및 특수렌즈 관련업체 등 안경과 관련한 광학기기 분야 및 해외 안경사 면허 취득 및 해외시장 개발에서 폭 넓게 활동할 수 있습니다.

교육 목표와 교육 내용은?

현대에는 정말 많은 사람들이 안경을 사용하고 있습니다. 노안에 따른 자연스러운 시력 저하뿐만 아니라 장기간의 전자기기 사용, 어두운 곳에서의 오랜 독서, 오존층 파괴와 미세먼지의 증가 등 다양한 이유로 현대인의 눈의 피로감과 시력 저하의 원인이 되고 있습니다. 이러한 이유로 안경광학과는 현대인들의 안보건과 시력관리를 위해 체계적인 이론 및 실습을 바탕으로 안경학, 안과학, 조제가공 및 처방에 관련된 체계적이고 전문적인 지식을 습득하여 굴절이상 및 시기능 이상을 교정하는 안경사 및 검안사를 양성하는 것에 교육목표를 두고 있습니다.

» 기초학문부터 다양하고 심도 있는 전문 학문의 이론 확립을 통해 체계적이고 실제적인 실습으로 현장에 바로 적용될 수 있는 실무 능력을 갖춘 창의적이고 능동적인 전문 인력을 위해 교육하고 있습니다. 진단 및 치료 능력: 안경의 기능적인 측면뿐만 아니라 안과 진단 및 치료에 필요한 기본적인 지식과 기술을 배울 수 있습니다.

» 시광학과 시과학의 근본적 원리와 개념을 잘 갖춘 전문 기술인을 양성합니다.

» 전공 분야에서 창조적이고 능동적인 자아실현이 가능한 고급 장인을 양성합니다.

» 다양한 언어 구사능력과 국제적 경쟁력을 갖춘 인재를 양성합니다.

» 신속히 정보를 받아들이고 분석할 수 있는 정보화시대 인재를 양성합니다.

» 안경 또는 콘택트렌즈 처방에 필요한 역량을 갖춘 인재를 양성합니다.

» 안경 분야 최신 기술 및 트렌드를 갖춘 전문 인재를 양성합니다.

» 안과 의료진과 협업능력을 갖춘 전문인재를 양성합니다.

» 안경사의 윤리적 책임과 자세를 갖춘 인재를 양성합니다.

» 환자의 안전과 건강을 최우선으로 생각하는 윤리적 책임감을 갖춘 인재를 양성합니다.

학과에 적합한 인재상은?

안경사를 양성하는 안경광학과에 적합한 적성과 흥미는 다음과 같이 정리할 수 있습니다. 첫 번째로, 학생들은 과학, 특히 물리학과 화학에 대한 강한 흥미와 이해력이 필요합니다. 안경과 광학기기의 원리는 물리학과 화학에 깊게 뿌리를 두고 있으므로, 이런 분야에 대한 이해는 안경광학과의 학습에 매우 중요합니다.

두 번째로, 손재주와 세밀함이 요구됩니다. 안경의 설계와 제조는 정교함과 세밀함이 요구되며, 이를 위해서는 뛰어난 손재주와 눈썰미가 필요합니다.

세 번째로, 서비스 정신과 사회성이 필요합니다. 안경광학과의 전문가들은 고객의 시력 보정뿐만 아니라, 보다 편안하고 안전한 시력 생활을 제공하는 역할을 합니다. 이를 위해 고객의 요구를 잘 이해하고, 친절하고 세심한 서비스를 제공하는 능력이 필요합니다.

네 번째로, 직업윤리와 사회적 책임에 대한 강한 인식이 필요합니다. 안경광학 전문가들은 고객의 시력 건강을 책임지는 중요한 역할을 수행하므로, 이에 대한 진정한 책임감과 윤리적인 자세가 요구됩니다.

마지막으로, 지속적인 학습 의지가 필요합니다. 보건의료 분야는 빠르게 발전하고 변화하며, 이에 대응하기 위해서는 지속적인 학습과 연구가 필요합니다. 이에 대한 열정과 의지가 안경광학과의 학습에 큰 도움이 됩니다.

관련 학과는?

안경광학전공, 광공학과, 레이저광정보공학전공

주요 교육 목표

이론과 실무를 겸비한 안경, 검안 및 의료광학 인재

- - - - - - - - - - - - - - - - - - - -

시광학과 시과학의 근본적 원리와 개념을 갖춘인재

- - - - - - - - - - - - - - - - - - - -

체계적 실습을 통한 현장 적용 능력을 갖춘 인재

- - - - - - - - - - - - - - - - - - - -

국민의 안 건강을 책임지는 보건의료 인재

- - - - - - - - - - - - - - - - - - - -

자기주도적이고 능동적인 창의적인 인재

- - - - - - - - - - - - - - - - - - - -

안경광학에 관련된 모든 분야를 탐구하는 인재

취득 가능 자격증은?

☑ 광학기기산업기사
☑ 광학기기기사
☑ 안경사
☑ 검안기사
☑ 국제콘텍트렌즈전문가
☑ IACLE 인증서(국제콘텍트렌즈
　교육자협회 학생인증서) 등

진출 직업은?

안경사, 검안기사, 보건직 공무원 등

추천 도서는?

- 정답 보는 안경 (고래책방, 최미정)
- 안경사를 위한 물리광학 (북스힐, 김영철)
- 내 안경이 왜 이래 (라온북, 최병무)
- 안경 피팅의 정석 (라온북, 손재환)
- 거의 모든 안경의 역사
  (유유, 트래비스 엘버러, 장상미 역)
- 역사를 바꾼 새로운 물건들
  (M&Kids, 김온유)
- 우리들이 궁금했던 시력&안경이야기
  (대학서림, 박창원)
- 안경탈출 (좋은땅, 허정표)
- 루미의 아이톡 (지식과감성, 루미)
- 내 몸의 9할 눈 사용설명서
  (메디마크, 한길안과병원)
- 메스를 손에 든 자 (푸른향기, 이수영)
- EYE 살겠다 (마루그래픽스, 하미경)
- 우아한 관찰주의자
  (청림출판, 에이미 E. 허먼, 문희경 역)
- 질병에서 해방된 사람들
  (평단, 김주영)
- 보건실 즐겨찾기 (비비트리북스, 이은아)
- 기적의 3분 시력운동 달력
  (이덴슬리벨, 히비노 사와코, 정윤아 역)
- 렌즈에서 튀어나온 글자들
  (북팟, 유삼영)

학과 주요 교과목은?

기초 과목	물리학, 수학, 생물학, 생명윤리, 소프트웨어와 컴퓨팅사고, 심폐소생술, 영어, 중국어, 정보처리실습, 물리광학, 기하광학, 안경학개론, 안경광학, 굴절검사, 안광학기기, 광학실험, 의료관계법규 등
심화 과목	조직학, 시기해부학, 학, 생화학, 시각인지학, 안경광학특론, 특수안경처방, 해부조직시기생리학, 안질환, 굴절검사 및 실습, 양안시, 양안시검사 및 실습, 옵토메트리특론, 안경조제광학, 임상굴절검사, 노년시과학, 임상콘텐트렌즈, 안경조제 및 가공학실습, 안경재료학, 안경태재료학, 양안시와 프리즘, 안경조제가공학, 안경태 조정학 등

졸업 후 진출 분야는?

기업체	종합병원, 안과병원, 콘텍트렌즈 제조 및 판매업체, 안경렌즈 및 안경태 제조업체, 안경기기 제조업제, 광학기기 유통 업체, 통신 및 광정보 관련 업체, 귀금속 도매 업체, 안경태 및 렌즈수출입 판매회사 등
연구 기관	안경 콘텍트렌트 관련 연구소, 안과학 연구소, 의학전문대학원 등
정부 및 공공 기관	과학기술정보통신부 등 공공기관, 보건소 등

🔍 전공 관련 선택 과목은?

▶ 국어, 영어 교과는 모든 학문의 기초적인 성격을 가진 도구교과로 모든 학과에 이수가 필요하여 생략함.

수능 필수	화법과 언어, 독서와 작문, 문학, 대수, 미적분Ⅰ, 확률과 통계, 영어Ⅰ, 영어Ⅱ, 한국사, 통합사회, 통합과학, 성공적인 직업생활(직업)		
교과군	선택 과목		
	일반 선택	진로 선택	융합 선택
수학, 사회, 과학	대수, 미적분Ⅰ, 확률과 통계, 화학, 생명과학	기하, 미적분Ⅱ, 물질과 에너지, 화학 반응의 세계, 세포와 물질대사, 생물의 유전	실용 통계, 수학과제 탐구, 융합과학 탐구
체육·예술			
기술·가정/정보	기술·가정, 정보		
제2외국어/한문			
교양		인간과 심리, 보건	

학교생활기록부 관리는?

출결 사항	• 미인정 출결 내용이 없도록 관리하세요. 미인정 출결 내용이 있으면 인성, 성실성 영역 등에서 부정적 평가를 받을 가능성이 높아요.
자율·자치활동	• 다양한 교내외 활동에서 자기주도적 참여를 통해서 건강 및 생명, 창의적 문제해결능력, 의사소통능력, 협업능력, 발전가능성 등이 드러나도록 하세요.
동아리활동	• 보건, 생명, 컴퓨터, 코딩 관련 동아리 활동 참여를 통해서 안경광학 분야 전공에 대한 준비를 하세요. • 가입동기, 본인의 역할, 배우고 느낀 점, 안경공학과 진학을 위해 기울인 활동과 노력이 나타날 수 있도록 참여하세요. • 학교내에서 타인을 위해 할 수 있는 지속적인 봉사 활동을 하세요. • 학교에서 주관하는 장애인, 다문화 가정 학생 돕기, 양로원 봉사 활동 등 사회 소외 계층을 대상으로 하는 봉사 활동을 하세요.
진로 활동	• 안경공학, 광학공학과 관련 정보 탐색 활동을 권장해요. • 광학 및 안경 관련 기관 및 관련 학과 체험 활동이 무척 중요해요. • 광학, 생명, 보건 분야에 대한 적극적 진로 탐색 활동을 통해서 자신의 진로 역량, 전공적합성, 발전가능성 등이 나타날 수 있도록 하세요.
교과학습발달 상황	• 과학, 정보, 보건 등 안경광학과와 관련된 교과 성적은 상위권으로 유지시키고, 관련 교과 수업에서 학업역량, 전공적합성, 자기주도성, 문제해결능력, 창의력, 발전가능성 등의 역량이 발휘될 수 있도록 수업에 적극 참여하세요. • 광학, 안경, 보건 관련 분야의 교과 연계 독서활동 내용이 기록되도록 하세요.
독서 활동	• 인문학, 철학, 역사, 과학, 공학 등 다양한 분야의 책을 읽으세요. • 보건, 생명, 광학 분야의 독서 활동을 통해서 소프트웨어공학인의 기본적인 지식을 쌓는 것이 중요해요.
행동 발달 특성 및 종합 의견	• 창의력, 문제해결능력, 의사소통능력, 협업능력, 리더십, 발전가능성, 전공적합성 등이 드러날 수 있도록 하세요. • 자기주도성, 경험의 다양성, 성실성, 나눔과 배려, 학업태도와 학업의지에 대한 자신의 장점이 생활기록부에 기록되도록 관리하세요.

약사의 자격에 대해 알아볼까요?

➡️ 약사 면허를 가지고 있지 않으면, 약사라는 명칭을 사용할 수 없어요.

▶ 약사는 우리나라의 약학대학을 졸업하고 약학사 학위를 받은 자로서, 약사 국가 자격시험에 합격해야 해요.

▶ 약사는 보건복지부장관이 인정하는 외국의 약학대학을 졸업하고 그 나라에서 약사 면허를 받은 자로서, 우리나라의 약사 국가 자격시험에 합격해야 해요.

약사란?

약학이 하나의 학문으로 자리 잡기 전에는 각 나라마다 다양한 민간요법이 있었습니다. 시간이 지나면서 이러한 민간요법이 하나의 학문으로 정리되었고, 이러한 변화의 과정에서 약학이 발전해 왔습니다. 약에 대한 기원은 고대 국가 문명 발생 지역에서 쉽게 발견할 수 있습니다. 이집트의 나일강이나 메소포타미아의 유프라테스강 유역에서 인간의 생리 작용에 영향을 미치는 여러 가지 약물들이 발견되었습니다. 로마 시대에도 약사라는 직업이 존재했다는 기록이 있고, 우리나라 백제 시대에도 제약사라는 직업이 있었다는 기록을 보면, 약사라는 직업은 아주 오랜 역사를 지닌 직업이라는 것을 알 수 있습니다.

약학이란 학문은 인간의 오랜 소망인, 아프지 않고 오래 살아가기 위한 인체의 생리적인 현상을 연구하는 종합적인 학문입니다. 건강한 삶을 위해 질병 예방 및 질병 치료에 그 목적이 있으며, 인간 생명에 대한 존중과 국민 건강을 위해 사회에 봉사함을 기본으로 합니다.

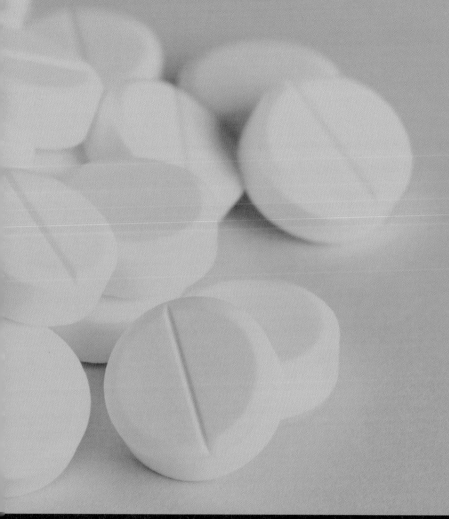

약학의 분야에는 생리 활성 물질과 생체와의 상호 작용을 연구하는 기초 약학 분야, 생리 활성 물질의 가공 처리를 통한 의약품 제조 기술과 방법을 연구하는 제약학 분야, 약물에 의한 생체 내 반응을 연구하고 약물을 질병의 예방과 치료에 적용하는 임상 약학 분야, 인체에 직간접적으로 노출되는 유해 물질의 독성 효과, 독성 기전, 해독을 연구하고 인체의 안전 관리 및 질병을 예방하는 독성학과 예방 약학 분야, 마지막으로 의약품의 공급과 관련된 사회 과학적 측면을 연구하는 사회 약학 분야가 있습니다.

일상생활 중 몸이 아프면 병원에 가는데, 의사는 병의 원인을 찾아내 치료를 위한 약을 처방하고, 환자는 의사에게서 받은 처방전을 가지고 약국에 가서 약사로부터 처방전에 기재된 약을 받습니다. 약사는 약품을 조제·투약하고, 약 복용법에 대한 지도를 하는 등 약사법에 따른 업무를 합니다.

약사가 하는 일은?

약사는 국민들의 건강 증진을 위해 일하는, 약에 대한 의료 전문가로서 의약품을 조제·투약하고, 약물의 복용법을 지도하며, 약의 생산, 조제, 공급, 관리를 비롯한 다양한 영역에서 약사법에 의한 약에 대한 업무를 담당합니다. 근무 처나 하는 일에 따라 구분하여 부르는데, 본인의 약국을 개설하는 약사를 개국 약사, 약국에 고용되어 근무하는 약 사를 관리 약사, 병원에서 근무하는 약사를 병원 약사, 식약청 등의 공공 기관에서 근무하는 약사를 공직 약사, 제약 회사나 판매 회사에서 근무하는 제약 약사, 유통 약사 등이 있습니다.

약국을 찾는 사람들의 대부분은 몸의 불편으로 인해 마음이 불안하거나 신경이 예민한 상태이므로 이런 사람들 을 상대하는 일은 정신적으로 힘듭니다. 또한 약사의 작은 실수가 큰 문제를 만들 수 있어 책임감으로 인한 스트레 스가 큰 편입니다. 제약 회사에서 근무하는 약사의 경우, 지속적으로 화학 약품에 노출되기 때문에 건강이나 안전 상의 위험이 있으며, 약품을 개발하는 약사의 경우, 제품 개발을 완료하기까지 오랜 시간이 소요되기 때문에 심신 이 지치는 경우가 많습니다.

> » 약사는 주로 약국에서 근무하면서 의사가 처방한 약을 지어 환자에게 제공합니다.
> » 환자가 제출한 처방전에 이상이 없는지 확인한 후 환자가 복용할 약을 조제합니다.
> » 환자나 보호자를 상대로 질병 치료와 건강에 관련된 약물의 복용 및 보관 방법을 알려줍니다.
> » 환자에게 약을 복용하는 방법, 복용 시간, 약의 보관 방법, 주의 사항 등에 대해 설명합니다.
> » 약품의 반입과 출입을 관리하고, 변질될 수 있는 의약품은 냉동 및 기타 방법으로 저장 및 보관 합니다.
> » 대체 약품을 개발하고, 환자에게 효율적이고 안전한 약물 투여 방법을 연구합니다.
> » 약품의 생산 라인을 관리하거나 제품을 실험하는 등의 업무를 수행합니다.
> » 새로운 화학 물질이나 식품 첨가물, 화장품, 농약 등의 독성 및 안전성 평가 등을 통해 사용 여부 를 판단할 수 있는 기준을 제공합니다.
> » 마약이나 독약, 부정 의약품 등의 성분을 분석하여 감식하는 업무를 수행합니다.
> » 의약품 및 식품 등의 점검 업무, 바이러스 역학 조사 등의 업무를 수행합니다.
> » 몸에 부작용이 적고, 효능이 뛰어난 새로운 약을 연구·개발합니다.

Jump Up

메디컬어드바이저에 대해 알아볼까요?

제약 회사에서 의학적인 부분에 대한 조언이나 자문을 담당하는 사람이에요. 제약 회사 내에서 제품에 대한 의학적인 상담과 신약 정 보를 제공하는 것은 물론, 마케팅이나 영업을 도와주기도 해요. 메디컬어드바이저는 의학 지식이나 임상 경험은 물론, 경제적 지식도 있어야 해요. 전 세계에서 열리는 질병 및 신약 관련 학회에 참석하여 새로운 지식을 익혀야 하기 때문에 외국어 능력은 필수적이에요.

약사

커리어맵

관련기관

- 한국약학교육협의회 kpeet.or.kr
- 한국보건의료인국가시험원 www.kuksiwon.or.kr
- 대한약사회 www.kpanet.or.kr
- 한국병원약사회 www.kshp.or.kr

준비방법

- 수학, 사회, 과학, 한문, 중국어 교과 역량 키우기
- 약학 관련 기관 봉사 활동
- 약학 관련 기관 체험 활동
- 약학 관련 직업 체험 활동
- 약학, 의학, 생물학, 화학, 철학, 심리학 등 다양한 분야 독서
- 외국어(영어, 일어) 능력 키우기

관련학과

- 약학과
- 약학대학
- 약학부
- 약학전공
- 매래산업약학전공
- 미래산업약학전공 (인문)
- 바이오제약산업학부
- 약과학과
- 제약학과

약사

관련자격

- 약사면허

관련교과

- 수학
- 사회
- 과학
- 보건

흥미유형

- 탐구형
- 현실형

적성과 흥미

- 따뜻한 마음과 배려심
- 대인관계 능력
- 의사소통 능력
- 협업 능력
- 수학, 물리학, 화학, 생명과학, 사회 교과에 대한 흥미
- 꼼꼼하고 치밀한 성격
- 집중력과 판단력
- 투철한 사명감과 봉사 정신
- 경영 관리 능력
- 공감 능력
- 컴퓨터 활용 능력

관련직업

- 병원약사
- 임상연구약사
- 약학연구원
- 의약품화학공학기술자
- 공중보건연구원
- 의약품인허가전문가
- 메디컬어드바이저
- 보건직 공무원

적성과 흥미는?

약사는 매일 많은 환자들을 상대합니다. 어린아이부터 노인까지 연령대도 다양하기 때문에 사람을 이해하고, 사람과 대화하는 것을 즐기는 사람에게 적합합니다. 환자들은 몸이 불편하기 때문에 신경이 날카롭고 짜증을 내기도 하는데, 약사는 그런 환자들의 투정과 하소연을 들어줘야 할 때가 많습니다. 특히 대화가 서툰 어린아이나 노인들은 증상을 정확하게 설명하지 못하는 등 의사소통을 하는 데도 어려움이 있습니다. 천천히 대화를 유도해 정확하게 아픈 부위와 원인을 찾아야 하고, 약사의 판단 하에 적절한 처방을 해야 합니다. 그러므로 약사는 집중력, 판단력, 대화를 이끄는 기술, 의사소통 능력, 공감 능력, 대인 관계 능력을 갖추어야 합니다.

혼자 일하기보다 사람들과 협업하여 일하는 것을 좋아하며, 타인들과 개인적인 유대 관계를 형성하는 것을 좋아하는 성격의 사람에게 적합합니다. 환자가 증상을 설명할 때 집중해서 들어야 하며, 위급 상황에 대처할 수 있는 민첩성과 순발력이 있어야 하고, 처방할 때에는 논리적 분석력과 정확한 판단력이 필요하며, 업무에 필요한 컴퓨터 활용 능력과 약국을 운영·관리할 수 있는 능력도 갖추어야 합니다.

제약학에 관한 기초 원리와 방법, 약의 적용 및 효과에 관한 기초 물리학 및 생물학을 이해하고 적용할 수 있는 학습 능력이 있어야 하고, 약품의 경고, 사용 및 효과에 관한 정보를 이해하고 조언할 수 있는 상담 능력을 갖추어야 합니다. 약품의 물품 명세와 마취제와 독극물의 관리 수칙을 정확히 이해하고 관리하며, 처방약 조제 시 처방전을 이해할 수 있는 사무 능력이 요구됩니다.

의약품은 사람의 건강과 밀접한 관련이 있기 때문에 투철한 책임 의식과 직업 윤리를 갖고, 관습형과 현실형의 흥미를 가진 사람에게 적합합니다.

약사
커리어맵

관련 학과 및 자격증은?

➔ 관련 학과: 약학과, 약학대학, 약학부, 약학전공,
   매래산업약학전공, 미래산업약학전공(인문),
   바이오제약산업학부, 약과학과, 제약학과 등
➔ 관련 자격증: 약사면허 등

관련 직업은?

병원약사, 약국약사, 공직약사, 임상연구약사, 약학연구원, 공중보건연구원, 의약품인허가전문가, 제약영업원 등

진출 방법은?

약사가 되기 위해서는 전공에 관계없이 일반 대학 2년을 마치고, 약학대학 입문 자격시험(PEET)에 응시해야 합니다. 약학 전공 대학이 설치된 대학에서는 선수 과목이라고 해서 약학대학 진학에 앞서 배워야 할 과목을 미리 지정해 두고 있습니다. 대학에 따라 다르지만 일반화학, 생물학, 물리학, 유기화학 등의 약학과 관련된 선수 과목을 이수해야 합니다. 따라서 아무 학과나 진학하기보다는, 선수 과목이나 약학대학입문자격시험(PEET)와 관련된 학과인 생명과학과, 화학과, 물리학과, 수학과, 의생명과학과, 자유전공(자연)학부에 진학하는 것이 약학과에 입학하는 데 도움이 됩니다.

약학대학의 선발 방법은 대학마다 다르지만, 대체적으로 대학별로 지정한 선수 과목을 이수한 자를 대상으로, 1단계에서 PEET 점수+

공인 영어 성적+전적 대학 성적+서류 평가로 모집 정원의 2배수 등을 선발한 다음, 2단계에서 1단계 성적+면접 및 구술 고사 등으로 선발합니다. 약학대학 입학 후 4년 과정의 약학 전공 및 실무 교육 과정을 이수해야 합니다.

약학대학을 수료한 후에는 한국보건의료인국가시험원에서 실시하는 약사 국가 자격시험에 합격하여 보건복지부장관이 발급하는 면허를 취득해야 합니다. 약사 면허 취득 후에는 개인 약국을 개업할 수 있으며, 대형 약국의 관리 약사, 병원 및 제약 회사의 연구직, 화장품 제조 업체, 건강식품 업체, 약학 관련 연구소 등으로 진출할 수 있습니다. 그 밖에 보건복지부, 국립수사과학연구원, 식품의약품안전처, 보건소 등에서 근무하는 공무원으로 진출하기도 합니다.

미래 전망은?

인구의 고령화와 생활 수준의 향상, 새로운 약품의 개발과 약품에 대한 건강 보험 급여의 확대 등은 약사의 일자리에 긍정적인 영향을 미칠 것으로 전망됩니다. 아울러 약사의 활동 범위가 넓어지면서 약사의 역할도 변화하고 있습니다. 제약 회사, 식품 회사의 연구 및 품질 개발 분야, 약품의 임상 시험 관리 분야, 그리고 식품의약품안전처 등 공공기관에서 행하는 의약품이나 식품 등의 안전 관리와 정책 입안 분야에서도 약사의 활동이 활발해질 것으로 예상됩니다. 환자들에게 더욱 안전하고 효과적이며 저렴한 비용으로 약물 요법을 실시하고, 환자 중심의 약제 서비스를 지속적으로 개발하고 확대해 나가는 과정에서 약사

에 대한 수요는 증가할 수밖에 없습니다.

그러나 많은 미래 학자들은 약국의 모습이 지금과는 많이 달라질 것이라고 예측합니다. 최근 규모가 큰 대학 병원을 중심으로 약사 로봇이 등장하면서 기존에 약사가 하던 조제 업무를 자동화된 기계가 알약을 성분별로 구분하고, 포장하여 환자들이 찾아갈 수 있게 분류까지 하고 있습니다. 또한, 3D 프린팅 기술을 이용해 약 성분은 그대로 살리면서 알약을 제조하는 기술까지 선보이는 등 많은 변화를 보이고 있습니다. 이로 인해 약사에 대한 수요가 줄어들고 약 조제 오류까지 줄임으로써 약사의 일자리를 위협하는 요인으로 작용하고 있습니다.

Jump Up

국립과학수사연구원에서 근무하는 약사는 어떤 역할을 할까요?

국립과학수사연구원은 범죄를 수사하는 데 있어 법의학 분야, 법과학 분야, 이공학 분야, 유전자 감식 분야 등에서 과학적인 방법으로 감정하는 곳이에요. 또 감정 결과를 통해 범죄 수사를 돕고, 범죄자 판결에 있어서도 정확한 근거를 제시하여 올바른 법 집행에 기여하고 있어요.

국립과학수사연구원에는 많은 수의 약사 출신 연구원들이 일하는데, 법생화학부 중 약독마약분석과에서 근무하고 있어요. 약독마약분석과는 법독성연구실, 식품의약품연구실, 독물연구실, 마약분석실, 생체시료연구실 등 팀으로 나누어 연구해요. 법독성연구실에서는 변사체와 같은 생체 시료에서 독극물을 비롯한 물질들을 감정하는 일을 해요. 식품의약품연구실에서는 불량 식품, 식품 원료 등 국민들이 쉽게 접할 수 있는 것들이 인체에 유해한지 무해한지를 시험하고, 원산지를 분석하는 일을 해요. 독물연구실에서는 농산물이나 한약재 등에서 농약 등의 독물 검출 여부를 확인하는 업무를 수행해요. 마약분석실에서는 마약류의 밀수, 거래, 제조에 관련된 감정 업무를 하고, 생체시료연구실에서는 마약 사용자의 소변이나 혈액을 채취하여 분석하는 업무를 해요.

약학과
약사 전공 분석

어떤 학과인가?

약학은 인간의 건강 증진과 위생, 특히 질병의 예방과 치료에 이용되는 물질에 관하여 연구하는 응용과학입니다.

약학과에서는 원료 의약품의 합성, 의약품 및 그 제제 개발, 의약품 개발 정보 관리, 생리 활성 물질의 성질과 생체 내에서의 작용, 의약품의 배합, 조제, 투약 및 복약 지도 등에 관한 정보와 환경오염으로부터 인체를 보호하기 위한 기술에 관해 교육을 실시하고 있으며, 특히 기초 의학과 천연 약물 교육을 함께 실시하고 있습니다. 인류의 질병 예방과 치료를 위한 의약품을 개발하고 제조하는 약학 연구자와 개발된 의약품을 안전하고 유효하게 사용하는 전문 임상 약사를 양성합니다.

약학과는 대학 학부에서 2년간 일반화학, 생물학, 물리학, 유기화학 등의 약학 관련 선수 과목을 이수한 후 약학대학 입문 자격시험(PEET)을 거쳐 약학대학에 입학하여 4년을 더 공부합니다. 약학대학 입문 자격시험(PEET)에 응시하려면 대학의 학부에서의 평점, 외국어 능력 등 대학별로 요구하는 지원 자격을 갖춰야만 합니다.

교육 목표와 교육 내용은?

약학과는 여러 질병의 예방과 치료에 사용하는 의약품의 처방, 부작용 등 의약품에 대한 기초 이론과 전문 기술을 습득해 임상 응용 능력을 갖추고, 관련된 학문적 연구를 수행할 수 있는 약학 전문 인력을 양성하는 것을 교육 목표로 합니다. 의약품의 제조와 품질 관리, 의약품 응용에 필요한 전문 기술을 습득해 의약품 생산과 신약 개발 연구 등에 참여할 수 있는 전문성을 기릅니다.

학과에 적합한 인재상은?

약학과는 화학, 생물학, 물리학 등을 기초로 하는 학문이기 때문에 자연과학 과목에 대한 흥미가 있어야 합니다. 각종 실험이나 실습을 좋아해야 하며, 약제 실험에 필요한 시각, 후각 등의 감각이 발달하면 좋습니다. 약사는 열린 마음으로 환자와 소통해야 하기 때문에 원만한 대인관계 능력, 의사소통 능력이 필요합니다.

» 질병의 예방과 치료에 사용되는 의약품에 관한 기초 이론과 기술을 지닌 인재를 양성합니다.
» 의약품 생산과 품질 관리에 요구되는 지식과 기술을 갖춘 인재를 양성합니다.
» 빠르게 변화하는 약학 발전에 능동적으로 대응할 수 있는 인재를 양성합니다.
» 국민의 건강과 복지 증진에 기여하는, 윤리 의식과 봉사 정신을 갖춘 인재를 양성합니다.
» 국민 보건 향상과 국가 발전에 이바지하기 위한 약학 전문인을 양성합니다.
» 융합적 사고를 갖추고, 올바른 직무 수행에 필요한 기초 지식을 지닌 인재를 양성합니다.
» 연구 역량 및 통합적 리더십을 갖춘 약학인을 양성합니다.
» 창의적 문제 해결 능력을 갖춘 숙련된 약학 전문 인력을 양성합니다.
» 보건 의료 서비스 및 기술, 제약 산업의 국제화를 선도할 수 있는 국제적 소양을 갖춘 약사를 양성합니다.

약학 분야는 사람의 생명을 다루는 분야인 만큼 학습할 분량이 매우 많고, 현대 의료 기술은 나날이 발전하고 있으며, 부작용도 다양하게 나타나고 있기 때문에 끊임없이 공부하는 탐구 정신이 필요합니다.

약학을 공부하려는 학생들은 자연과학에 대한 폭넓은 관심과 문제의식이 있어야 하고, 이를 해소하고자 하는 노력을 해야 합니다. 또한 인체의 구조나 기능을 이해하려는 의지가 강한 사람에게 적합합니다. 특히 외국어(영어 또는 일본어) 실력이 있는 사람이라면, 약학과 교육 과정분만 아니라 졸업 후 약학 분야의 새로운 학문을 배우는 기회를 가질 수 있습니다.

마음이 따뜻하고 타인을 잘 이해하며 배려하는 태도, 논리적인 사고와 건전한 비판적 사고를 할 수 있는 통찰력, 상황에 대한 이해력을 바탕으로 창의적인 문제 해결 능력을 갖추고 있으면 좋습니다. 환자를 배려하는 따뜻한 마음, 개인의 이익보다 환자 및 공공의 이익을 우선시하는 도덕성이 요구됩니다.

주요 교육 목표

신약 개발에 전문 지식을
지닌 인재 양성

사회에 봉사하고 공헌할 수
있는 창의적인 인재 양성

의사소통 능력과 협업 능력을
지닌 인재 양성

보건 의약 업무의 수행 능력을
갖춘 인재 양성

약학 분야의 국제화를
선도하는 인재 양성

책임감, 윤리 의식을 갖춘 인재 양성

관련 학과는?

약학대학, 약학부, 약학전공, 매래산업약학전공, 미래산업약학전공(인문), 바이오제약산업학부, 약과학과, 제약학과 등

진출 직업은?

약사, 약학연구원, 임상연구약사, 의약전문기자, 의약정보관리자, 공직약사, 대학교수, 제약회사연구원, 변리사 등

 ## 취득 가능 자격증은?

☑ 약사면허 등

추천 도서는?

- 약이 병이 되는 시대
  (건강미디어협동조합, 로버트 휘태커 외)
- 약국에서 써본 다섯 번째 약 이야기(참약사, 박정완)
- 알면 약이 되는 약 이야기(사계절, 배현)
- 약구에 없는 약 이야기(엠아이디, 박성규)
- 인류를 구한 12가지 약 이야기(반니, 정승규)
- 위대하고 위험한 약 이야기(푸른숲, 정진호)
- 인류에게 필요한 11가지 약 이야기(반니, 정승규)
- 일상을 바꾼 14가지 약 이야기(카시오페이, 송은호)
- 약국에서 알려준 궁금한 약 이야기
  (조윤커뮤니케이션, 박정완)
- 약이 되는 약 이야기(서해문집, 조길호)
- 내가 만든 약이 세상을 구한다면(다른, 송은호)
- 생명과 약의 연결고리(웅진지식하우스, 김성훈)
- 약국 안의 세계사(동녘, 키스 베로니즈, 김숲 역)
- 병원에서 알려주지 않는 음식과 약의 또 다른 비밀
  (바른북스, 김남헌)
- 약 건네는 마음(문학수첩, 김정호)
- 한 권으로 이해하는 독과 약의 과학(시그마북스,
  사이토 가쓰히로, 정한뉘 역)
- 생명과 약의 연결고리(프로네시스, 김성훈)
- MT 약학(장서가, 대학약학회)
- 모르는 게 약?(스푼북, 최혁재)
- 약사가 말하는 약사(부키, 홍성광)
- 약 이야기1~2(동명사, 한석규)

학과 주요 교과목은?

기초 과목	수학, 화학, 의약화학, 생물학, 물리학, 물리약학, 생리학, 해부생리학, 약학개론, 생약학, 약용식물학, 약품미생물학, 약품분석학, 약품생화학, 약품합성학 등
심화 과목	약화학, 약물학, 약제학, 해부학, 독성학, 조제학, 제제공학, 생명약학, 약품시험법, 법약학, 보건의약관계법규 및 윤리, 약전, 약물치료학, 약물치료학심화, 약품기기분석학, 한약제제학, 약물치료학연구약, 학컴퓨터개론 등

졸업 후 진출 분야는?

기업체	개인 및 대형 약국, 개업 및 관리 약사, 종합 병원, 대학병원, 제약 업체, 화장품 제조 업체, 건강식품 업체, 전통약제 가공 및 제조 업체 등
연구 기관	생명공학 연구소, 제약 회사 부설 연구소, 식품 의약품 관련 연구소, 보건 관련 연구소, 환경 관련 연구소, 제약 회사 부설 연구소, 생명공학 관련 연구소 등
정부 및 공공 기관	약무직 공무원, 보건직 공무원, 식품의약품안전처, 국립보건연구원, 환경연구원, 환경부, 국립환경과학원, 국가기술표준원, 국립의료원, 국립과학수사연구원, 보건소 등

🔍 전공 관련 선택 과목은?

▶ 국어, 영어 교과는 모든 학문의 기초적인 성격을 가진 도구교과로 모든 학과에 이수가 필요하여 생략함.

수능 필수	화법과 언어, 독서와 작문, 문학, 대수, 미적분Ⅰ, 확률과 통계, 영어Ⅰ, 영어Ⅱ, 한국사, 통합사회, 통합과학, 성공적인 직업생활(직업)		
교과군	선택 과목		
	일반 선택	진로 선택	융합 선택
수학, 사회, 과학	대수, 미적분Ⅰ, 확률과 통계, 현대사회와 윤리, 물리학, 화학, 생명과학	기하, 미적분Ⅱ, 윤리와 사상, 인문학과 윤리, 물질과 에너지, 화학반응의 세계, 세포와 물질대사, 생물의 유전	수학과제 탐구, 사회문제 탐구, 윤리문제 탐구, 융합과학 탐구
체육·예술			
기술·가정/정보	정보		
제2외국어/한문			
교양		인간과 심리, 보건	

학교생활기록부 관리는?

출결 사항	• 미인정(무단) 출결 사항이 없도록 관리하세요. 미인정(무단) 결석 등이 있으면 학교생활 충실도나 인성, 성실성 영역에서 부정적인 평가를 받을 가능성이 높아요.
자율·자치활동	• 교내외 다양한 활동에 참여하여 타인을 위해 봉사하는 모습, 창의적이고 분석적인 사고력이 드러나도록 노력하세요. • 약학 분야에 대한 관심과 흥미를 바탕으로 인성, 나눔과 배려, 협동심, 창의력, 의사 결정 능력, 리더십 등이 드러나도록 하세요.
동아리활동	• 약학이나 봉사 관련 동아리 활동에 참여하여 자신의 인성, 장점 등이 드러날 수 있도록 하세요. • 동아리 가입 동기, 진로에 동아리 활동이 미친 영향, 동아리 내 자신의 역할, 동아리 활동으로 변화된 자신의 모습, 전공과 관련된 자기 계발 경험 등 구체적인 활동 내용이 기록되도록 하세요. • 학교내에서 타인을 위해 할 수 있는 지속적인 봉사 활동을 하세요. • 학교에서 주관하는 장애인, 다문화 가정 학생 돕기, 양로원 봉사 활동 등 사회 소외 계층을 대상으로 하는 봉사 활동을 하세요.
진로 활동	• 약사 관련 학과 및 직업에 대한 정보 탐색 활동을 권장해요. • 대학 병원 약국, 제약 회사, 제약 연구소 등에서 체험 활동을 권장해요. • 약학 분야의 진로 탐색 활동을 통해 진로 역량, 전공 적합성, 발전 가능성 등이 드러나도록 하세요.
교과학습발달 상황	• 수학, 물리학, 화학, 생명과학, 사회 교과의 성적은 상위권으로 유지하고, 관련 교과 수업에서 약학적인 관점에서 탐구 과제를 설정하고 이를 해결하기 위한 과정이 담길 수 있도록 하세요. • 수업 참여 과정에서 전공 적합성, 자기 주도성, 문제 해결 능력, 창의력, 발전 가능성 등의 역량이 발휘될 수 있도록 하세요.
독서 활동	• 인문학, 철학, 심리학 등 다양한 분야의 책을 읽으세요. • 약학, 의학, 과학, 윤리, 생명, 인문학, 철학, 역사학 등 광범위한 분야의 독서 활동을 통해 약학 전공 관련 기초 소양을 키우도록 하세요.
행동 발달 특성 및 종합 의견	• 학업 능력, 전공 적합성, 창의력, 문제 해결 능력, 협업 능력 등이 드러날 수 있도록 하세요. • 학교생활에서 자기 주도성, 경험의 다양성, 성실성, 나눔과 배려, 학업 태도와 학업 의지에 대한 장점이 기록되도록 관리하세요.

언어 장애를 일으키는 원인에 대해 알아볼까요?

🔵 언어 장애를 일으키는 원인은 언이에서 나타나는 현상에 따라 크게 4가지로 분류해요.

▶ 조음 장애: 자모음을 부정확하게 발음하는 장애예요.

▶ 음성 장애: 듣기에 불편한 음성이 나는 장애예요.

▶ 유창성 장애: 말을 더듬거나, 속도가 빠른 장애예요.

▶ 언어 발달 장애: 사용 어휘의 수가 굉장히 적거나 문법에 맞지 않거나 실생활에 맞지 않는 어법을 사용하는 장애예요.

언어치료사란?

사람이 살아가는 데 있어 언어는 아주 중요한 기능을 합니다. 사람이 태어나서 언어 발달이 늦어지거나 언어를 사용하는 데 불편을 느끼면다면 가족과의 관계나 학교생활, 사회생활을 하는 데 어려움이 생기게 됩니다.

사고력은 생각을 통해서 발달합니다. 그런데 그 생각은 언어로 이루어져 있기 때문에 만약 언어가 없다면 생각은 느낌만을 가지게 됩니다. 그러므로 언어 발달이 늦으면 사고력의 발달이 늦어지고, 언어 사용 능력이 떨어지면 사고력도 떨어집니다. 따라서 언어 발달에 문제가 있으면, 최대한 빠른 시기부터 적극적으로 치료를 하는 것이 좋습니다.

일반적으로 언어 치료라고 하면, 그 대상이 언어 발달이 늦은 아동이나 발달 장애, 자폐증, 다운 증후군, 뇌성 마비 등 선천적 장애를 갖고 있는 사람이라고 생각하기 쉽습니다. 하지만 언어 장애는 매우 다양한 사람들에게서 나타납니다. 예를 들면, 말귀를 못 알아듣는 경우, 소리를 낼 수 없는 경우, 명확하게 말을 할 수 없는 경우, 말을 더듬는 등의 발성 리듬과 유창함에 문제가 있는 경우, 부적절한 음

언어치료사
언어재활학과

의 높이나 쉰 목소리를 내는 등 음색에 문제가 있는 경우, 언어를 이해하고 구사하는 데 문제가 있는 경우, 파킨슨병 등 노인성 질환으로 주의력, 기억력, 문제 해결 장애 등 인지 대화 기술이 손상된 경우, 다문화 가정의 자녀 중 환경적 요인으로 인해 언어 문제에 직면하는 경우 등도 언어 장애에 해당됩니다.

이와 같이 언어 발달에 문제가 있는 사람을 대상으로 언어(의사소통) 관련 장애를 진단·중재하고, 재활을 돕는 사람이 언어치료사입니다. 언어치료사는 언어 발달이 늦거나 언어 장애를 가진 환자를 대상으로 그 원인과 증상을 찾아내고, 이에 대한 치료 계획을 수립하여 치료하는 업무를 담당합니다.

실제로 연구 통계에 의하면 우리나라 전체 인구의 약 5%가 경미한 정도에서부터 장애인으로 판정될 만큼의 심한 정도의 언어 문제를 가지고 있는 것으로 나타났습니다. 그러나 이러한 상황과 달리 우리나라의 언어 치료 수준은 많이 낮은 편입니다. 언어 치료가 우리나라에서 본격적으로 활성화된 것은 약 10여 년 전이기 때문에 아직까지 전문 언어치료사가 많이 부족한 실정입니다.

언어치료사가 하는 일은?

사회생활을 하는 인간의 언어 사용 능력은 사회생활을 성공적으로 하기 위한 필수적 요소입니다. 사람의 언어 장애는 크게 조음 장애, 음성 장애, 유창성 장애, 신경 언어 장애 등으로 구분하는데, 언어치료사는 장애의 유형에 맞는 적절한 치료 방법을 이용해 언어 장애를 치료하는 사람입니다.

언어치료사는 근무 시간이 짧고, 근무 환경이 쾌적하여 육체적 스트레스는 낮은 편입니다. 그러나 자신의 능력을 끊임없이 개발해야 하고, 언어 치료 과정이 긴 편에 비해 빠른 시간 안에 치료 효과가 나타나지 않을 수 있어 그 과정에서 정신적 스트레스를 겪는 경우도 있습니다.

» 환자나 보호자와의 상담을 통해 언어 장애의 원인과 증상을 찾아내고, 치료 목표와 치료 계획을 수립합니다.
» 환자와 상담을 통해 가족력, 언어 발달력 등을 조사하고 기록합니다.
» 환자의 발음, 지능 및 어휘력 수준을 판단하기 위해 각종 검사를 실시한 후 환자의 반응을 관찰하고, 그림 어휘력 검사, 아동 언어 발달 검사 등 표준화된 검사를 실시합니다.
» 조음 장애, 언어 지체, 음성 장애, 구개 파열, 뇌성 마비 등 언어 장애의 원인과 유형, 정도를 판별하고 진단합니다.
» 단어, 글자, 그림 카드, 보청기, 녹음기, 퍼즐, 거울 등을 이용해 장애를 치료합니다.
» 사회성을 형성하고 유지하기 위한 언어 사용 능력을 증진시키기 위해 집단적 치료 활동을 수행합니다.
» 언어 장애 환자와 환자 가족 및 담당 교사를 상대로 상담 또는 지도 활동을 합니다.
» 교육 기관, 구강외과 및 기타 의료 기관 등의 언어 치료 관련 자문 역할을 합니다.
» 언어 장애의 치료 기술 개발을 위해 전문적인 연구를 수행합니다.

Jump Up

음성언어치료사에 대해 알아볼까요?

우리 주변에서 언어를 이해하는 능력이나 표현과 발음, 심리, 성대 등의 문제를 가지고 있는 사람들을 볼 수 있어요. 이런 문제에서 벗어나 정상적인 언어생활을 할 수 있도록 치료하는 것을 언어 치료라고 해요. 언어 치료의 영역은 대상별로 성인 언어 치료와 아동 언어 치료로 구분되고, 장애 유형별로는 언어 발달 장애, 중복 언어 장애, 조음 음운 장애, 유창성 장애, 신경 언어 장애, 음성 장애, 삼킴 장애 등으로 구분돼요.

이 유형 중에서 음성언어치료사는 기능적·신경학적·기질적인 원인으로 인한 음성 장애의 원인과 증상을 진단하고 평가한 후 치료하는 사람이에요. 한마디로 목소리를 찾아 주는 일을 해요. 주로 대학 병원이나 개인 병원의 이비인후과 부속 언어 치료실이나 복지관, 재활원 등에서 근무해요.

언어치료사 커리어맵

관련기관

- 한국언어재활사협회 www.kslp.org
- 한국언어치료학회 ksha1990.or.kr
- 한국청각언어재활학회 www.audiologykorea.kr
- 대한청각학회 www.audiosoc.or.kr
- 한국언어치료학회 www.ksha1990.or.kr

준비방법

- 화학, 생명과학 교과 역량 키우기
- 사회 복지 기관, 병원, 보건소 대상 봉사 활동
- 언어 치료 및 언어 재활 관련 직업 체험 활동
- 심리학, 상담, 특수교육학, 생명과학, 화학, 철학 등 다양한 분야 독서
- 상담 능력, 대화 능력 키우기

관련직업

- 임상심리사
- 예술치료사
- 작업치료사
- 놀이치료사
- 음악치료사
- 미술치료사
- 향기치료사
- 웃음치료사
- 청능사

관련자격

- 언어재활사
- 사회복지사
- 청능사
- 장애인재활상담사
- 간호조무사
- 보육교사

언어치료사

흥미유형

- 사회형
- 예술형

관련교과

- 과학
- 보건

적성과 흥미

- 대인관계 능력
- 의사소통 능력
- 협업 능력
- 화학, 생명과학, 사회, 보건 교과에 대한 흥미
- 판단력과 분석력
- 상담 능력
- 봉사 정신
- 타인에 대한 배려
- 공감 능력
- 유머 감각
- 직관력과 통찰력

관련학과

- 언어치료학과
- 언어치료청각재활학과
- 언어재활학과
- 언어재활심리학과
- 언어청각치료학과
- 언어청각학부
- 작업치료학과
- 언어치료학과
- 언어치료청각재활학과
- 언어재활심리학과
- 언어청각치료학과
- 언어청각학부
- 언어재활심리학과
- 작업치료학과
- 재활건강증진학과
- 재활보건학과
- 재활상담학과
- 재활심리학과
- 재활의료공학과
- 재활치료학부

적성과 흥미는?

언어치료사의 기본 자질 중 가장 중요한 것은 장애가 있는 사람을 편견 없이 바라보는 마음입니다. 언어 장애가 심리적인 부분에까지 영향을 주어 언어 장애를 가진 사람 중에는 심리 상태가 불안한 경우가 있으므로 배려심을 갖고 환자의 마음을 안정시킬 수 있는 능력을 갖추어야 하고, 다른 사람의 생각과 감정에 깊이 공감하고 포용하는 따뜻한 마음가짐을 가져야 합니다. 언어 장애의 특성상 치료에 많은 시간이 소요됩니다. 치료 과정에서 말 한 마디가 나오기까지 몇 개월 혹은 1년 이상이 걸리는 경우가 있기 때문에 인내심과 끈기를 갖고 환자를 치료하는 자세가 요구됩니다.

환자의 닫힌 마음을 열기 위해 환자나 환자 가족과 감정적 교류를 해야 하기 때문에 심리학, 상담학, 특수교육학 등도 공부해야 할 필요가 있습니다. 언어치료사는 환자의 세부적인 부분까지 살펴봐야 하므로 고도의 집중력과 관찰력, 분석력이 필요하고, 올바른 언어를 환자에게 제시해야 하기 때문에 좋은 발성을 지녀야 하며, 환자의 말투에서 문제점을 찾아야 하기 때문에 청음 능력도 필요합니다.

언어 치료 분야는 지속적으로 활용 범위가 확대되고 있어 지속적인 공부를 통해 최신 지식을 습득하려는 노력이 필요합니다. 사회형과 예술형의 흥미를 가진 사람에게 적합하며, 성취감, 적응성 등의 성격을 가진 사람들에게 유리합니다.

언어치료사에 관심이 있다면 심리학, 상담학, 특수교육학 등 다양한 분야의 독서를 통해 기본 소양을 키우고, 대인관계 능력을 기르기 위한 프로그램에 참여하거나, 사회 소외 계층을 대상으로 하는 봉사 활동에 참여하여 사람을 이해하는 능력과 봉사 정신을 기를 것을 권장합니다.

언어치료사 커리어맵

관련 학과 및 자격증은?

➡ 관련 학과: 언어재활학과, 언어치료학과,
　　　　　 언어치료청각재활학과, 언어재활심리학과,
　　　　　 언어청각치료학과, 언어청각학부,
　　　　　 언어재활심리학과, 작업치료학과,
　　　　　 재활건강증진학과, 재활보건학과, 재활상담학과,
　　　　　 재활심리학과, 재활의료공학과, 재활치료학부 등
➡ 관련 자격증: 언어재활사, 사회복지사, 청능사,
　　　　　 장애인재활상담사, 보육교사, 간호조무사 등

관련 직업은?

청능사, 임상심리사, 예술치료사, 작업치료사,
놀이치료사, 음악치료사, 미술치료사 등

진출 방법은?

언어치료사가 되기 위해서는 대학이나 대학원에서 언어 재활 관련 학과(언어치료학, 언어병리학, 또는 언어 재활이 포함된 학과)를 졸업한 후 한국보건의료인국가시험원의 언어재활사 국가 자격시험에 합격해야 합니다. 언어재활사 자격시험은 1급, 2급으로 구분되는데, 2급은 언어재활 학사 학위 소지자가 응시할 수 있으며, 신경 언어 장애, 언어 발달 장애, 유창성 장애, 음성 장애, 조음 음운 장애 등의 과목으로 시험을 보게 됩니다. 1급은 석사나 박사 학위 소지자와 재활 기관에서 근무 경력이 있는 사람이 응시할 수 있는데, 2급 시험 내용 외에 언어 재활 현장 실무 내용이 추가됩니다.

언어 치료의 영역은 대상별로 성인 언어 치료와 아동 언어 치료로 구분되고, 유형별로 언어 발달 장애, 중복 언어 장애, 조음 음운 장애, 유창성 장애, 신경 언어 장애, 음성 장애, 삼킴 장애 등 다양하게 구분되므로, 면허를 취득한 후에는 여러 방면으로 진출할 수 있습니다. 공개 채용이나 교육 기관의 추천 등을 통해 병원, 심리 치료소, 사회 복지관, 각종 복지관, 대학 부설 언어 치료실, 재활원 내의 언어청각실, 사설 언어 치료 센터, 교육청 산하 특수 교육 센터 등으로 진출합니다. 언어 치료학을 전공한 후 특수교사 자격증을 취득한 사람은 특수 학교에서 언어 장애가 있는 학생을 가르칠 수 있습니다.

미래 전망은?

일상생활에서 언어 장애를 겪는 사람이 갈수록 늘어나고 있습니다. 그중에서 절반은 고등학생 이하의 어린이라고 합니다. 과거에는 아이의 언어 발달이 다소 늦더라도 크게 중요하게 생각하지 않았는데, 최근 들어 생활 수준과 사회 복지 수준이 높아지면서 언어 장애에 대한 사람들의 인식이 바뀌었고, 자녀의 언어 발달이 늦는 것에 대해 적극적인 조치를 취하는 부모들이 증가하고 있습니다. 또한 국가 차원에서도 재활 훈련의 중요성을 인식하고 전문 재활 서비스를 제공하기 위해 언어치료사의 국가 자격 제도를 도입하였습니다. 이러한 상황으로 인해 언어치료사의 직업적 전문성에 대한 기대도 높아지고 있습니다.

언어 장애를 겪고 있는 사람들을 위한 복합 치료 프로그램이 수많은 병원, 복지관, 전문 시설 등에서 실시되고 있고, 언어치료사를 배출하는 교육 기관의 수도 갈수록 늘어나고 있습니다. 특히 고령화 사회가 되고, 언어 장애의 조기 발견 비율이 높아지면서 미국을 비롯한 전 세계적으로도 언어 치료 전문 인력의 수요가 크게 증가하는 추세입니다. 대학생들의 직업 선호도 조사에서도 희망 직업 상위권에 오를 만큼 언어치료사의 인기는 날로 높아지고 있습니다.

그러나 우리나라의 경우에는 매년 대학 및 대학원의 관련 학과 졸업생이 늘어나는데 비해, 아직까지 진출할 수 있는 곳은 제한적이어서 취업을 위해 치열한 경쟁을 해야 하는 점은 부정적인 요소입니다.

Jump Up

언어재활사 자격증에 대해 알아볼까요?

언어재활사 자격 제도는 장애인 재활 훈련의 전문성을 국가가 관리하고, 장애인을 위한 전문 서비스를 보장하기 위해 국가 차원에서 만들었어요.

구분	응시 자격
 1급	2급 언어재활사 자격증을 가진 사람으로서 다음 각 목의 어느 하나에 해당하는 사람 -고등교육법에 따른 대학원에서 언어 재활 분야의 박사 학위 또는 석사 학위를 취득한 사람으로서 언어 재활 기관에 1년 이상 재직한 사람 -고등교육법에 따른 대학에서 언어 재활 관련 학과의 학사 학위를 취득한 사람으로서 언어 재활 기관에 3년 이상 재직한 사람
 2급	고등교육법에 따른 대학원, 대학, 전문 대학의 언어 재활 관련 교과목을 이수하고 관련 학과의 석사·학사·전문 학사 학위를 취득한 사람 (단 외국의 대학원·대학·전문 대학에서 언어 재활 분야의 학위를 취득한 사람으로서 등급별 자격 기준과 동등한 학력이 있다고 보건복지부장관이 인정하는 경우에는 해당 등급의 응시 자격을 갖춘 것으로 봄.)

언어재활학과
언어치료사 전공 분석

어떤 학과인가?

언어는 사람이 살아가는 데 있어 필수적이고, 사람과 사람 관계 형성에 매우 큰 영향을 미칩니다. 게다가 현대 사회는 지식과 자기표현이 중요해지고 있는 사회이므로 이러한 환경에서 의사소통 문제가 있다는 것은 사회 적응 실패의 주된 원인이 될 수 있습니다. 이에 따라 언어 장애를 진단·중재·상담을 해 줄 수 있는 유능한 언어재활사가 필요해지고 있습니다.

언어재활학과는 사람을 소중히 하는 마음으로 언어 장애를 겪고 있는 사람들에게 언어 재활을 통해 언어 문제를 해결하고, 나아가 개인분만 아니라 국가의 복지 정책에 기여하는 유능한 언어재활사를 양성하는 학과입니다. 언어 발달 장애, 신경 언어 장애, 유창성 장애, 음성 장애, 조음 음운 장애 등 다양한 의사소통 문제에 관한 전문적 교육 및 실습 과정을 통해 현장에서 자기 주도적인 언어재활사 활동을 할 수 있는 역량을 갖춘 인재를 양성합니다.

교육 목표와 교육 내용은?

언어재활학과는 언어 재활 치료 분야의 인재를 양성하기 위해 영아기부터 노년기에 이르기까지 사람들이 전 생애에 걸쳐 다양하게 경험할 수 있는 언어 및 청각 장애에 대한 전문 지식과 실무를 교육하고, 장애를 정확하게 평가·진단하고 효과적으로 치료하여 의사소통 장애인의 언어 재활을 돕는 언어재활사를 양성하는 것을 교육 목표로 하고 있습니다.

학과에 적합한 인재상은?

언어재활학을 공부하기 위해서는 학문 탐구의 대상인 사람에 대한 관심과 이해가 기본이 되어야 합니다. 평소에 사람들과 어울리기 좋아하고, 친절하고 상냥하며, 이해심이 많으며, 공감 능력과 유머 감각이 필요합니다. 다른 사람들과 협업하여 언어가 불편한 사람들이 일상적인 언어생활을 할 수 있도록 도와야 하기 때문에 긍정적이고 밝은 성격을 지닌 사람, 다른 사람을 도와주는 데 관심이 있는 사람에게 적합합니다.

» 전공 지식과 실무 능력으로 언어 재활 현장에서 선도적 역할을 수행하는 창의적 마인드를 갖춘 언어 재활 전문가를 양성합니다.

» 체계적인 이론에 기초한 언어 재활 임상 실무 능력을 겸비한 언어 재활 전문가를 양성합니다.

» 합리적 사고와 문제 해결 능력을 갖춘 언어 재활 전문가를 양성합니다.

» 의사소통 장애인에 대한 책무를 다하고, 직업 윤리를 지키는 언어 재활 전문가를 양성합니다.

» 최신 언어 치료 이론과 세계화를 대비한 체계적인 교육을 통해 경쟁력을 갖춘 언어 재활인을 양성합니다.

» 인간 존중 정신을 바탕으로 나눔과 배려를 실천하는, 성실성을 갖춘 전인적 언어 재활인을 양성합니다.

» 신뢰감, 책임감, 소통 태도로 언어 장애인의 삶의 질 향상을 위해 정진하는 언어 재활인을 양성합니다.

언어 사용에 있어 불편을 느끼고 있는 사람들을 치료 대상으로 하기 때문에 원만한 대인관계 능력, 의사소통 능력, 상담 능력을 지녀야 하고, 언어재활학에 대한 탐구 열정을 가지고, 습득한 지식을 '이해-적용-분석-종합-평가'를 할 수 있는 능력을 지닌 사람에게 적합합니다.

진취적인 생각으로 의료 보건 및 재활 분야에서 자아를 실현하고자 하는 태도를 지니고, 모든 일에 최선을 다하는 열정과 도전 정신을 지닌 사람에게 어울립니다. 융통성 있게 사고할 줄 알고, 건강 및 체력에 자신이 있으며, 책임감이 강한 사람에게 적합합니다.

관련 학과는?

언어치료학과, 언어치료청각재활학과, 언어재활심리학과, 언어청각치료학과, 언어청각학부, 언어재활심리학과, 작업치료학과, 재활건강증진학과, 재활보건학과, 재활상담학과, 재활심리학과, 재활의료공학과, 재활치료학부 등

주요 교육 목표

직업의식과 책무감을 갖춘
실무형 인재 양성

- - - - - - - - - - - - - - - - - - - -

진취적인 사고를 지닌
언어 재활인 양성

- - - - - - - - - - - - - - - - - - - -

사회적 약자를 위해
희생·봉사하는 인재 양성

- - - - - - - - - - - - - - - - - - - -

의사소통 장애인에 대한
책무를 다하는 인재 양성

- - - - - - - - - - - - - - - - - - - -

인간 존중을 실현하는
언어 재활 전문가 양성

- - - - - - - - - - - - - - - - - - - -

합리적 사고, 문제 해결 능력을
갖춘 인재 양성

취득 가능 자격증은?

☑ 언어재활교육사
☑ 언어재활사
☑ 사회복지사
☑ 청능사
☑ 간호조무사
☑ 장애인재활상담사 등

진출 직업은?

언어치료사, 작업치료사, 특수교사, 임상심리사, 청능치료사, 보육교사, 치료교육실기교사 등

추천 도서는?

- 사흘만 볼 수 있다면(사우, 헬렌 켈러, 박에스더 역)
- 생명이란 무엇인가(까치, 폴 너스, 이한음 역)
- 슈뢰딩거의 생명이란 무엇인가(사계절, 오철우)
- 언어는 본능이 아니다
  (한울아카데미, 비비안 에반스, 김형역 역)
- 문제행동 언어재활(학지사, 한지연)
- 언어재활사는 이렇게 일한다(청년의사, 우정수)
- 가정에서 할 수 있는 언어재활
  프로젝트(군자출판사, 손혜민 외)
- 병원에서 언어재활사로 살아남기
  (충남대학교출판문화원, 강영애 외)
- 언어가 숨어 있는 세계(한겨레출판사, 김지호)
- 언어치료와 문학 그리고 언어
  (강원대학교출판부, 김익진 외)
- 자폐 스펙트럼 장애와 언어로서의 예술치료
  (군자출판사, Jane Ferris Richardson, 이현지 역)
- 언어치료사가 말하는 자폐, ADHD
  부모상담서(율도국, 이명은)
- 자폐의 거의 모든 역사(꿈꿀자유, 존 돈반 외, 강병철 역)
- 어느 자폐인 이야기(김영사, 템플 그랜딘, 박경희 역)
- 헤르만 헤세처럼 그려라(자유문고, 김청영)
- 강신주의 감정수업(민음사, 강신주)
- 마음은 어떻게 작동하는가
  (동녘사이언스, 스티븐 핑커, 김한영 역)
- 마음의 미래(김영사, 미치오 카쿠 외, 박병철 역)
- 설득의 심리학(21세기북스, 로버트 치알디니, 황혜숙 역)

학과 주요 교과목은?

기초 과목	언어발달, 언어기관해부생리, 아동발달, 놀이지도, 특수교육학, 언어재활사자기개발, 한국어문법, 언어학개론, 임상보고서작성의 실제, 음운론, 의사소통장애개론 등
심화 과목	직업재활개론, 발달정신병리학, 조음음운장애, 언어발달장애, 직업재활상담, 직업적응훈련, 이상심리학, 정서장애교육, 특수치료, 직업재활방법론, 청각장애언어치료, 임상실습, 재활학, 상담이론과 실제, 의사소통장애진단 및 평가 등

졸업 후 진출 분야는?

기업체	장애인 종합 복지관, 사회 종합 복지관, 노인 복지관, 어린이집, 특수 교육 센터, 아동 발달 센터, 언어 치료 클리닉, 언어 발달 연구소, 개인 언어 치료실, 다문화센터, 난청 센터(난청재활 센터, 청능재활연구소), 재활 관련 연구소, 건강가정지원센터, 보청기 회사, 인공 와우 회사, 소음 관리 사업장, 언어 치료 기자재, 소프트웨어 개발 회사, 의료 기기 및 보조기 제작 판매 업체 등
연구 기관	종합 병원, 재활 병원, 개인 병원, 요양 병원의 재활의학과, 소아정신과, 소아과, 이비인후과, 신경과 등
정부 및 공공 기관	유아원, 유치원, 특수 학교, 일반 학교의 특수 학급, 청소년상담센터, Wee 클래스, 어린이집, 아이돌봄센터, 장애 아동 전담 어린이집 등

전공 관련 선택 과목은?

▶ 국어, 영어 교과는 모든 학문의 기초적인 성격을 가진 도구교과로 모든 학과에 이수가 필요하여 생략함.

수능 필수	화법과 언어, 독서와 작문, 문학, 대수, 미적분Ⅰ, 확률과 통계, 영어Ⅰ, 영어Ⅱ, 한국사, 통합사회, 통합과학, 성공적인 직업생활(직업)		
교과군	선택 과목		
	일반 선택	진로 선택	융합 선택
수학, 사회, 과학	대수, 미적분Ⅰ, 확률과 통계, 현대사회와 윤리, 물리학, 생명과학	미적분Ⅱ, 인공지능 수학, 윤리와 사상, 인문학과 윤리, 역학과 에너지, 전자기와 양자, 세포와 물질대사, 생물의유전	실용 통계, 수학과제 탐구, 융합과학 탐구
체육·예술			
기술·가정/정보	기술·가정, 정보		아동발달과 부모
제2외국어/한문			
교양		교육의 이해, 보건	

학교생활기록부 관리는?

출결 사항	• 미인정(무단) 출결 사항이 없도록 관리하세요. 미인정(무단) 결석 등이 있으면 학교생활 충실도나 인성, 성실성 영역에서 부정적인 평가를 받을 가능성이 높아요.
자율·자치활동	• 다양한 교내외 활동에 참여하여 공동 과제 수행 경험이나 다른 사람의 의견을 경청하고 존중했던 경험들이 드러나도록 하세요. • 나눔과 배려, 리더십, 협업 능력, 대인관계 능력 등이 드러나도록 하세요.
동아리활동	• 상담, 봉사, 의료 관련 동아리 활동에 참여하여 다양한 경험을 쌓고, 언어재활치료사가 갖추어야 할 인성, 문제 해결 능력, 학업 탐구 능력, 자기 주도성 등이 드러나도록 하세요. • 동아리 가입 동기, 진로에 동아리 활동이 미친 영향, 동아리 내 자신의 역할, 동아리 활동으로 변화된 자신의 모습, 전공과 관련된 자기 계발 경험 등 구체적인 활동 내용이 기록되도록 하세요. • 학교내에서 타인을 위해 할 수 있는 지속적인 봉사 활동을 하세요. • 학교에서 주관하는 장애인, 다문화 가정 학생 돕기, 양로원 봉사 활동 등 사회 소외 계층을 대상으로 하는 봉사 활동을 하세요.
진로 활동	• 재활 및 언어 재활 관련 학과 및 직업에 대한 정보 탐색 활동을 권장해요. • 재활 및 언어 재활 관련 학과에 대한 체험 활동을 권장해요. • 재활 및 언어 재활 분야의 진로 탐색 활동을 통해 진로 역량, 전공 적합성, 발전 가능성 등이 드러나도록 하세요.
교과학습발달 상황	• 언어 재활과 관련 있는 국어, 화학, 생명과학, 사회, 보건, 체육 교과에서 학업 성취도를 올릴 수 있도록 관리하고, 수업 활동에서 학업 수행 역량, 전공 적합성, 진로에 대한 열정 등이 드러나도록 하세요. • 공동 과제 수행, 모둠 활동, 단체 활동 등에서 타인의 의견을 경청하고, 자신의 생각이나 의견을 논리적·체계적으로 표현한 경험, 새로운 지식을 적극적으로 습득한 경험 등이 드러나도록 하세요.
독서 활동	• 언어 치료, 음악 치료, 특수 교육, 생명, 인문학, 철학, 심리학 등 다양한 분야의 독서를 통해 융합적 사고 능력을 키우고, 언어 재활 관련 분야에 대한 지식수준을 높이도록 하세요.
행동 발달 특성 및 종합 의견	• 자신의 발전 가능성, 전공 적합성, 인성, 학업 능력, 창의력, 자기 주도적 학습 능력, 문제 해결 능력, 변화 모습 등이 드러나도록 하세요. • 학교생활에서 자기 주도성, 경험의 다양성, 성실성, 나눔과 배려, 학업 태도와 학업 의지에 대한 장점이 기록되도록 관리해야 해요.

웃음이 사람에게 미치는 효과에 대해 알아볼까요?

➡️ 웃음이 우리 몸에 주는 효과는 매우 다양해요.

▶ 크게 한 번 웃을 때마다 사람의 뇌는 엔돌핀을 포함한 21가지 쾌감 호르몬과 통증 완화 효과가 있는 엔케팔린이라는 호르몬을 생성해요.

▶ 사람의 신체는 한 번 웃을 때 전체 근육 650개 중 231개와 얼굴 근육 80개 중 15개를 움직이므로 에어로빅을 5분정도 한 효과와 비슷해요.

▶ 한 번 웃을 때마다 산소 공급이 2배로 증가하여 하루 15초만 웃어도 혈액 순환에 도움이 되어 이틀을 더 살 수 있다는 연구 결과도 있어요.

▶ 웃음은 의심을 녹이고, 편견의 벽을 허물며, 고혈압과 저혈압에 도움이 되고, 소화를 도우며, 노폐물을 제거하는 데 도움이 돼요.

▶ 웃음은 암 예방, 다이어트, 정신 건강 등에 좋아요.

웃음치료사란?

　현대 의학에서 웃음이 질병 치료에 효과가 있다는 것을 최초로 밝혀낸 것은 완치율이 0.2%인 '강직성척수염'을 웃음 요법으로 치료한 노만 커즌스 박사의 '질병의 해부'라는 책을 통해서였습니다. 1968년 이 책이 나온 이후 세계 의학계는 웃음 요법 분야에 관심을 갖기 시작했고, 임상적 실험이 시작되었습니다. 이후에 웃음 치료에 대한 의학적인 근거가 만들어졌고, 환자들을 대상으로 웃음 치료가 시작되었습니다.

　웃음 치료는 인간의 심리적·정서적·신체적인 나쁜 요소들을 웃음을 활용해 좋은 요소로 바꾸어 주는 것을 말합니다. 분노와 화로 인해 생긴 마음의 병과 육체의 질병을 치료하기 위해 웃음을 이용하는 것입니다. 치료 과정도 단순합니다. 웃음을 일으키는 맛, 소리, 그림, 글, 공연, 관람, 상상, 체험, 댄스, 노래, 레크리에이션, 유머, 퀴즈 등을 활용해 치료하기 때문에 특별한 도구나 의료 장비가 필요하지 않습니

웃음치료사
재활학과

다. 개인, 집단, 조직, 가족, 사회, 국가 모두가 웃음 치료의 대상이 될 수 있으며, 생활 가능한 모든 곳이 웃음 치료 장소가 될 수 있습니다.

서양에서는 고대부터 웃음이 건강과 관련이 있다고 여러 문헌에서 전해져 내려오고 있습니다. 웃음 치료에 있어 오랜 역사를 가지고 있는 서양과 비교하면, 우리나라의 웃음 치료의 역사는 얼마 되지 않았습니다. 1970년대에 병원이나 복지 시설에서 처음으로 웃음 치료 프로그램을 시작하였고, 2004년 한국웃음센터에서 최초로 '웃음치료사' 자격증을 만들어 관련 연수를 진행하였습니다. 2005년부터는 주로 우울증을 겪는 사람이나 암 환자들을 대상으로 웃음 치료가 본격적으로 시작되었고, 최근에는 병원, 요양원, 산후조리원, 보건소, 복지 시설 등 다양한 곳에서 웃음 치료가 이루어지고 있습니다. 웃음 치료가 환자 치료의 개념에서 벗어나 혁신과 리더십, 경영 분야에도 도입되면서 펀(fun) 경영, 펀(fun) 마케팅, 펀(fun) 서비스, 펀(fun) 리더십 등 다양한 프로그램으로 확산되고 있습니다.

웃음치료사는 치료를 받고자하는 사람들에게 자연스럽게 또는 억지스럽더라도 웃을 수 있도록 방법을 알려주고, 웃음을 통해 마음을 치료하는 사람입니다. 각종 스트레스나 질병으로 인해 웃음을 잃어버린 사람들에게 웃음을 되살려 주는 일을 직업으로 합니다.

웃음치료사가 하는 일은?

웃음치료사는 웃음으로 사람의 마음을 건강하고 즐겁게 만들고, 웃음 요법을 활용해 심신에 어려움을 겪고 있는 사람들의 마음을 긍정적으로 바꾸어 줍니다. 웃음 치료를 통해 긍정적인 생각을 하도록 하고, 정신적인 안정과 즐거움을 통해 삶의 활력을 갖도록 하는 것이 웃음 치료의 가장 큰 목표입니다. 웃음치료사는 다양한 곳에서 다양한 사람들에게 꿈과 희망, 웃음, 행복, 자신감을 주는 일을 합니다. 그래서 웃음치료사를 웃음강사, 웃음전도사, 행복강사라고 부르기도 합니다.

웃음치료사는 업무의 특성상 여러 장소를 이동하며 강의를 하고, 때로는 이동 시간을 포함해 24시간 동안 일을 하는 경우도 있으므로, 강인한 체력을 갖추어야 합니다. 웃음치료사 자신이 먼저 웃고, 그 웃음을 전하는 일이기 때문에 늘 즐거워야 하는데, 그로 인해 적지 않은 스트레스를 받습니다. 그러므로 항상 스트레스 관리를 해야 한다는 어려움이 있습니다.

» 웃음으로 사람의 마음을 건강하고 즐겁게 만들어 주고, 몸이 건강해지도록 돕습니다.
» 불안과 갈등이 많은 사람들에게 자신감과 긍정적인 마음가짐을 심어 줍니다.
» 웃음 치료와 관련된 임상 실험 결과나 효과 등을 연구합니다.
» 웃음 치료와 관련된 정기 프로그램이나 특강 등에 참여합니다.
» 웃음 치료 강의와 특강을 위해 자료를 수집하고 준비합니다.
» 웃음을 통해 자신감과 긍정적인 마음가짐을 갖도록 도와줍니다.
» 가정, 학교, 기관 등 다양한 곳에서 구성원들 사이에 밝고 편안한 관계를 형성하도록 돕습니다.
» 대인 관계에서 오는 불안과 갈등이 많은 사람들에게 다양한 방법으로 웃음을 유도합니다.

Jump Up

중독치료사에 대해 알아볼까요?

습관성 중독 행동으로 인해 발생하는 문제를 치료하는 직업이에요. 상담을 통해 중독의 종류, 원인, 정도 등을 파악하여 치료 방법, 치료 기간 등 적절한 치료 계획을 수립하고, 중독으로 인한 정서적인 문제, 가족 관계를 포함해 불신과 증오와 같은 대인 관계 문제를 확인한 후, 중독 행위를 치료하는 과정을 통해 삶에 대한 의지를 북돋아주고, 스스로 삶의 주인이 될 수 있도록 심리 치료를 해요. 4년제 대학교나 대학원에서 재활 치료 관련 학과나 사회복지학과를 졸업하고 중독치료사로 진출해요.

웃음치료사 커리어맵

웃음치료사

관련기관
- 한국웃음치료협회 www.haha.ac
- 한국웃음임상치료센터 www.hahaclinic.co.kr
- 한국웃음연구소 www.hahakorea.co.kr

관련직업
- 중독치료사
- 예술치료사
- 임상심리사
- 언어치료사
- 놀이치료사
- 미술치료사
- 음악치료사
- 향기치료사
- 청능치료사

관련학과
- 재활학과
- 언어재활학과
- 치매전문재활학과
- 노인복지상담학과
- 사회복지심리상담학과
- 사회복지상담학과
- 사회복지학과
- 아동복지학과
- 작업치료학과
- 심리치료학과
- 언어치료학과
- 미술심리치료학과
- 예술치료학과
- 예술심리치료학과

관련자격
- 웃음치료사
- 작업치료사
- 특수교육교사
- 사회복지사
- 장애인재활상담사
- 보조공학사
- 임상심리사
- 직업재활사
- 발달심리사
- 놀이치료사

흥미유형
- 사회형
- 예술형

관련교과
- 사회
- 과학
- 체육
- 보건

적성과 흥미
- 대인관계 능력
- 의사소통 능력
- 화학, 생명과학, 사회, 체육, 보건 교과에 대한 흥미
- 상담 능력
- 봉사 정신
- 타인에 대한 배려
- 공감 능력
- 리더십
- 사회성
- 대화 기술
- 순발력
- 표현력과 연기력
- 유머 감각
- 기본적인 체력

준비방법
- 화학, 생명과학, 사회, 체육 교과 역량 키우기
- 사회 복지 시설, 보건소, 병원 대상 봉사 활동
- 웃음치료사 직업 체험 활동
- 상담, 심리학, 인문학, 철학, 의학 등 다양한 분야 독서
- 상담 능력과 대화 능력을 키우기
- 악기 연주 및 레크리에이션 능력 함양하기

웃음치료사는 우선 웃음 치료 효과를 신뢰하고, 각종 임상 실험 결과도 신뢰해야 하는 것이 필수적입니다. 웃음을 통해 많은 사람들을 리드하고, 전체 진행 과정을 이끌어 나가야 하기 때문에 리더십이 필요하고, 혼자보다는 많은 사람들과 함께 일하는 것을 좋아하며, 사람들과 유대 관계를 형성할 수 있는 사회성도 필요합니다.

환자에게 자신의 의사를 정확히 전달할 수 있는 의사 전달 능력과 상황을 빨리 판단할 수 있는 순발력, 환자들에게서 긍정적인 반응이 빨리 나타나도록 유도하기 위한 표현력이나 연기력도 필요합니다. 웃음 치료 과정에서 화기애애한 분위기를 유도하기 위해 기타, 장구 등 다양한 악기를 다룰 수 있으면 좋고, 어린이, 청소년, 노인들의 웃음 치료를 위해 풍선아트나 마술 등의 기술을 배워 두는 것도 좋습니다. 웃음치료사는 자신의 웃음 에너지를 여러 사람에게 나누어 주는 일을 하다 보니 체력 소모가 큽니다. 또한 약속된 강의는 반드시 해야 하기 때문에 몸이 아프거나 사정이 있다고 해서 강의를 취소하는 것은 곤란합니다. 따라서 강인한 체력을 갖추는 것은 매우 중요합니다.

웃음치료사는 다른 사람의 생각과 감정에 깊이 공감하고 보듬어 줄 수 있는 공감 능력과 포용력을 갖추는 것이 중요합니다. 주로 일상생활에서 우울하거나 스트레스를 안고 살아가는 사람들을 대상으로 치료 행위가 진행되기 때문에 대상자들과의 감정적인 교류나 세부적인 부분까지 살펴볼 수 있도록 상담학, 심리학에 대한 지식도 갖추는 것이 좋습니다. 사회형과 예술형의 흥미를 가진 사람에게 적합하며, 인내, 성취감, 적응성 등의 성격을 가진 사람들에게 유리합니다.

웃음치료사에 관심이 많다면 심리학, 상담학, 음악 등 다양한 분야의 독서를 통해 기본 소양을 키우고, 기타나 피아노 등 한 개 이상의 악기를 다룰 수 있는 재능을 갖추며, 사회 소외 계층을 대상으로 하는 봉사 활동에 지속적으로 참여하여 사람을 이해하고 공감하는 능력을 키울 것을 추천합니다.

웃음치료사
커리어맵

관련 학과 및 자격증은?

➔ 관련 학과: 재활학과, 언어재활학과, 치매전문재활학과, 노인복지상담학과, 사회복지심리상담학과, 사회복지상담학과, 사회복지학과, 아동복지학과, 작업치료학과, 심리치료학과, 언어치료학과, 미술심리치료학과, 예술치료학과, 예술심리치료학과 등

➔ 관련 자격증: 웃음치료사, 작업치료사, 특수교육교사, 사회복지사, 장애인재활상담사, 보조공학사, 임상심리사, 직업재활사, 발달심리사, 놀이치료사 등

진출 방법은?

웃음치료사가 되기 위해 특별한 학력 조건은 없습니다. 그렇지만 웃음 치료를 하는 데 있어 다양한 분야의 지식이 필요하고, 사람의 심리적인 부분을 다루기 때문에 재활학, 심리학, 상담학을 전공하면 유리합니다. 웃음치료사 직업과 관련된 '웃음치료사' 자격증이 있는데, 국가 공인이 아닌 민간 자격증에 해당됩니다. 민간 자격증이기 때문에 시행 기관별로 다양한 자격증이 있습니다. 현재 60여 곳의 기관에서 웃음 치료 교육을 진행하고 자격증을 발급하고 있습니다. 대개 2~6일의 오프라인 강의 또는 온라인과 오프라인 동시 강의가 이루어지고, 보통 1급, 2급으로 구분되는데, 1급을 취득하면 웃음 치료 전문 강사로 활동할 수 있는 자격이 주어집니다.

현재 웃음치료사를 전문 인력으로 채용하는 기관이나 회사는 거의 없습니다. 대부분이 개인 사업자 형태의 프리랜서로 활동하거나 사회복지사, 간호사, 성직자, 교사, 기업 전문 강사, 서비스 강사 등이 자신의 본래 업무에 활용하기 위해 웃음치료사 자격증을 취득합니다. 웃음치료사들은 주로 인터넷 홈페이지나 카페, 블로그 등을 통해 홍보 활동을 하고, 웃음 치료 효과를 높이는 방법에 중점을 두어 프로그램을 개발하고, 강의 기술 향상을 위해 자기 계발에 힘을 쏟습니다. 이렇게 하여 웃음 치료 분야에서 인기 강사, 명강사로 인정을 받게 되면, 활발한 활동을 할 수 있게 됩니다.

관련 직업은?

중독치료사, 예술치료사, 임상심리사, 언어치료사, 작업치료사,
놀이치료사, 음악치료사, 미술치료사, 향기치료사, 청능치료사 등

미래 전망은?

'자연적 치유 작용을 저해하거나, 해로울지도 모르는 어떠한 치료법도 반대한다.' 라고 말한, 의사의 아버지 히포크라테스는 자연 치료법을 최고의 치료법이라고 말한 적이 있습니다. 최근 의학계에서 전통 의학의 한계를 인정하면서 대안 의학이 미국을 비롯해 유럽 각국에서 관심을 끌고 있습니다. 웃음 치료가 바로 대안 의학의 한 분야입니다. 최근 유럽을 비롯한 여러 나라에서는 웃음 치료가 실제로 질병을 치유하는 데 많이 활용되고 있습니다.

최근 사람들의 삶이 개인화되고 각박해지면서 스트레스를 호소하는 사람들이 증가하고 있습니다. 이런 사람들에게 웃음치료사는 매우 중요한 역할을 하는 직업입니다. 초고령화 사회가 되면서 노인 복지 차원에서 웃음 치료가 인기를 끌고 있고, 핵가족의 심화로 대인 관계나 의사소통 등의 장애를 가지고 있는 아동들을 대상으로 웃음 치료의 필요성도 제기되고 있으며, 기업에서도 '펀 경영'이라는 이름으로 웃음 치료를 경험할 기회가 많아지고 있습니다. 의료 기관에서 병으로 고통을 겪고 있는 환자들을 대상으로 적극적으로 웃음 치료를 활용하는 사례가 늘어나고 있고, 각종 강연 등에서 웃음치료사를 초청하는 사례도 늘어나고 있습니다.

앞으로 웃음치료사의 활동이 많이 활성화될 것으로 전망되나, 웃음치료사는 특정 기업에 고용되는 형태가 아닌 프리랜서로 활동하는 경우가 대부분이기 때문에 고용 안정성 측면에서는 전망이 좋다고 할 수는 없습니다.

재활학과
웃음치료사 전공 분석

어떤 학과인가?

재활학은 장애인들의 재활 복지에 대한 사회적인 요구에 부응하는 학문적 연구를 진행하고, 효율적인 재활 서비스를 제공하기 위한 재활 전문가를 양성하는 학문입니다.

재활학과에서는 재활공학 및 장애인의 직업 재활, 사회 재활, 심리 재활을 이끌고, 장애인의 삶의 질을 제고하며, 사회의 일원으로 참여할 수 있도록 장애인의 사회 적응을 돕고, 교육적·직업적·심리적·사회적 재활을 지원하는 여러 방법을 배우며, 전문 지식과 다양한 현장 실습을 통해 성인기 장애인의 삶의 질을 향상시키는, 능력 있는 재활사를 양성합니다.

또한 장애 유아 및 아동의 조기 발견을 위한 심리적·사회적 평가 프로그램, 자폐 스펙트럼 장애, 주의력 결핍, 과잉 행동 장애, 정서 장애 등의 아동의 문제 행동 개선, 감각 장애나 지체 장애, 지적 장애 아동의 발달 촉진 및 사회성 증진을 위한 아동 심리 재활 프로그램, 장애인의 능력 평가 및 적응력 향상을 위한 행동 수정과 적응 훈련 프로그램, 직업 현장 훈련 및 취업 알선 등 장애인과 가족의 생애 전반을 지원하는 접근 방법과 가치에 대해 교육합니다.

교육 목표와 교육 내용은?

재활학과는 장애인들의 재활 서비스 분야에 대한 사회적인 욕구에 부응하는 학문적 연구를 수행하고, 재활의 여러 영역 중 직업·심리·사회 재활 분야에 초점을 맞추어 전문성과 역량을 갖춘 재활 전문가를 양성함으로써, 효율적인 재활 프로그램을 개발하고 그것을 구체적으로 실행하여 장애인들의 능력 개발과 인권 보장, 그리고 인간다운 삶의 질 향상을 위해 노력을 기울이는 것을 교육 목표로 합니다.

학과에 적합한 인재상은?

재활학과에서는 사람에 대한 관심과 애정을 중요하게 생각합니다. 기본적으로 사람들과 어울리는 것을 좋아하고, 친절하고 이해심이 많으며 공감 능력이 뛰어난 사람에게 적합합니다. 몸이 불편하거나 사회적으로 약자인 사람들 혹은 위축된 상황에 놓

» 통합적인 교양인, 참여하는 실천 지성인, 이웃 속의 세계인을 양성합니다.
» 동료와 소통하며 사회 문제 해결에 적극적으로 참여하는 실천 지식인을 양성합니다.
» 지역의 문제를 전 지구적 차원의 관점에서 해결하는 세계인을 양성합니다.
» 장애인 재활 서비스 분야에 대한 전문적 지식을 갖춘 인재를 양성합니다.
» 장애인 재활 복지에 대한 학문적 연구를 수행하고, 효율적인 재활 서비스를 제공하기 위한 재활 전문가를 양성합니다.
» 장애인들의 능력의 개발과 인권 보장, 인간다운 삶의 질 향상을 위해 최선의 노력을 하는 인재를 양성합니다.
» 전문 지식과 다양한 현장 실습을 통해 성인기 장애인의 삶의 질을 향상시키는 재활 전문가를 양성합니다.

인 사람들과 함께하는 경우가 많으므로 밝고 긍정적이며 낙천적인 성격의 사람에게 어울립니다. 신체적·정신적으로 장애를 가진 사람들을 이해하고, 먼저 배려해 줄 수 있어야 하며, 재활 과정을 통해 정상적인 상태로 회복되는 사람들을 보면서 행복 감과 긍지를 느낄 수 있는 사람에게 추천합니다.

재활학은 사람을 상대하는 분야이므로 대인관계 능력, 의사소통 능력, 사교성, 사회성이 매우 중요합니다. 몸이 불편한 사람이나 허약한 사람들에게 생활의 활력을 불어넣고 동기를 부여하여 활동적인 생활을 하게 함으로써 삶의 질을 향상시키는 데 도움을 줄 수 있는 투철한 봉사 정신과 상담 및 교육자적 자질을 갖추어야 합니다.

평소 사회적 약자의 권리 보호에 관심이 많고, 장애인이나 사회적 약자를 대상으로 지속적으로 봉사 활동을 하며, 직업 재활 관련하여 지식과 자질을 갖추기 위해 노력하는 사람에게 적합합니다.

주요 교육 목표

재활 분야 직업 의식과
책임감을 갖춘 인재 양성

장애인의 삶의 질 향상에
기여하는 인재 양성

재활 분야의 폭넓은
지식을 갖춘 인재 양성

재활 분야의 이론과 실무를
겸비한 인재 양성

사회 문제 해결에 적극적으로
참여하는 인재 양성

인류의 건강 증진과 삶의 질
향상에 기여하는 인재 양성

관련 학과는?

언어재활학과, 치매전문재활학과, 노인복지상담학과, 사회복지심리상담학과, 사회복지상담학과, 사회복지학과, 아동복지학과, 작업치료학과, 심리치료학과, 언어치료학과, 미술심리치료학과, 예술치료학과, 예술심리치료학과, 스포츠재활복지학과, 스포츠재활학과, 스포츠재활의학과, 운동재활학과, 운동처방학과, 운동처방재활학과, 시니어운동처방학과 등

취득 가능 자격증은?

- ☑ 물리치료사
- ☑ 작업치료사
- ☑ 특수교육교사
- ☑ 사회복지사
- ☑ 장애인재활상담사
- ☑ 보조공학사
- ☑ 청소년상담사
- ☑ 임상심리사
- ☑ 직업재활사
- ☑ 발달심리사
- ☑ 놀이치료사 등

진출 직업은?

물리치료사, 중독치료사, 작업치료사, 놀이치료사, 음악치료사, 웃음치료사, 미술치료사, 청능치료사, 스포츠트레이너, 스포츠재활치료사, 의지보조기기사, 아동발달전문가, 임상운동사, 특수학교교사 등

추천 도서는?

- 장애학의 쟁점
  (학지사, Tom Shakespeare, 이지수 역)
- 면역의 힘(윌북, 제나 마치오키, 오수원 역)
- 감기부터 암까지 모든 질병을 이기는 면역력의 힘
  (전나무숲, 전나무숲 편집부)
- 그래도 살만한 세상(삼보아트, 정준택)
- 나는 괜찮은 사람입니다
  (포레스트북스, 브라이언 트레이시, 김유미 역)
- 치료사를 위한 재활의학
  (범문에듀케이션, 한진태 외)
- 나는 당신이 오래오래 걸었으면 좋겠습니다
  (포레스트북스, 다나카 나오키, 송소정 역)
- 느리게 살살 운동합시다(크루, 안병택)
- 물리치료사는 이렇게 일한다(청년의사, 최명원)
- 작업치료사를 위한 운전재활
  (퍼시픽북스, 정민예 외)
- 언어재활사는 이렇게 일한다
  (청년의사, 우정수)
- 언어가 숨어있는 세계
  (한겨레출판사, 김지호)
- 웃음치료 내 몸을 살린다
  (모아북스, 김현표)
- 강신주의 감정 수업
  (민음사, 강신주)
- 불편해도 괜찮아
  (창비, 김두식)

학과 주요 교과목은?

기초 과목	심리학이해, 아동발달, 장애인복지와 재활의 이해, 재활연구방법론, 발달심리학, 직업재활개론, 재활상담, 상담이론과 실제, 지역사회재활시설론, 장애아동의 이해, 놀이치료이론과 실제, 발달정신병리학 등
심화 과목	재활행정, 재활정책, 이상심리학, 정서장애교육, 특수치료, 직업재활방법론, 직업재활상담, 직업적응훈련, 성격심리학, 임상심리학, 자립생활, 재활사례관리, 보조공학의 이해, 발달진단 및 심리평가, 노동법규와 재활, 재활윤리와 철학 등

졸업 후 진출 분야는?

기업체	종합 병원, 대학 병원, 한방 병원, 개인 병·의원, 발달 장애 치료실, 장애인 복지관, 재활원, 사회 복지관, 직업 재활 시설, 노인 복지관, 장애 아동 지원 센터, 장애인 일자리 지원 센터, 장애인 인권 센터, 의료 기기 및 보조기 제작·판매·서비스 업체
연구 기관	재활 관련 연구소, 한국장애인고용공단, 한국장애인개발원, 한국보건사회연구원, 근로복지공단, 국민연금공단, 국민건강보험
정부 및 공공 기관	보건직 공무원, 의료기술직 공무원, 보건소, 국가인권위원회

전공 관련 선택 과목은?

▶ 국어, 영어 교과는 모든 학문의 기초적인 성격을 가진 도구교과로 모든 학과에 이수가 필요하여 생략함.

수능 필수	화법과 언어, 독서와 작문, 문학, 대수, 미적분Ⅰ, 확률과 통계, 영어Ⅰ, 영어Ⅱ, 한국사, 통합사회, 통합과학, 성공적인 직업생활(직업)		
교과군	선택 과목		
	일반 선택	진로 선택	융합 선택
수학, 사회, 과학	대수, 미적분Ⅰ, 확률과 통계, 현대사회와 윤리, 생명과학	미적분Ⅱ, 윤리와 사상, 인문학과 윤리, 세포와 물질대사, 생물의 유전	윤리문제 탐구
체육·예술	체육1, 체육2	운동과 건강, 스포츠 과학	스포츠 생활1, 스포츠 생활2
기술·가정/정보			
제2외국어/한문			
교양		인간과 심리, 보건	

학교생활기록부 관리는?

출결 사항	• 미인정(무단) 출결 사항이 없도록 관리하세요. 미인정(무단) 결석 등이 있으면 학교생활 충실도나 인성, 성실성 영역에서 부정적인 평가를 받을 가능성이 높아요.
자율·자치활동	• 다양한 교내외 활동을 통해 다른 사람의 의견을 경청하고 존중했던 활동들이 드러나도록 하세요. • 나눔과 배려, 리더십, 협업 능력, 대인관계 능력 등이 드러나도록 하세요.
동아리활동	• 레크리에이션, 청소년 단체, 봉사 관련 동아리 활동에 참여하여 다양한 경험을 하고, 재활 분야 관련 직업인이 갖추어야 할 인성, 문제 해결 능력, 학업 능력, 자기 주도성 등이 드러나도록 하세요. • 동아리 가입 동기, 진로에 동아리 활동이 미친 영향, 동아리 내 자신의 역할, 동아리 활동으로 변화된 자신의 모습, 전공과 관련된 자기 계발 경험 등 구체적인 활동 내용이 기록되도록 하세요. • 학교내에서 타인을 위해 할 수 있는 지속적인 봉사 활동을 하세요. • 학교에서 주관하는 장애인, 다문화 가정 학생 돕기, 양로원 봉사 활동 등 사회 소외 계층을 대상으로 하는 봉사 활동을 하세요.
진로 활동	• 재활학 분야 직업의 정보 탐색 및 직업 체험 활동을 권장해요. • 재활학 분야의 진로 탐색 활동을 통해 진로 역량, 전공 적합성, 발전 가능성 등이 드러나도록 하세요.
교과학습발달 상황	• 재활학과 관련 있는 화학, 생명과학, 사회, 체육 교과의 학업 성취도를 향상시킬 수 있도록 관리하고, 학업 수행 역량, 전공 적합성, 진로에 대한 열정 등이 드러나도록 하세요. • 공동 과제 수행이나 모둠 활동, 단체 활동 등에서 타인의 의견을 경청하고, 자신의 생각이나 의견을 논리적·체계적으로 기술하는 경험, 새로운 지식이나 사고방식을 긍정적·적극적으로 받아들이는 자세 등이 드러나도록 하세요.
독서 활동	• 재활학, 인문학, 철학, 상담학, 심리학 등 다양한 분야의 독서를 통해 융합적 사고 능력을 키우고, 전공 관련 분야에 대한 지식수준을 높이도록 하세요.
행동 발달 특성 및 종합 의견	• 자신의 발전 가능성, 전공 적합성, 인성, 학업 능력, 창의력, 자기 주도적 학습 능력, 문제 해결 능력, 변화 모습 등이 드러나도록 하세요. • 학교생활에서 경험의 다양성, 성실성, 나눔과 배려, 학업 태도와 학업 의지에 대한 장점이 기록되도록 관리해야 해요.

위생사
보건학과

위생사란?

　사람이 건강하고 쾌적하게 살아간다는 것은 매우 중요한 요소입니다. 특히 행복하고 건강한 삶을 중요시하는 문화의 확산은 우리의 삶 곳곳에 커다란 영향을 미치고 있습니다. 그러나 빠른 속도로 진행된 도시화와 인간에 의해 확산되고 있는 환경오염 등은 이전에 없었던 새로운 질병과 전염병들을 발생시키고 있습니다. 집단 식중독이나 콜레라의 확산, 자주 발생하는 조류 독감 등은 우리의 건강과 생명을 위협하고 있는 상황입니다.

　인류의 건강한 삶을 위해 질병을 예방하고 치료하려는 노력은 인류의 역사와 함께 계속되어 왔습니다. 고대부터 의학에 이어 위생학이 발전하였으며, 18세기 산업 혁명을 거치면서 공중보건학의 개념으로 자리 잡았습니다. 위생학이란 건강을 유지하고 증진하기 위한 학문입니다. 위생학이 학문으로 등장한 것은 1866년 독일 뮌헨 대학의 '페텐코퍼'가 위생학 강좌를 개설한 것이 시작이었습니다. 위생학은 인간의 의식주, 질병 등 여러 분야에 걸쳐서 사람의 몸을 해롭게 하는 것과 이롭게 하는 것을 과학적으로 연구하고 실생활에 응용해서 사람

들이 행복한 생활을 할 수 있도록 기술과 이론을 연구하는 학문입니다. 위생학은 좁은 의미와 넓은 의미로 분류할 수 있는데, 좁은 의미로는 환경위생학을 말하고, 넓은 의미로는 현대의 공중위생학을 말합니다. 의학이 치료 중심의 의학에서 질병의 예방 즉, 예방 의학으로 관심이 옮겨지면서, 위생학도 질병을 예방하고 건강을 증진하는 쪽으로 변화하였습니다.

한 지역에 살고 있는 사람들의 일상생활과 관련하여 사람에게 영향을 미치거나 미칠 가능성이 있는 모든 유해 요인들을 관리하여, 중독이나 감염으로부터 예방 관리하는 직업이 위생사입니다. 위생사로서 업무를 수행하기 위해서는 면허를 취득해야 하는데 식품학, 조리학, 영양학 등 식품 보건 또는 위생 관련 분야와 공중보건학, 위생곤충학, 식품미생물학 등의 환경 보건 또는 위생과 관련된 분야, 기타 위생 화학, 위생 공학 분야에 대한 지식을 갖추어야 합니다.

위생사의 업무 영역은 식품이나 첨가물을 제조·가공하는 일에서부터 영업상의 위생 관리 업무, 사업장의 근로자 보건 관리 업무, 전염병 예방을 위한 소독 업무, 음료수의 물리 화학적·생물학적 시험 업무, 위생과 관련된 실험이나 판정 업무 등으로 폭넓습니다.

위생사가 하는 일은?

위생사는 먹는 물이나 식품 전반에 걸친 위생과 식품을 가공하고 제품을 완성하는 전 과정에서 안전을 관리하고 점검하는 일을 합니다. 위생사가 관리하는 여러 사업장을 돌아다니면서 불시에 위생 안전 점검을 벌려 위험 요소를 예방하고, 위생 수준을 높이는 역할을 합니다.

> » 집단 주거 시설, 대형 유통 시설, 공항 등 많은 사람들이 이용하는 시설에서 방역 업무를 실시합니다.
> » 국민의 위생 상태를 개선하기 위해 식품 위생, 환경 위생 등을 점검하고 관리하는 일을 합니다.
> » 담당 지역의 오염원 및 오염 발생 위험 지역을 확인하고, 각 지역의 물, 해충, 토양 등의 샘플을 채취하여 오염 정도를 검사합니다.
> » 검사 결과에 따라 방역에 필요한 약품의 종류와 양을 결정합니다.
> » 연간 질병, 전염병, 병균 등을 확인하여 예방 계획을 수립합니다.
> » 검사 요청이 들어온 지역을 검사하여 바퀴벌레, 모기 등 해충이나 주방의 오염 상태를 확인하고, 구충 및 살균 계획을 수립합니다.
> » 방역 작업에 참여하는 작업자에게 작업할 장소 및 투여 약품의 종류 등을 설명하고 활동을 감독합니다.
> » 쓰레기, 분뇨, 하수, 기타 폐기물을 처리하고, 대중식당과 대중 편의 시설, 위생 용품 등에 대한 위생 관리 업무를 담당합니다.
> » 유해 곤충이나 쥐를 없애고, 기타 보건 위생에 영향을 미치는 소독 업무와 보건 관리 업무를 담당합니다.
> » 먹는 물의 수질을 감시하고, 쓰레기, 분뇨, 하수, 기타 폐기물의 처리에 대한 감시 업무도 수행합니다.
> » 위생 용품, 식품 첨가물과 이에 관련된 기구, 용기 및 포장의 제조와 가공에 관한 위생 관리를 담당합니다.

Jump Up

식품위생사에 대해 알아볼까요?

식품 전반에 걸친 위생과 식품 공정의 안전을 관리하고 점검하는 직업이에요. 관할하는 여러 사업장을 다니면서 불시에 위생 안전 점검을 벌여 위해 요소를 예방하고, 개선 지시를 내려 위생 수준을 높이는 일을 해요. 결과적으로 고객에게 안전한 식사를 제공하기 위해 영양사나 조리사를 지원하는 일을 해요.

위생사

커리어맵

중심: **위생사**

관련기관
- 대한위생사협회 www.ksa21c.or.kr
- 서울시보건환경연구원 health.seoul.go.kr
- 한국환경정책평가연구원 www.kei.re.kr

준비방법
- 수학, 사회, 화학, 생명과학 교과 역량 키우기
- 사회 복지 시설, 보건소 대상 봉사 활동
- 위생사 직업 체험 활동
- 위생학, 식품영양학, 상담, 화학, 철학, 심리학 등 다양한 분야의 독서 활동
- 상담 능력, 대화 능력 키우기

관련학과
- 보건학과
- 보건경영학과
- 보건관리학과
- 보건안전학과
- 보건의료경영학과
- 보건행정학과
- 건강관리학과
- 공중보건학과
- 안전보건학과
- 융합보건학과
- 보건안전학과
- 산업안전보건학과

관련자격
- 위생사
- 식품위생관리사
- 보건교육사
- 산업위생관리기사
- 산업위생관리기술사
- 산업위생관리 산업기사
- 건강운동관리사

관련교과
- 수학
- 사회
- 과학
- 보건

흥미유형
- 탐구형
- 진취형

적성과 흥미
- 대인관계 능력
- 의사소통 능력
- 협업 능력
- 수학, 화학, 생명과학, 사회, 보건 교과에 대한 흥미
- 판단력과 분석력
- 상담 능력
- 봉사 정신
- 타인에 대한 배려
- 공감 능력
- 직관력과 통찰력
- 책임감
- 식품 분야에 대한 폭넓은 지식
- 수리 능력
- 분석 능력

관련직업
- 영양사
- 식품위생사
- 보건직 공무원
- 환경 및 보건위생검사원
- 보건교육사
- 국제보건전문가
- 보건관련전문기자
- 건강증진 광고기획자
- 건강박람회기획자
- 병원건강증진서비스기획가
- 국제의료관광코디네이터
- 의무기록사

위생사는 예고 없이 사업장으로 위생 점검을 나가서 사업장의 위생상 문제점과 개선 사항을 지적해야 하는 업무의 특성상 동료나 다른 사람들과 마찰이 일어날 수 있습니다. 이때 어떠한 감정적인 원인에도 흔들리지 않고, 자신의 일을 수행할 수 있는 강직함이 있어야 합니다. 또한 자신의 직업에 대한 애정과 자부심이 필요합니다.

식품과 관련해 폭넓은 지식을 갖추는 것이 필요합니다. 식품에 대한 정확한 지식이 있어야 위생사 업무에 어려움이 없습니다. 위생사라고 하여 단순히 위생 안전 분야에 대한 지식만 갖고 있어서는 안 되고, 식품과 영양에 대한 지식도 있어야 보관 방법과 조리 공정 등을 제대로 이해할 수 있기 때문에 틈틈이 조리 경험을 쌓는 것도 중요합니다. 화학 및 생물학에 대한 지식과 식품 위생 및 환경 위생 법규에 대한 지식도 필요합니다. 오염물을 분석하고 통계나 수치 자료를 이해하며 정확하게 처리할 수 있는 수리 능력이 필요하고, 아울러 데이터 분석 능력도 요구됩니다. 위생사는 다른 사람들에게 신뢰감을 줄 수 있어야 하기 때문에 항상 깔끔하고 단정하도록 자기 관리를 해야 합니다. 진취형과 탐구형의 흥미를 가진 사람에게 적합하며, 정직성, 사회성, 분석적 사고, 책임과 진취성 등의 성격을 가진 사람들에게 유리합니다.

위생사 커리어맵

관련 학과 및 자격증은?

➡ 관련 학과: 보건학과, 보건경영학과, 보건관리학과, 보건안전학과, 보건의료경영학과, 보건행정학과, 건강관리학과, 공중보건학과, 안전보건학과, 융합보건학과, 보건안전학과, 산업안전보건학과 등

➡ 관련 자격증: 식품위생관리사, 보건교육사, 산업위생관리기사, 산업위생관리기술사, 산업위생관리산업기사, 건강운동관리사 등

Jump Up

보건교육사에 대해 알아볼까요?

보건교육사는 개인이나 집단이 건강상 바람직한 행동을 자발적으로 할 수 있도록 교육하고, 환경을 조성하도록 돕는 전문 직업인이에요. 보건 교육 프로그램을 계획하고 지도하며 평가하는 업무를 하는데, 그 목적은 사람들이 건강한 생활을 하도록 격려하며, 유효한 보건 사업과 서비스를 받아들일 수 있도록 하여 건강 상태와 환경을 증진시키도록 하는 데 있어요.

건강 증진 사업이 성공적으로 진행되도록 하기 위해 주요 사업인 생활 습관 질환 예방에 대한 주민들의 의식 수준을 높여 건강 생활을 습관화하도록 해요. 이를 위해서는 보다 체계적이고 효율적인 보건 교육 사업을 계획·수행·평가할 수 있는 보건 교육 전문 인력이 양성되어 보건소, 산업장, 의료 기관, 학교, 민간 보건 의료 단체, 복지 단체, 보건 의료 관련 기업 등에 배치·활용되어야 해요.

진출 방법은?

위생사로 진출하기 위해서는 한국보건의료인국가시험원에서 시행하는 위생사 국가 자격시험에 합격해야 합니다. 자격 요건으로는 고등학교 졸업자로 3년 이상 위생 업무에 종사하거나 전문 대학 이상의 위생·보건 관련 학과를 졸업해야 합니다. 보건 관련 학과나 식품영양학과, 환경보건학과 전공자들이 많이 응시하며, 자격증 취득 후에 공무원으로 진출하는 경우도 많습니다. 공개 채용이나 특별 채용 등을 통해 방위 산업체, 보건 연구소, 식품 제조 업체, 기업체의 환경 전담 부서, 폐기물 처리 업체, 방역 회사 등으로도 진출합니다. 최근에는 식품과 보건 위생에 대한 관심이 커지면서 대형 마트, 대형 식음료 업체, 호텔 등으로도 진출이 늘어나고 있습니다. 전문 방역 소독 서비스 업체에 취업하는 경우에는 전문 해충 교육, 방제 기술 교육, 서비스 교육 등과 관련한 현장 실습 교육을 받습니다. 또한 영양사 채용 시에는 위생사 자격증을 소지한 사람을 우대하고 있습니다.

'지역보건법'에 의하면 보건소에서는 지역 주민의 건강 의료 향상과 증진 및 이를 위한 연구 등을 위해 전문 인력을 배치해야 하는데, 전국의 지역 보건소에 2~3명의 위생사를 배치하도록 법률로 규정하고 있습니다.

관련 직업은?

식품위생사, 영양사, 보건직 공무원, 환경 및 보건위생검사원,
보건교육사, 국제보건전문가, 보건관련전문기자,
건강증진광고기획자, 건강박람회기획자, 병원건강증진서비스기획자,
국제의료관광코디네이터, 의무기록사 등

미래 전망은?

생활 수준이 높아지고, 건강에 대한 관심이 증가하면서 위생 상태에 대한 관심이 커지고 있습니다. 또한 최근 각종 병원균이나 세균, 바이러스 등에 의해 대형 급식 조리 시설이나 식당 등에서 안전사고가 자주 발생하면서 위생 상태의 점검, 청결한 조리 환경 조성, 안전한 먹거리의 구입 및 관리 등에 대한 중요성이 더욱 커지고 있습니다. 이로 인해 사람의 건강과 직접적으로 관련되는, 보건 위생 관리를 책임지는 위생사의 전망은 밝을 것으로 예상됩니다.

그러나 소독과 같은 보건 위생 업무는 주로 기계를 이용해서 하게 되고, 위생사라는 직업 자체가 한꺼번에 인원 변동이 크거나 갑자기 많은 수의 인력이 필요한 분야가 아니기 때문에 일자리 변화가 크지는 않을 것으로 예상됩니다. 위생사의 일자리가 꾸준하게 늘어나고 있어 일자리 성장율은 비교적 높은 편입니다. 근무 시간이 길지 않고 규칙적인 편으로, 정신적·육체적 스트레스는 심하지 않은 편입니다.

Jump Up

위생사 자격시험에 대해 알아볼까요?

위생사 국가 자격시험에 응시하기 위한 조건은 다음과 같아요.

▶ 전문 대학 또는 이와 동등 이상의 학교(보건복지부장관이 인정하는 외국의 학교를 포함, 이하 같음)에서 보건 또는 위생에 관한 교육 과정을 이수한 자(다음 중 1과목 이상을 이수해야 해요. 식품학, 조리학, 영양학, 식품미생물학, 식품위생학, 식품분석학, 식품발효학, 식품가공학, 식품재료학, 식품보건 또는 저장학, 식품공학 또는 식품화학, 첨가물학 등)

▶ 전문 대학 또는 이와 동등 이상의 학교를 졸업한 자로서, 보건복지부령이 정하는 위생 업무에 1년 이상 종사한 자

▶ 고등학교 졸업자 또는 이와 동등 이상의 학력이 있다고 인정되는 자로서, 보건복지부령이 정하는 위생 업무에 3년 이상 종사한 자

▶ 보건복지부장관이 인정하는 외국의 위생사 면허나 자격을 가진 자
　(필기시험 과목은 공중보건학, 환경위생학, 식품위생학, 위생곤충학, 위생관계법규 등 5과목이에요.)

보건학과
위생사 전공 분석

어떤 학과인가?

보건학은 사람의 질병과 건강에 관련된 내용을 연구하고, 이를 보건 분야에 적용하는 학문으로, 안전하고 깨끗한 환경을 위협하는 원인을 찾아내고 분석하여, 자연환경 보존이나 유해 물질 평가 및 개선, 학교 및 산업 현장의 위생 시설을 유지하기 위한 방법을 연구하는 학문입니다.

각종 보건 정책들이 질병 치료 중심에서 예방 중심 사업으로 바뀌고 있고, 삶의 질 향상을 위해 건강한 삶을 추구하게 되면서 정의롭고 건강한 사회성을 지닌, 건강 증진 분야의 전문가가 필요해지고 있습니다. 보건학과는 개인, 집단, 지역 사회의 건강 수준과 삶의 질을 향상시키기 위한 목적으로 공중보건학, 보건교육론, 건강운동학, 의사소통이론, 보건정책론 등을 교육함으로써 보건 프로그램을 개발·기획·수행·평가하는 방법을 연구하는 학과입니다.

교육 목표와 교육 내용은?

보건 분야의 발전과 보건 전문 인력 양성을 통해 국민의 건강을 증진시키기 위해 개설된 학과로, 효과적인 보건 정책을 만들고 집행하며, 디지털 시대에 적합한 맞춤형 의료 정보 서비스를 제공하고, 미래를 선도하는 보건 전문가를 양성하는 것을 교육 목표로 합니다.

글로벌 보건 의료 현장에서 창의적·융합적 역량을 발휘할 수 있는 보건 전문가를 양성하고, 국민, 정부, 학자의 유기적인 협력 체제를 활용한 교육 과정의 운영을 통해 이론과 실무를 겸비한 보건 인력을 양성하는 데 역점을 두고 있습니다. 보건 관련 분야의 학문적 이론과 실무를 과학적이고 체계적인 방법으로 연구하여 국민 보건 증진 및 사회 발전에 이바지할 인재를 양성합니다.

학과에 적합한 인재상은?

보건학은 사람의 건강을 증진시키기 위한 분야인 만큼 생물학, 화학, 해부학, 생리학 등 기초 의학 분야에 관심이 있고, 사람의 건강과 환경 문제에 대해 관심이 많은 사람에게 적합합니다.

» 보건 정책 및 관리 전문가로서 갖춰야 할 이론과 실무를 겸비한 인재를 양성합니다.
» 국가 건강 증진 사업, 질병 예방 사업과 관련하여 정부 및 민간 기관에서 수행하는 보건 사업에서 필요한 인재를 양성합니다.
» 건강 및 질병을 결정하는 요인을 파악하여 건강 증진에 기여할 수 인재를 양성합니다.
» 지역 주민의 건강 증진을 위해 교육하는 지역 사회 보건 지도자를 양성합니다.
» 인류의 건강 증진과 환경 개선에 기여하는 글로벌 인재를 양성합니다.

많은 사람들에게 건강과 관련된 상담을 하거나 보건 환경 관련 담당자들을 만나야 하기 때문에 사람 만나는 것을 좋아하고, 대화하기를 좋아하는 사교성이 높은 사람에게 좋습니다. 건강에 유해한 원인들을 찾아내고, 해결 방안을 연구하는 학문이기 때문에 안전이나 위생 분야에도 지식이 있어야 합니다. 올바른 판단력과 순발력이 필요하고, 상담이나 심리 분야에 대한 관심과 지식도 있어야 합니다.

정의롭고 건강한 사회를 만드는 데 전문 역량을 갖추고, 창의성과 패기가 있는 사람, 인류의 건강 증진과 환경 개선에 기여하는 도전 정신이 있는 사람에게 추천합니다.

관련 학과는?

보건경영학과, 보건관리학과, 보건안전학과, 보건의료경영학과, 보건행정학과, 건강관리학과, 공중보건학과, 안전보건학과, 융합보건학과, 보건안전학과, 산업안전보건학과 등

주요 교육 목표

직업의식, 책임감을 갖춘 인재 양성

- - - - - - - - - - - - - - - - - - - -

전문 지식, 창의성을 겸비한 인재 양성

- - - - - - - - - - - - - - - - - - - -

지역의 환경 개선에 기여하는
인재 양성

- - - - - - - - - - - - - - - - - - - -

보건 분야의 이론과 실무를
겸비한 인재 양성

- - - - - - - - - - - - - - - - - - - -

정의롭고 건강한 사회성을
지닌 인재 양성

진출 직업은?

위생사, 보건직 공무원, 국제보건전문가, 기획컨설턴트, 보건관련전문기자, 건강증진광고기획자, 건강박람회기획자, 시민단체보건캠페인기획가, 병원건강증진서비스기획가, 국제의료관광코디네이터, 의무기록사 등

 ### 취득 가능 자격증은?

- ☑ 위생사
- ☑ 병원행정사
- ☑ 대기환경기사
- ☑ 보건교육사
- ☑ 산업위생관리기사
- ☑ 산업위생관리기술사
- ☑ 산업위생관리산업기사
- ☑ 보험심사평가사
- ☑ 건강운동관리사 등

추천 도서는?

- 완벽한 보건 의료제도를 찾아서
  (청년의사, 마크 브릿넬, 류정 역)
- 클라우스 슈밥의 제4차 산업 혁명
  (새로운현재, 클라우스 슈밥, 송경진 역)
- 아픔이 길이 되려면
  (동아시아, 김승섭)
- 생명이란 무엇인가(가치, 폴 너스, 이한음 역)
- 백년다리(로그인, 다쓰미 이치로, 김향아 역)
- 동물공중보건학(박영스토리, 김병수 외)
- 공중보건학(의학서원, 전국 공중보건학 교수편)
- 알기쉬운 공중보건학(지구문화, 김경희 외)
- 보건의료인을 위한 공중보건학
  (의학교육, 김계엽 외)
- 치과위생사를 위한 공중보건학
  (고문사, 강정민 외)
- 복지논쟁시대의 보건정책
  (범문에듀케이션, 윤석준)
- 건강보험이 아프다(북앤피플, 이은혜)
- 동물복지 및 법규(문운당, 동물복지 및 법규 위원회)
- 의료 개혁, 누가 어떻게 할 것인가
  (청년의사, 건강복지정책연구원 외)
- 강신주의 감정 수업(민음사, 강신주)
- 마음의 미래(김영사, 미치오 가쿠, 박병철 역)
- 설득의 심리학
  (21세기북스, 로버트 치알디니, 황혜숙 역)

학과 주요 교과목은?

기초 과목	병리학, 일반화학, 보건관리학, 환경보건학, 보건학개론, 역학개론, 보건통계학, 보건윤리학 등
심화 과목	공중보건학, 보건위생학, 인체해부생리학, 보건행정학, 보건교육학, 환경화학, 의료정보관리학, 의료보험론, 식품위생학, 보건정보세미나, 보건미생물학, 병원미생물학, 분자역학, 식품위생학 및 실습, 의무기록관리학, 인구와 건강, 환경 및 산업보건학개론, 역학연구를 위한 통계분석론 등

졸업 후 진출 분야는?

기업체	방역 관리 업체, 산업 위생 관리 업체, 산업 안전 관리 업체, 폐기물 처리 업체, 식품 제조 업체, 보험 회사, 종합 병원, 대학 병원, 개인 병·의원, 보건소, 한국건강증진개발원, 한국금연운동협의회 등
연구 기관	보건환경연구원, 식품의약품안전처, 보건 관련 연구소, 보건 산업 관련 연구소 등
정부 및 공공 기관	보건복지부, 질병관리본부, 국민건강보험, 한국보건복지인력개발원, 건강보험심사평가원, 한국산업안전보건공단, 한국보훈복지의료공단, 환경직 공무원, 보건직 공무원, 군무원 등

🔍 전공 관련 선택 과목은?

▶ 국어, 영어 교과는 모든 학문의 기초적인 성격을 가진 도구교과로 모든 학과에 이수가 필요하여 생략함.

수능 필수	화법과 언어, 독서와 작문, 문학, 대수, 미적분 I , 확률과 통계, 영어 I , 영어 II , 한국사, 통합사회, 통합과학, 성공적인 직업생활(직업)		
교과군	선택 과목		
	일반 선택	진로 선택	융합 선택
수학, 사회, 과학	대수, 미적분 I , 확률과 통계, 현대사회와 윤리, 화학, 생명과학	미적분 II , 윤리와 사상, 인문학과 윤리, 물질과 에너지, 화학 반응의 세계, 세포와 물질대사, 생물의 유전	사회문제 탐구, 윤리문제 탐구, 융합과학 탐구
체육·예술			
기술·가정/정보	정보		
제2외국어/한문			
교양		인간과 심리, 보건	

학교생활기록부 관리는?

출결 사항	• 미인정(무단) 출결 사항이 없도록 관리하세요. 미인정(무단) 결석 등이 있으면 학교생활 충실도나 인성, 성실성 영역에서 부정적인 평가를 받을 가능성이 높아요.
자율·자치활동	• 다양한 교내외 활동에 참여하여 공동 과제 수행 경험이나 다른 사람의 의견을 경청하고 존중했던 경험들이 드러나도록 하세요. • 나눔과 배려, 리더십, 협업 능력, 대인관계 능력 등이 드러나도록 하세요.
동아리활동	• 보건, 봉사, 토론 관련 동아리 활동에 참여하여 다양한 경험을 쌓고, 보건 관련 직업인이 갖추어야 할 인성, 문제 해결 역량, 인성 역량, 학업 역량, 자기 주도성 등이 드러나도록 하세요. • 동아리 가입 동기, 진로에 동아리 활동이 미친 영향, 동아리 내 자신의 역할, 동아리 활동으로 변화된 자신의 모습, 전공과 관련된 자기 계발 경험 등 구체적인 활동 내용이 기록되도록 하세요. • 학교내에서 타인을 위해 할 수 있는 지속적인 봉사 활동을 하세요. • 학교에서 주관하는 보건소, 병원, 재활원, 사회 복지 시설 등 사회 소외 계층 및 약자를 대상으로 하는 봉사 활동에 참여하세요.
진로 활동	• 위생 및 보건학 관련 학과 및 직업에 대한 정보 탐색 활동을 권장해요. • 위생 및 보건학 관련 학과에 대한 체험 활동을 권장해요. • 보건학 분야의 진로 탐색 활동을 통해 진로 역량, 전공 적합성, 발전 가능성 등이 드러나도록 하세요.
교과학습발달 상황	• 보건학 분야와 관련 있는 수학, 과학, 사회 교과의 학업 성취도를 향상시킬 수 있도록 관리하고, 학업 수행 역량, 전공 적합성, 진로에 대한 열정 등이 드러나도록 하세요. • 공동 과제 수행이나 모둠 활동 등에서 타인의 의견을 경청하고, 자신의 의견을 효과적으로 표현하며, 자신의 생각이나 의견을 논리적·체계적으로 기술하는 경험, 융합적 사고의 경험 등이 구체적으로 드러나도록 수업에 참여하세요.
독서 활동	• 보건학, 의학, 식품영양학, 생명, 인문학, 철학, 심리학 등 다양한 분야의 독서를 통해 융합적 사고력을 키우세요. • 관심 분야에 대한 지식수준을 높이고, 전공 학과에 대한 기초 지식이 함양되도록 독서 활동을 하세요.
행동 발달 특성 및 종합 의견	• 자신의 발전 가능성, 전공 적합성, 인성, 학업 능력, 창의력, 자기 주도적 학습 능력, 문제 해결 능력, 변화 모습 등이 드러나도록 하세요. • 학교생활에서 경험의 다양성, 성실성, 나눔과 배려, 학업 태도와 학업 의지에 대한 장점이 기록되도록 관리해야 해요.

119구급대의 유래에 대해 알아볼까요?

'119구조·구급에 관한 법률'은 화재, 재난, 재해, 테러 및 그 밖의 위급한 상황에서 119구급대의 효율적 운영에 관해 필요한 사항을 규정하고 있어요. 119구급대란 구급 활동에 필요한 장비를 갖춘, 소방공무원으로 편성된 단위 조직을 말해요. 동법에 의거 대한민국 국민이라면 누구든지 위급 상황에 처한 경우에는 국가와 지방 자치 단체로부터 신속한 구조와 구급을 통해 생활의 안전을 영위할 권리를 가져요. 누구든지 위급 상황에 처한 구조자를 발견했을 때에는 이를 지체 없이 소방 기관 또는 관계 행정 기관에 알려야 하며, 119구급대가 도착할 때까지 구조자를 구출하거나 부상 등이 악화되지 않도록 노력해야 해요.

응급구조사란?

몇 년 전 우리나라 프로 축구 경기 중에 한 선수가 갑자기 쓰러지는 사고가 있었습니다. 심판은 경기를 중단하고 경기장에 대기하고 있던 응급 구조 차량으로 병원에 후송해, 그 선수는 최악의 상황을 면하고 건강을 회복해 정상 생활을 할 수 있게 되었습니다. 만약 사고가 일어난 당시에 신속한 응급 구조가 이루어지지 않았다면 아마 그 선수는 생명을 잃었을지 모릅니다. 이처럼 사건이나 사고 현장에서의 신속한 응급 구조 여부는 사람의 생명을 좌지우지할 정도로 매우 중요합니다.

'5분이 생명을 구한다.'라는 말이 있습니다. 이는 심장이 멈춘 상태에서 5분 이상 피가 공급되지 않으면, 뇌의 기능이 파괴되기 시작하여 죽음에 이를 수 있다는 뜻입니다. 그래서 응급을 다루는 사고 현장에서 얼마나 신속히 조치를 받고, 얼마나 빨리 병원으로 이송될 수

응급구조사
응급구조학과

있느냐는 매우 중요합니다. 우리나라에서 응급 의료 체계에 대한 관심으로 응급구조사 제도가 본격적으로 시행된 것은 1994년 성수 대교 붕괴 사고 이후였습니다. 그 전에는 체계화된 응급 구조 시스템이 갖추어지지 않아서 수많은 환자들이 생명을 잃었습니다. 의료 선진국인 미국에서는 1960년대부터 응급 구조 인력을 국가적으로 양성·관리할 필요를 느껴, 1970년부터 국가 인정 응급구조사 제도가 시행되었습니다. 우리나라보다 20여 년 더 빨리 응급구조사 제도가 시행되면서 많은 국민들에게 도움을 주었습니다.

언제 어디서나 각종 사고 현장에 도착해 제일 먼저 신속하게 환자의 생명을 구하는 사람이 응급구조사입니다. 응급구조사는 응급 환자가 병원에 도착하기 전 사고 현장이나 이송 과정에서 응급 처치 업무를 담당하는 전문가입니다. 응급구조사의 신속한 처치는 환자가 병원으로 이송되는 동안 생명을 유지하고, 합병증을 예방하여 병이 커지지 않도록 하는 데 그 목적이 있습니다.

응급구조사가 하는 일은?

응급구조사는 응급 환자가 발생한 현장에서 상담·구조·이송 업무를 수행합니다. 우리나라에서는 업무에 따라 1급 응급구조사와 2급 응급구조사로 나뉘는데, 각 응급구조사가 할 수 있는 응급조치 업무는 법률에 의해 정해져 있습니다. 2급 응급구조사는 기본적인 심폐소생술, 심박, 체온, 혈압 등의 측정, 사지 및 척추 등의 고정, 상처의 응급 처치 등의 업무를 하고, 1급 응급구조사는 여기에다 포도당 주입, 약물 투여, 인공호흡기를 이용한 호흡 유지, 심폐소생술 시행을 위한 기도 유지 등 보다 전문적인 업무를 합니다.

응급구조사는 업무 수행 중에 예기치 않는 의료 사고가 발생하면 사고로 인한 의료 분쟁이 예상되는 응급 환자에 대해서 응급 처치를 기피하거나 소극적으로 응급 처치를 하여 책임을 회피하게 되는 등 응급 처치 활동이 위축되는 경우도 있습니다. 응급 구조 요청이 오면 장소나 날씨에 관계없이 출동해야 하고, 다수의 병원이 밤이나 주말에도 운영되고 있어 2교대 또는 3교대로 근무해야 합니다. 응급 처치를 위해 허리를 구부리거나 환자를 들어 올려 이송하는 업무 때문에 허리에 부상을 입을 수 있으며, 항상 응급 환자를 대하기 때문에 이로 인한 스트레스가 생길 수 있습니다. 또한 각종 질병에 노출되기 때문에 개인의 위생과 안전에 항상 신경 써야 합니다.

> » 상담이나 구조 업무를 수행하며, 법령에 정해진 범위 내에서 현장의 응급 처치, 환자의 이송 등의 업무를 수행합니다.
> » 응급구조사는 사고 현장에서 다양한 응급 처치를 합니다. 경우에 따라서는 의사의 지시를 받아 약물 치료를 하거나 기도기 삽입 등의 치료도 담당합니다.
> » 응급 처치 상황과 부상자의 처치 내용을 기록하여 응급 센터나 담당 의사에게 서면이나 구두로 보고합니다.
> » 응급 상황에 대비하여 평소 차량과 장비의 안전 점검을 실시하며, 의료 용품을 점검하여 교체하거나 보충합니다.
> » 구급차의 무선 장비를 매일 점검하여 통화가 가능한 상태로 유지합니다.
> » 병원의 응급실, 수술실, 중환자실 등에서 응급 처치하거나 의사의 수술이나 진료 업무를 돕기도 합니다.
> » 병원 밖 환자들을 위한 공중 보건 서비스를 제공하기도 합니다.

Jump Up

1·2급 응급구조사의 업무 범위에 대해 알아볼까요?

1급 응급구조사의 업무 범위	2급 응급구조사의 업무 범위
• 심폐소생술의 시행을 위한 기도 유지(기도 유지기의 삽입, 기도 삽관, 후두 마스크 삽관 등을 포함) • 정맥로의 확보 • 약물 투여: 저혈당성 혼수 시 포도당의 주입, 흉통 시 니트로글리세린의 혀 아래 투여, 쇼크 시 일정량의 수액 투여, 천식 발작 시 기관지 확장제 흡입 • 제2호의 규정에 의한 2급 응급구조사의 업무	• 구강 내의 이물질 제거 • 기도 유지기를 이용한 기도 유지 • 기본 심폐소생술 • 산소 투여 • 부목, 척추 고정기, 공기 등을 이용한 사지 및 척추 등의 고정 • 외부 출혈의 지혈 및 창상의 응급 처치 • 심박, 체온, 혈압 등의 측정 • 쇼크 방지용 하의 등을 이용한 혈압의 유지 • 자동 제세동기를 이용한 규칙적 심박동의 유도

응급구조사
커리어맵

관련기관
- 국립중앙의료원 www.nmc.or.kr
- 대한응급구조사협회 www.emt.or.kr
- 한국응급구조학회 www.kemt.or.kr

관련직업
- 인명구조원
- 응급전문 간호사
- 산악구조요원
- 보건직 공무원

관련학과
- 응급구조과
- 응급구조학과
- 산업보건응급구조학과

관련자격
- 응급구조사 1급
- 응급구조사 2급
- 응급처치원
- 일반응급처치강사 1급
- 스킨스쿠버 자격증
- 재난안전관리사
- 전문응급처치강사
- 산악안전지도사
- 수상구조사
- 수상인명구조원
- 육상무선통신사

응급구조사

관련교과
- 사회
- 과학
- 보건

흥미유형
- 현실형

적성과 흥미
- 대인관계 능력
- 의사소통 능력
- 협업 능력
- 화학, 생명과학, 사회, 보건, 심리학 교과에 대한 흥미
- 꼼꼼하고 치밀한 성격
- 집중력
- 사명감과 봉사 정신
- 강인한 체력
- 판단력과 순발력
- 침착한 대처 능력
- 손재능
- 외향적인 성향

준비방법
- 과학(물리학, 화학, 생명과학), 사회 교과 역량 키우기
- 병원 및 소방 관련 기관 주관 봉사 활동
- 응급 의료 기관 및 소방서 체험 활동
- 응급 의료 관련 직업 체험 활동
- 응급의학, 생물학, 화학, 철학, 심리학 등 다양한 분야 독서
- 강인한 체력 키우기

적성과 흥미는?

응급구조사는 응급 환자의 생명을 책임지는 위치에 있기 때문에 무엇보다 사람을 아끼는 마음이 가장 중요합니다. 한시도 지체할 수 없는 응급 상황에서 응급구조사가 어떠한 조치를 취하느냐에 따라 사람의 삶과 죽음이 결정될 수 있습니다. 따라서 매번 나와 내 가족이 아픈 것처럼 정성을 다해 구조에 임해야 합니다. 팀을 이루어 구조 작업을 하는데, 응급구조사들의 호흡이 맞아야 신속한 구조 활동을 할 수 있으므로 서로를 신뢰해야 합니다. 수많은 사람의 생명을 다루는 응급 현장에서 응급구조사는 증세의 경중을 가리지 않고, 신속하게 환자를 구조할 수 있도록 경각심을 유지해야 합니다.

항상 긴급한 상황에서 응급 처치 업무를 수행하므로 순간적인 판단력 및 순발력이 필요하며, 모든 상황을 침착하게 대처할 수 있는 냉철한 이성, 문제 해결 능력, 민첩성 등이 요구됩니다. 환자의 생명을 다루는 직업이므로 봉사 정신과 소명 의식, 직업 윤리가 필요합니다. 응급구조사가 타인을 보호하려면 가장 먼저 자신을 보호할 줄 알아야 하는데, 이는 응급구조사가 각종 트라우마에 시달리고 스트레스를 받는다면, 위험한 사고 현장에서 정상적으로 업무를 수행할 수 없기 때문입니다. 따라서 자신을 아끼고 스트레스를 잘 관리해야 환자들에게 더 나은 응급 의료 서비스를 제공할 수 있습니다. 검사 장비나 기구를 사용하고 정비하며 교체해야 하기 때문에 손재주나 기계 조작 능력이 있으면 유리합니다.

응급구조사는 생명을 살리고 위험에 처한 사람을 돕는 데 행복감을 느끼는 사람이라면 성별에 관계없이 누구라도 될 수 있습니다. 의학적인 지식 외에도 응급 환자를 이송하거나 위험한 상황에서 업무를 수행하기 위해 강한 체력을 갖추어야 합니다. 사람을 상대하는 업무이기 때문에 외향적이고, 대인관계 능력을 갖추고, 사고 현장에서 시체나 혈흔 등을 보더라도 평정심을 잃지 않고, 담력이 있어야 합니다. 탐구형과 현실형의 흥미를 가진 사람에게 적합하며, 스트레스 감내력, 남에 대한 배려심, 적응력, 자기 통제 능력 등을 지닌 사람에게 유리합니다.

응급구조사 커리어맵

관련 학과 및 자격증은?

→ 관련 학과: 응급구조과, 응급구조학과, 산업보건응급구조학과 등

→ 관련 자격증: 응급구조사 1·2급, 응급처치원, 일반응급처치강사 1급, 스킨스쿠버자격증(대한잠수협회), 재난안전관리사, 전문응급처치강사, 산악안전지도사, 수상구조사, 수상인명구조원, 육상무선통신사 등

진출 방법은?

응급구조사가 되기 위해서는 전문 대학이나 대학에서 응급구조학을 전공하거나 응급구조사 양성 기관이 개설하는 교육 과정을 이수해야 합니다. 서울시소방학교, 중앙소방학교, 경기도소방학교, 국군의무학교, 대학의 평생 교육원에서 응급 구조 양성 과정 직업 훈련을 받을 수 있습니다. 응급구조사가 되려면 응급구조사 1급 또는 2급 국가 자격시험에 합격한 후 보건복지부장관으로부터 면허를 발급받아야 합니다.

2급 응급구조사 자격시험에 응시하려면 전국 소방학교나 국군의무학교와 같은 응급구조사 양성 기관에서 교육을 받으면 됩니다. 1급 응급구조사 자격시험에 응시하려면 다음 세 가지 중 하나의 조건을 충족해야 합니다. 전문 대학 이상의 학교에서 응급구조학과를 졸업한 자, 보건복지부장관이 인정하는 외국의 응급구조사 자격을 인정받은 자, 2급 응급구조사로서 3년 이상 종사한 자 등이 1급 응급구조사 자격시험에 응시할 수 있습니다. 응급구조사 자격을 취득한 후에는 다음해부터 매년 4시간 이상의 보수 교육을 받아야 합니다.

2급 응급구조사는 산업체 부속 의무실, 병원 응급실, 응급 환자 이송단, 응급 환자 이송 업체, 레저 스포츠 센터 안전 관리 요원, 소방학교(119안전센터 구급대원), 국군의무학교 등으로 진출 가능하며, 1급 응급구조사는 소방공무원(119안전센터 구급대원), 해양경찰청(122구조대), 산림청(산림항공관리소), 보건기술직 공무원, 병원 응급실, 권역별 응급 의료센터, 응급 의료정보센터, 산업체 부속 의무실, 항공구조대, 의료기 업체, 한국마사회, 레저 스포츠 센터 등으로 진출 가능합니다. 소방공무원인 119구조구급대는 응급구조학과를 졸업하고 1급 응급구조사를 취득한 자를 대상으로 특별 채용하며, 보건직 공무원 채용 시에는 1급 응급구조사 자격증에 가산점을 적용하고 있습니다.

관련 직업은?

응급구조사, 인명구조원, 응급전문간호사, 보건직 공무원, 산악구조요원 등

미래 전망은?

정보 통신 기술의 발달, 경제 구조의 복합화, 거대 도시화 등이 진행되면서 선박 및 지하철 사고, 각종 생산 및 건설 현장의 안전사고와 산업 재해, 교통사고 등의 발생 건수가 증가하여 안전에 대한 사회적 관심이 증가하고 있습니다. 또한 성인병으로 인해 발생하는 심혈관 질환자와 뇌 질환자가 증가하고 있고, 주 5일 근무제로 인해 여가·스포츠 활동이 늘어나면서 사건, 사고가 증가하고 있으며, 재난의 종류도 다양해지고 있고, 일상생활에서 위험 요소가 증가하고 있어 소방 안전 및 응급 의료 서비스에 대한 국민들의 요구가 높아졌습니다. 그리고 초고령화 사회로 접어들면서 독거 노인 인구도 증가하고, 1인 가구의 수도 증가하면서 가정 내 응급 상황 발생 시 효과적으로 대처할 수 있는 응급 구조 인력에 대한 요구도 커지고 있습니다.

이와 같은 이유로 앞으로 응급구조사에 대한 수요는 증가할 것으로 전망됩니다. 응급구조사의 활동 영역이 과거에는 병원이나 소방서로 한정되었지만, 최근에 들어 위락 시설, 레저 시설, 학교, 보건소, 민간 기업, 항공사 등으로 확대되고 있는 점도 응급구조사의 직업 전망을 밝게 하는 요소입니다.

선진국에 비해 우리나라의 응급 구조 인력은 부족한 편이지만, 고용 안정과 근무 여건이 좋은 공무원 신분인 구급대원이나 병원, 대기업 등에는 진출을 원하는 사람이 많아 경쟁이 치열할 것으로 예상됩니다.

응급구조학과
응급구조사 전공 분석

어떤 학과인가?

응급의료학은 각종 불의의 사고, 재난, 질병 등으로부터 국민의 생명을 보호하고, 전문적인 응급 처지를 통해 환자의 생명을 유지하며, 합병증을 예방하고, 보다 나은 의료 서비스를 제공함으로써 국민 건강 향상에 중요한 역할을 담당하고 있는 학문입니다. 최근 발생한 대형 사고로 인해 응급 의료에 대한 수요가 급증하면서 응급구조사의 필요성과 중요성이 커지고 있기 때문에 전문 직업으로서의 가치는 높아지고 있습니다.

응급구조학과는 각종 재난 사고 현장에 출동하여, 현장에서의 응급 처치, 환자 이송, 이송 중의 처치 등을 동시에 수행하며, 갑작스런 부상이나 질병으로 고통 받는 환자의 생명을 보호하고, 고통을 감소시키며, 추가 손상이 발생하지 않도록 응급 처치를 수행하는 등 환자에게 가장 우선적인 응급 의료 행위를 하는 응급구조사를 양성하는 학과입니다. 졸업 후 응급구조로 활동할 수 있도록 기초 의학을 비롯해 신경외과, 소아과, 정형외과, 심장 등의 전문 응급 처치법과 구조법 등을 교육합니다.

교육 목표와 교육 내용은?

응급구조학과는 생명 존중과 사랑의 정신으로, 기초 의학, 응급환자관리, 진료보조학, 전문응급처치 등의 이론 및 실기를 통해 전문 지식을 습득하고, 병원임상실습, 소방서실습 등 다양한 현장 실습을 통해 신속하고 적절한 응급 처치를 할 수 있는 전문 응급 의료인의 양성을 교육 목표로 합니다. 또한 실무 능력을 겸비한 인성, 전문성, 창의성을 겸비한, 국가 응급 의료 체계를 이끌어 갈 응급구조사를 양성합니다.

학과에 적합한 인재상은?

응급 환자라 함은 질병, 분만, 각종 사고 및 재해로 인한 손상, 기타 위급 상태에서 즉시 필요한 응급 처치를 받지 아니하면 생명을 보존할 수 없거나 심신상의 중대한 위해가 초래될 것으로 판단되는 환자이므로, 구조 환경은 항상 긴박감이 흐릅니다. 긴박한 상황에서 당황하여 우왕좌왕하다가 실수하게 되는 경우가 발생합니다. 작은 실수 하나가 환자의 생명을 위태롭게 할 수 있기 때문에 위기 상황에서도 침착한 태도, 정확하고 빠른 판단력, 냉철한 이성, 민첩성이 요구됩니다. 아픈 사람을 돕는 것을

» 응급구조사로서의 역할을 수행할 수 있는 인격 형성과 원만한 대인관계 능력을 갖춘 인재를 양성합니다.
» 보건 의료 전문 인력의 일원으로서 인간의 존엄성을 고취시키며, 직업적 윤리 의식을 갖춘 인재를 양성합니다.
» 응급구조사로서 갖추어야 할 전문 지식, 기술, 태도를 지닌 인재를 양성합니다.
» 의료 기관 및 응급 구조 관련 기관에서 현장 실습을 통해 다양한 응급 상황의 대처 능력과 업무 수행 능력을 갖춘 인재를 양성합니다.
» 다국적의 응급 환자 처치를 위해 다양한 언어 및 문화 이해 함양을 위한 글로벌 역량을 갖춘 인재를 양성합니다.
» 바른 인성과 가치관을 갖춘 전인적 인재를 양성하기 위해 기본 품성과 직업 윤리를 갖춘 사회인을 양성합니다.

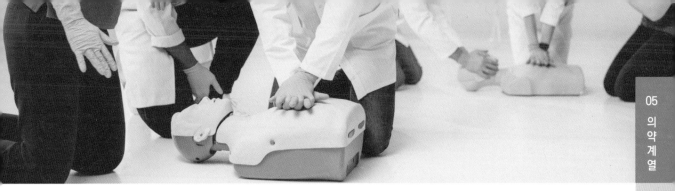

좋아하고, 남을 위해 봉사하고 희생하는 것에 보람을 느끼는 사람에게 적합합니다.

　물리학, 화학, 생명과학 등의 기초 과학에 흥미가 있고, 인접 학문을 꾸준히 학습하여 자기 계발을 위한 학문 탐구 능력, 성실함이 필요합니다. 응급 구조 업무가 24시간 근무 형태이기 때문에 활동적인 성격과 강한 체력을 갖춘 사람에게 적합합니다.

　응급 의료 학문과 응급 의료 전문 실기에 관심이 있고, 현실형, 탐구형 흥미 유형을 지닌 사람에게 적합합니다. 응급 상황에 놓인 환자의 마음을 평안하게 할 수 있는 친절함, 대인 관계 능력, 의사소통 능력도 필요합니다.

관련 학과는?

응급구조과, 산업보건응급구조학과 등

주요 교육 목표

전문 지식, 기술, 태도를 지닌
인재 양성

- -

사회적 책임감과 윤리관을 갖춘
창조적 인재 양성

- -

전문성과 인간애를 실천하는
인재 양성

- -

대처 능력, 업무 수행 능력을
갖춘 인재를 양성

- -

희생정신과 봉사 정신을 지닌
인재 양성

- -

응급 구조 분야의 국제 경쟁력을
지닌 인재 양성

취득 가능 자격증은?

- ☑ 응급구조사　　☑ 응급처치원
- ☑ 재난안전관리사　☑ 산악안전지도사
- ☑ 수상구조사　　☑ 육상무선통신사
- ☑ 일반응급처치강사 1급
- ☑ 스킨스쿠버자격증(대한잠수협회)
- ☑ 전문응급처치강사
- ☑ 수상동력레저기구조종면허1·2급
- ☑ 수상인명구조원
- ☑ 수상인명구조자격증
- ☑ ACLS Provider(미국심장협회·대한심폐소생협회)
- ☑ BLS Provider(미국심장협회·대한심폐소생협회)
- ☑ 기본인명소생술(미국심장협회·
　대한심폐소생술협회) 등

진출 직업은?

응급구조사, 119구급대, 소방직 공무원, 인명구조원, 경찰직 공무원, 보건직 공무원, 산악구조요원 등

추천 도서는?

- 응급 처치가 필요할 때
  (사파리, 피에르 윈터스 외)
- 무기력의 비밀
  (에듀니티, 김현수)
- 난생처음 응급구조
  (군자출판사, 이태양)
- 응급구조사는 이렇게 일한다
  (청년의사, 이태양)
- 당신도 한 생명을 구할 수 있다
  (상상나무, 박성무)
- 응급구조사 어떻게 되었을까
  (캠퍼스멘토, 캠퍼스멘토)
- 생명윤리와 법
  (이화여자대학교 출판문화원, 권복규 외)
- 생명의료윤리
  (동녘, 구영모 외)
- 통증혁명
  (국일미디어, 존 사노, 이재석 역)
- 닥터 바이오헬스
  (전파과학사, 김은기)
- 만약은 없다
  (문학동네, 남궁인)
- 위기의 지구에서 살아남는 응급 치료법
  (수선재, 박은기 외)

학과 주요 교과목은?

기초 과목	병리학, 생리학, 해부학, 약리학, 의학용어, 응급구조학 개론, 공중보건학, 소방법규 등
심화 과목	기본응급처치학, 응급처치실습, 응급처치총론, 외상학, 외상처치학, 외상응급처치학, 수상인명구조, 환경응급처치학, 정형외과처치학, 신경외과처치학, 전문소아소생술, 전문심장소생술, 외과처치술, 심폐소생술PBL, 응급환자관리학, 응급환자관리실습, 재해응급의료, 심전도측정과 판독, 내과전문응급처치학, 중독학, 전문손상응급처치학, 응급의료장비운영, 전문외상소생술, 응급의료관련법규, 스포츠의학, 재난안전관리학, 응급통신학, 소방법규 및 실무 등

졸업 후 진출 분야는?

기업체	의료 기기 업체, 수상 및 산악 관련 업체, 종합 병원 및 대학 병원의 응급 의료 센터, 응급 의료 정보 센터, 응급 환자 이송 센터, 스포츠 관련 의무실, 산업장 의무실, 레저 스포츠 센터(수영장, 해수욕장) 등
정부 및 공공 기관	법무부(교정직), 해양경찰청(112구조대), 소방방재청(산림항공관리소), 소방직(119구급대) 공무원, 보건직 공무원(보건소), 한국마사회 등

🔍 전공 관련 선택 과목은?

▶ 국어, 영어 교과는 모든 학문의 기초적인 성격을 가진 도구교과로 모든 학과에 이수가 필요하여 생략함.

수능 필수	화법과 언어, 독서와 작문, 문학, 대수, 미적분Ⅰ, 확률과 통계, 영어Ⅰ, 영어Ⅱ, 한국사, 통합사회, 통합과학, 성공적인 직업생활(직업)		
교과군	선택 과목		
	일반 선택	진로 선택	융합 선택
수학, 사회, 과학	현대사회와 윤리, 화학, 생명과학	윤리와 사상, 인문학과 윤리, 세포와 물질대사, 생물의 유전	윤리문제 탐구, 융합과학 탐구
체육·예술	체육1, 체육2	운동과 건강, 스포츠 과학	스포츠 생활1, 스포츠 생활2
기술·가정/정보			
제2외국어/한문			
교양		보건	

학교생활기록부 관리는?

출결 사항	• 미인정(무단) 출결 사항이 없도록 관리하세요. 미인정(무단) 결석 등이 있으면 학교생활 충실도나 인성, 성실성 영역에서 부정적인 평가를 받을 가능성이 높아요.
자율·자치활동	• 다양한 교내외 활동을 통해 봉사하고 희생하는 모습과 자기 주도적 참여 활동 모습, 창의적이고 분석적인 사고 능력이 드러나도록 하세요. • 응급구조학 분야에 대한 관심과 흥미를 바탕으로 인성, 나눔과 배려, 협업 능력, 대인관계 능력, 리더십 등이 나타나도록 하세요.
동아리활동	• 응급구조, 의학, 봉사 관련 동아리 활동에 참여하여 전공 관련 기초 지식, 자신의 인성과 장점이 드러날 수 있도록 하세요. • 동아리 가입 동기, 진로에 동아리 활동이 미친 영향, 동아리 내 자신의 역할, 동아리 활동으로 변화된 자신의 모습, 전공과 관련된 자기 계발 경험 등 구체적인 활동 내용이 기록되도록 하세요. • 학교내에서 타인을 위해 할 수 있는 지속적인 봉사 활동을 하세요. • 학교에서 주관하는 장애인, 다문화 가정 학생 돕기, 양로원 봉사 활동 등 사회 소외 계층을 대상으로 하는 봉사 활동을 하세요.
진로 활동	• 응급구조사, 소방서 등 응급 구조 관련 직업에 대한 정보 탐색 활동을 권장해요. • 응급 구조 및 소방 관련 직업 체험 활동을 권장해요. • 응급 구조 관련 분야의 진로 탐색 활동을 통해 진로 역량, 전공 적합성, 발전 가능성 등이 드러나도록 하세요.
교과학습발달 상황	• 응급구조학과 관련 있는 화학, 생명과학, 사회 교과의 학업 성취도를 상위권으로 유지하고, 수업 활동에서 응급구조학과에서 요구하는 자질이 드러나도록 하며, 모둠 활동에서 문제 해결 능력, 리더십 등이 발휘되는 모습이 기록되도록 하세요. • 수업 참여 과정에서 전공 적합성, 자기 주도성, 창의력, 발전 가능성 등의 역량이 발휘될 수 있도록 하세요.
독서 활동	• 인문학, 철학, 심리학 등 다양한 분야의 책을 읽으세요. • 응급의학, 의학, 과학, 윤리, 생명 등 주변 학문 관련 독서 활동을 통해 응급구조학과에 필요한 기초 소양을 키우세요.
행동 발달 특성 및 종합 의견	• 학업 능력, 전공 적합성, 창의력, 문제 해결 능력, 협업 능력 등이 드러날 수 있도록 해요. • 학교생활에서 자기 주도성, 경험의 다양성, 성실성, 나눔과 배려, 학업 태도와 학업 의지에 대한 장점이 기록되도록 관리해야 해요.

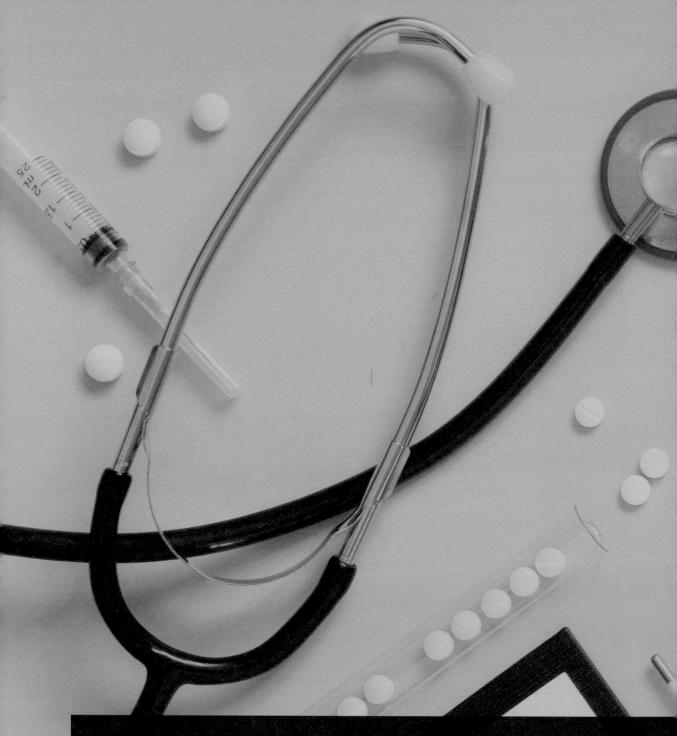

의사란?

　사람은 태어나서부터 질병에 걸리거나 외부로부터 상해를 입어 신체적·정신적으로 아픈 상황에 처하게 됩니다. 가벼운 질병이나 상처
는 인체에 존재하는 면역 시스템에 의해 예방되거나 치료가 되지만, 심각한 질병이나 손상은 쉽게 낫지 않아 오랜 시간동안 고통을 겪거
나 사망에 이를 수도 있습니다.

　인체의 구조와 기능을 조사하여 질병이나 상해의 치료, 예방에 관한 방법과 기술을 연구하는 학문을 의학이라고 합니다. 의학 기술은
인류의 역사와 함께 자연스럽게 발전해 왔습니다. 서양에서 처음으로 사람의 질병과 손상에 대한 원인을 찾아 치료를 시작한 것은 '의학
의 아버지'라 불리는 고대 그리스의 히포크라테스부터이고, 동양에서는 중국의 춘추 전국 시대에 쓴 것으로 알려져 있는 '황제내경'이라
는 책에서 질병의 원인을 찾고 치료법을 연구했다는 내용이 기록되어 있습니다.

기생충학이란 무엇인지 알아볼까요?

➡ 사람의 몸에 감염을 일으키는 다양한 기생충과 그 감염에 의해 생기는 질병에 대해 연구하는 학문이에요. 전 세계적으로 말라리아를 비롯한 많은 기생충 감염병은 여전히 인류가 정복해야 할 중요한 과제로 남아 있어요. 인체에 각막염과 뇌염을 일으키는 각종 원인을 찾아내고, 이를 억제할 수 있는 물질을 찾아내며, 해충에 기생하는 곤충이나 2차 기생충에 대한 생리학적 연구와 기생 현상의 성질, 기생충과 숙주와의 관계, 기생충의 분류, 형태, 분포, 전염 경로, 퇴치 등이 연구 대상이에요. 기생충이 거주하는 생물을 숙주라고 하는데, 기생충학에서는 주로 사람과 가축을 숙주로 취급하여 연구해요.

오늘날 의학은 기초 의학과 임상 의학으로 분류합니다. 해부학, 생리학, 생화학, 병리학, 약리학, 미생물학, 기생충학 등이 기초 의학에 해당하며, 다양한 실험과 연구를 통해 질병의 원인에 대한 성질을 이해하고, 상호 작용을 찾아내는 것을 목적으로 합니다. 반면, 내과, 일반외과, 소아학과, 산부인과, 정형외과, 이비인후과 등이 임상 의학에 해당하며, 기초 의학의 이론적 도움을 받아 실제 환자를 진료하면서 얻은 정보와 여러 임상 자료의 분석을 통해 인간의 질병이나 손상을 직접 진단하거나 치료하는 것을 목적으로 합니다.

의사는 사람들의 질병이나 상처, 몸의 통증 등을 치료해 주는 사람입니다. 각종 질병이나 통증으로 고통 받는 환자가 병원을 찾게 되면, 환자에게 맞는 진료와 처방을 통해 질병에서 회복되어 건강한 생활을 할 수 있도록 도와주는 역할을 합니다. 현행 우리나라 의료법에 의하면 의사는 치과의사, 한의사, 조산사, 간호사와 함께 의료인으로 구분되고, 이 중 의사는 서양 의료와 보건 지도에 종사하는 것으로 규정하고 있습니다.

의사가 하는 일은?

　의사는 '국민 보건을 향상시키고, 건강한 생활을 유지하는 데 이바지할 사명을 가지고 의료와 보건 지도를 임무로 한다.'라고 의료법에 규정되어 있습니다. 의사는 인간의 질병, 장애, 상해를 진단하고 치료하기 위해 진찰과 각종 의학적 검사를 진행하고, 결과를 종합적으로 분석하여 치료의 범위와 방향을 정해 환자의 건강을 되찾도록 도와줍니다.

　의사는 사람의 생명을 지킨다는 자부심과 보람이 큰 직업이지만 힘들 때도 많습니다. 매일 아픈 환자를 상대하면서 세균이나 바이러스에 감염될 가능성이 높고, 수술이나 치료를 하다가 베이고 다치는 경우도 있습니다. 생명과 건강을 다루는 직업이므로 실수하면 안 된다는 긴장감이 높고, 스트레스도 많습니다. 그러나 의사는 직업 전문성이 높고, 면허제이기 때문에 다른 직업에 비해 비교적 자유롭게 일할 수 있으며, 나이의 제한이 없습니다. 따라서 소신껏 자신의 직업에 충실할 수 있고, 직업을 통해 자신이 원하는 목표를 얼마든지 성취할 수 있는 장점이 있습니다.

> » 각 분야의 전문적인 의료 지식을 이용해 환자의 병의 원인을 찾아내어 적절한 치료를 진행하고 사전에 병을 예방하는 일을 합니다.
> » 환자의 증상에 따라 다양한 종류의 검사를 실시한 뒤 검사 결과를 바탕으로 진단을 내리고, 증상에 따른 치료 방법 및 치료 순서를 정합니다.
> » 아픈 부위에 따른 여러 가지 의학적 검사 및 검사 결과를 통해 가장 적합한 병의 진단과 처방을 지시하고 치료 방법을 결정합니다.
> » 다양한 의료 장비와 특수 기술들을 활용하여 환자에 맞는 질병을 치료하고, 건강한 몸을 되찾을 수 있도록 도와줍니다.
> » 약을 복용하고 환자에 맞는 진료 행위에 대해 처방을 내리고, 환자에게 맞는 식사나 질병 예방 등에 대해 조언을 합니다.
> » 전쟁, 기아, 전염병, 지진 같은 자연 재해를 당한 지역에 가서 구호 활동을 펼치거나 현지에서 의사들을 양성하기도 하고, 병원을 세우는 데 참여합니다.
> » 병을 치료하는 것뿐만 아니라 의학을 연구해 논문을 발표하거나 새로운 의학 지식을 배우기 위해 각종 세미나에도 참석합니다.

Jump Up

전문 의사의 종류에 대해 알아볼까요?

인체의 구조가 매우 복잡한 만큼 의사의 종류도 다양해요. 수련의 과정을 마치고 전문의 자격을 취득하게 되는데, 전문의 종류는 총 26개예요. 기초 의학 분야에 병리과, 핵의학과, 산업의학과 등 3개가 있고, 임상 의학은 내과, 신경과, 정신과, 외과, 정형외과, 신경외과, 흉부외과, 성형외과, 마취통증의학과, 산부인과, 소아청소년과, 안과, 이비인후과, 피부과, 비뇨기과, 영상의학과, 방사선종양학과, 진단검사의학과, 결핵과, 재활의학과, 예방의학과, 가정의학과, 응급의학과 등 23개가 있어요.

의사

커리어맵

- 수학, 물리학, 화학, 생명과학, 영어 교과 역량 키우기
- 의료 기관 관련 봉사 활동
- 병원이나 의료 기관 관련 체험 활동
- 의사 및 의료 관련 직업 탐방
- 강인한 체력 키우기
- 의료, 생명, 심리학, 인문학 등 다양한 분야 독서

- 대한의사협회 www.kma.org
- 대한병원협회 www.kha.or.kr
- 한국보건의료인국가시험원 www.kuksiwon.or.kr

- 의예과
- 의학과(의예과)
- 의학부(의예)
- 의학과(예과)
- 의예과(인문)
- 의예과(자연)
- 의예과(자연계열)

관련기관

준비방법

- 의사 면허
- 전문의 면허 (26개 분야)

관련학과

관련자격

의사

흥미유형

관련교과

- 영어
- 수학
- 사회
- 과학

- 탐구형
- 현실형

적성과 흥미

관련직업

- 책임감
- 따뜻한 마음과 배려심
- 순발력과 판단력
- 봉사 정신
- 정확하고 꼼꼼한 성격
- 대인관계 능력
- 의사소통 능력
- 협업 능력

- 강한 체력
- 사회성 및 정직성
- 논리적 분석력
- 투철한 사명감
- 직업 윤리 의식
- 수학, 물리학, 화학 교과에 대한 흥미

- 일반의사
- 전문의사(26개)
- 보건의료관련관리자
- 의학연구원
- 의학전문기자
- 의학평론가
- 의학전문방송인
- 의학칼럼니스트
- 의과대학 교수
- 법의학자
- 군의관

의사는 다양한 환자들이 고통을 호소하는 소리를 잘 듣고, 적절한 질문으로 환자의 상태를 파악해야 하므로 의사소통 능력이 중요합니다. 수술이나 처치 과정에서는 다른 분야의 의료진들과 협업하는 경우가 많기 때문에 대인관계 능력과 의사 결정 능력, 협업 능력을 갖추는 것도 중요합니다. 환자의 건강 상태와 검사 결과를 의학적으로 분석하고, 치료 방법을 결정할 수 있는 논리적 분석 능력과 상황에 따른 빠른 판단력, 정확한 의사 결정 능력을 갖추어야 합니다.

의사는 사람의 소중한 생명을 다루는 직업으로 직업에 대한 투철한 사명감과 성실함, 환자에 대한 세심한 배려심, 의사로서의 책임감, 생명을 소중하게 생각하는 마음과 희생정신이 필요합니다. 환자의 아픈 부위별로 적절한 치료를 해야 하기 때문에 올바른 판단력, 정교한 손 기술도 요구됩니다. 특정 수술의 경우에는 오랜 시간에 걸쳐 진행되기 때문에 강인한 체력도 갖추어야 합니다.

의사는 인간의 몸을 연구하고 생명을 다루기 때문에 다양한 분야의 전문적 의학 지식을 갖추어야 하고, 직업 윤리를 지녀야 하며, 환자의 건강 회복을 위해 환자 및 보호자, 다른 의료진과 소통하고 협력하는 자세를 가져야 합니다. 기초 의학과 임상 의학 분야의 학문을 수행하기 위해서는 오랜 시간이 소요되므로 꾸준히 수행해 나가는 인내심과 나날이 발전하는 의학 기술을 익히기 위해 끊임없이 공부하는 자세가 요구됩니다.

의사에 관심이 많다면 수학, 물리학, 화학 등 의학을 공부하는 데 필수인 지식을 습득하는 데 노력해야 하고, 강한 체력을 갖추기 위한 노력을 해야 합니다. 새로운 의학 지식의 습득과 국제적 의학 기술 교류를 위해 영어 실력을 키워야 하고, 병원, 요양원, 장애인 병원 등 의료 기관에서 봉사 활동을 통해 봉사 정신과 타인을 이해하는 노력을 기울일 것을 추천합니다.

의사 커리어맵

Jump Up

전문 의료를 배우는 전문의 수련 과정에 대해 알아볼까요?

의사 면허를 취득한 후에 전문의가 되기 위해서는 1년 동안의 인턴 과정과 3-4년 동안의 레지던트 과정을 거쳐 다시 전문의 자격시험에 합격해야 해요.

▶ 인턴 과정: 1년 동안에 다양한 과를 돌아다니면서 일을 배워요. 인턴 과정을 통해 자신의 적성과 흥미에 맞는 전문과를 선택할 기회를 가져요.

▶ 레지던트 과정: 전공으로 선택한 과에서 4년(가정의학과는 3년) 동안 일하면서 업무를 배워요. 전문의가 되기 위해 훈련을 쌓는 과정이며, 레지던트 기간을 마치면 전문의 자격시험에 응시할 자격을 부여받아요.

▶ 펠로우 과정: 전문의가 된 후 다시 2년 동안의 전임의(펠로우) 과정을 거치면, 해당 분야의 전문의 시험을 볼 수 있어요. 이 시험을 통과하면 교수나 연구 의사가 될 수 있어요.

진출 방법은?

일반 의사가 되는 방법에는 두 가지가 있습니다. 첫 번째는 의예과 2년과 의학과 4년, 총 6년의 의과대학을 졸업하여 의학사 학위를 취득한 다음, 국가 자격시험에 합격하는 방법입니다. 두 번째 방법은 의과대학이 아닌 일반 대학을 졸업한 후 4년 과정의 의학 전문 대학원에 진학하여 의학사 학위를 취득하고, 의사 국가 면허 시험에 합격하는 것입니다. 의학 전문 대학원에 진학하기 위해서는 의학교육입문검사(MEET)에 응시해야 하며, 이 외에 대학원별로 학부에서 일부 교과목을 이수해야 하거나 일정 기준 이상의 평점, 외국어 능력, 사회봉사 실적, 면접 등이 요구됩니다. 현재 전국에 3

개의 대학원에서 운영하고 있습니다.

전문 의사가 되려면 의사 면허 취득 후 1년의 인턴 과정과 전공에 따라 3~4년의 레지던트 과정을 마친 뒤에 전문의 시험에 합격해야 합니다. 전문의 자격을 취득한 뒤에 종합 병원의 전임의(펠로우)로 일하거나, 병원, 의원 등에서 전문의로 근무할 수 있습니다. 개원하여 병원을 운영하기도 하고, 보건복지부, 질병관리본부, 식품의약품안전처, 보건소 등 공공 분야에서 국민의 건강 보호와 증진을 위해 보건 행정 분야에서 일하기도 합니다. 또한 NGO, 언론계, 의료계와 관련된 사업 분야에서도 의학적 전문 지식을 활용해 일하기도 합니다.

관련 직업은?

일반의사, 전문의사, 보건의료관련관리자, 의학연구원, 의학전문기자, 의학평론가, 의학전문방송인, 의학컬럼리스트, 생명과학시험원, 의과대학 교수, 법의학자, 군의관 등

미래 전망은?

새로운 의료 기술의 개발, 인구 고령화, 생명 중시 현상, 건강 보험 제도의 발전 등은 우리나라의 의료 서비스를 발전시키고, 의사의 인력 수요를 증가시키는 요소입니다. 특히 초고령화 사회에 접어들 미래에는 만성 질환과 중증 질환자가 증가하고, 복지 확대 정책에 따라 수준 높은 의료 서비스가 시행될 것으로 예상되어 의사 수요는 꾸준히 증가할 것으로 예상됩니다. 또한 우리나라의 뛰어난 의료 기술과 높은 수준의 의료 서비스가 동남아시아를 비롯해 중국, 중동, 중앙아시아 등으로 진출하는 사례가 늘고 있다는 점도 직업 전망을 밝게 하고 있습니다. 아직도 우리나라 의사 인력은 OECD 회원국의 국민 1인당 의사 수 평균에 미치지 못할 정도로 낮은 수준입니다.

최근에는 의사 면허를 취득한 후 해당 분야의 전문성을 살려서 제약이나 바이오, 생명공학 회사로 진출하는 의사의 수도 증가하는 추세입니다. 그러나 저출산 추세가 지속되어 산부인과에 대한 수요가 감소하고 있고, 최근 의료 시장 경쟁이 심화되면서 문을 닫는 병원이 늘어나고 있으며, 의료 시설이 지역적으로 편중됨으로써 개인 병원을 운영하던 의사에서 임금을 받고 근무하는 의사로 전환하는 수가 늘어날 것으로 전망됩니다.

관련 학과 및 자격증은?

➡ 관련 학과: 의예과, 의학과(의예과), 의학부(의예),
   의학과(예과), 의예과(인문), 의예과(자연),
   의예과(자연계열) 등

➡ 관련 자격증: 의사 면허, 전문의 의사 면허(내과, 외과,
   정형외과, 흉부외과, 신경외과, 소아청소년과,
   산부인과, 안과, 이비인후과, 피부과, 비뇨기과,
   신경과, 정신과, 진단검사의학과, 영상의학과,
   방사선종양학과, 마취통증의학과, 병리과,
   예방의학과, 재활의학과, 결핵과, 성형외과,
   가정의학과, 응급의학과, 핵의학과, 산업의학과
   등 26개) 등

Jump Up

법의학자에 대해 알아볼까요?

의학적·과학적 정보와 지식을 바탕으로 사망 원인과 사망 경위 등을 밝혀 범죄 수사를 돕는 직업이에요. 병으로 인한 사망 이외의 모든 사망(외상, 질식, 이상 온도, 기압, 장애, 기아, 중독, 학대 아동, 정신 이상, 돌연사 등)의 원인을 밝히기 위해 검안 또는 부검을 실시하여 사망의 종류, 사인, 사후 경과 시간, 치사 방법, 사용 흉기, 사용 독물 등을 규명하는 일을 해요.

의예과
의사 전공 분석

어떤 학과인가?

　의료 기술의 발달로 인해 인간의 수명이 연장되고, 첨단 과학 기술의 발달로 인해 이전에 고치지 못했던 병들을 고칠 수 있는 의료 기술에 대한 연구가 활발해지고 있습니다. 최근에는 인간의 기본 권리 및 존엄성을 지킬 수 있는 의료 윤리에 대한 중요성도 강조되고 있습니다. 의학은 과학과 함께 빠르게 발전하고 있는 학문으로서 인체의 질병을 이해하고 연구하며 생명을 다루는 중요한 분야입니다.

　의예과는 진리 추구와 봉사 정신을 토대로 한 기본적인 진료 및 연구 능력을 갖춘 의사를 배출하여 국가와 사회에 봉사할 수 있는 유능한 의료인을 양성하는 데 목적을 두고 있으며, 아울러 미래의 의학 발전을 위한 소양을 교육하는 학과입니다. 의예과는 본격적인 의학 지식을 습득하기 위한 의학과의 전 단계 과정으로, 의학 교육의 기초를 다지는 시기에 해당합니다. 예비 의학자로서 사회적·윤리적·학문적 기초 및 자질을 형성하기 위한 교양 과목과 의학을 공부하는 데 필요한 생명과학의 기초를 배우게 됩니다. 장차 의학 교육을 받기 위한 소양을 길러주는 것을 목적으로, 비판적 글쓰기를 비롯한 의사소통 교육과 인문, 사회, 예술 등의 다양한 교양 교육 및 의생명과학의 전공 기초를 교육하는 학과입니다.

교육 목표와 교육 내용은?

　의예과는 의학과에 진학하기 전 과정으로, 모든 학문 분야의 다양한 교육을 통해 의학에 관련된 기본 지식을 습득하도록 하여 장차 접하게 될 의학적 전문 지식의 이해를 돕고, 의료인의 자질을 갖추도록 합니다. 의료인으로서 갖추어야 할 인성과 과학인으로서 요구되는 과학적 사고 능력과 창의성을 배양하고, 보건 의료에 종사하는 전문인으로서 필요한 지식과 실기를 습득하게 하여 국민 건강의 유지 및 증진에 이바지하고, 의학 발전을 위한 인재 양성을 교육 목표로 합니다.

학과에 적합한 인재상은?

　의학은 인간의 생명을 다루는 학문입니다. 따라서 모든 인간을 사랑하고, 환자와 함께 고통을 나눌 수 있어야 하며, 동료 의사 간에 서로 협동할 수 있는 직업 윤리가 필요합니다. 기초 의학과 임상 의학 분야의 학문을 수행하기 위해서는 장기간의 시

» 인문 사회 분야의 다양한 교육을 통하여 희생정신으로 봉사할 수 있는 자질을 갖춘 의학인을 양성합니다.
» 의학적 전문 지식을 스스로 이해하고, 의학 발전에 능동적으로 기여할 수 있는 인재를 양성합니다.
» 올바른 의료 분야의 윤리관, 사명감, 책임감을 지닌 의료인을 양성합니다.
» 의사에게 필수적인 의학 지식과 기술, 효과적인 의사소통 능력에 바탕을 둔 기본적인 진료 능력을 갖춘 인재를 양성합니다.
» 다양한 문제를 창의적으로 해결하여 의료 발전에 기여할 수 있는 연구 능력을 지닌 인재를 양성합니다.
» 원만한 성품과 훌륭한 인격을 지닌 성실한 의료인을 양성합니다.

간이 소요되므로 모든 과정을 꾸준히 수행할 수 있는 인내심과 모든 일에 빈틈이 없는 꼼꼼함, 새로운 학문을 적극적으로 수용할 수 있는 품성을 갖추어야 합니다.

인체의 구조와 특성에 관심을 가지고, 생명을 소중히 여길 줄 아는 마음과 타인을 위해 봉사할 수 있는 마음이 필요합니다. 의학 공부를 위해서는 기본적인 과학 지식이 있어야 하고, 수술을 하기 위해서는 손동작이 정교해야 합니다. 응급 상황이 발생했을 때 당황하지 않고 침착하게 상황을 판단할 줄 아는 능력과 신속하고 정확하게 대처할 수 있는 능력 그리고 책임감이 필요합니다.

다른 사람의 아픔을 이해하려는 배려심과 지적 호기심, 과학적 원리를 바탕으로 하는 문제 해결 능력, 새로운 의학 지식의 습득과 국제적 경쟁력을 위해 영어 실력을 요구합니다. 방대한 양의 국내외 의학 서적 탐독 및 고된 실습에 따른 스트레스 감내성과 강인한 체력, 정신력도 갖추어야 합니다.

주요 교육 목표

지역과 국가의 의료 발전에
기여하는 인재 양성

올바른 윤리 의식, 인간성,
태도를 지닌 인재 양성

의료 국제화에
대처할 수 있는 인재 양성

의료 발전을 위한
연구 능력을 갖춘 인재 양성

인류애를 실천하는
인성을 지닌 인재 양성

의료 환경의 변화에
대처할 수 있는 인재 양성

관련 학과는?

의학과, 의학과(의예과), 의학부(의예), 의학과(예과), 의예과(인문), 의예과(자연) 등

 ## 취득 가능 자격증은?

☑ 의사 면허
☑ 전문의 의사 면허(26개)
- 내과	- 외과
- 정형외과	- 흉부외과
- 신경외과	- 소아청소년과
- 산부인과	- 안과
- 이비인후과	- 피부과
- 비뇨기과	- 신경과
- 정신과	- 진단검사의학과
- 영상의학과	- 방사선종양학과
- 마취통증의학과	- 병리과
- 예방의학과	- 재활의학과
- 결핵과	- 성형외과
- 가정의학과	- 응급의학과
- 핵의학과	- 산업의학과 등

진출 직업은?

내과의사, 의학연구원, 외과의사, 가정의학과의사, 마취병리과의사, 방사선과의사, 보건의료관련관리자, 비뇨기과의사, 산부인과의사, 성형외과의사, 소아과의사, 안과의사, 이비인후과의사, 정신과의사, 피부과의사, 의학전문기자, 의학평론가, 의학전문방송인, 의학컬럼리스트, 생명과학시험원 등

추천 도서는?

- 의사 어떻게 되었을까?(캠퍼스멘토, 한승배)
- 의과대학 인문학 수업
  (홍익출판미디어그룹, 권시진 역)
- 의대에 가고 싶어졌습니다
  (메가스터디북스, 서울대학교 의과대학 재학 졸업생 32인)
- 역사가 기억하는 세계 100대 의학(꾸벅, 김정자)
- 서양의학의 역사(살림, 이재담)
- 질병과 의약품: 현미경으로 들여다 본
  우리 몸속 질병과 의학의 역사
  (국민출판사, 콜린 살터, 정희경 역)
- 진료실에 숨은 의학의 역사(휴머니스트, 박지욱)
- 돌팔이 의학의 역사(더봄, 리디아 강 외, 부희령 역)
- 의료 인문학 산책(문학의힘, 심정임)
- 이토록 재밌는 의학 이야기(반니, 김은중)
- 생명을 묻다(이른비, 정우현)
- 영화관에서 만나는 의학의 세계(바틀비, 고병수)
- 세계사를 바꾼 전염병 13가지
  (산처럼, 제니퍼 라이트, 이규원 역)
- 의사가 들려주는 디지털 치료제
  (바른북스, 서영준 외)
- 히포크라시(책세상, 레이첼 부크바인더 외, 임선희 역)
- 의대를 꿈꾸는 대한민국의 천재들(한언, 이종훈)
- 친구가 되어 주실래요?(생활성서사, 이태석)
- 확장된 표현형(을유문화사, 리처드 도킨스, 홍영남 외 역)
- 청년의사 장기려(다산책방, 손홍규)

학과 주요 교과목은?

기초 과목	의사학, 물리화학, 의학심리학, 의학물리학, 생명물리학, 일반생물, 일반생물실험, 일반화학, 일반화학실험, 의학적소통법, 의료사회복지론, 생명과 윤리, 의료정보학 및 실습, 인간심리학, 사회와 의료, 유기화학, 의학개론, 의료정보학개론, 의학통계학, 인체유전학, 세포생물학, 분자생물학 등
심화 과목	의약화학, 세포생물학1, 세포생물학2, 통계학개론, 의학영양학, 복지사회의 이해, 비교해부학 및 실습, 유전학, 요기관의 구조와 기능, 특수기관의 구조와 기능, 기초감염학, 의학실무영어, 고급영어회화 등

졸업 후 진출 분야는?

기업체	종합 병원, 대학 병원, 개인 병·의원, 보건소, 방송사·신문사 등의 언론사, 제약 회사, 의료 기기 회사 등
연구 기관	국립암센터, 식품의약품안전처, 국립과학수사연구소, 의료 관련 연구소 등
정부 및 공공 기관	보건직 공무원, 의료직 공무원, 국립보건연구원, 국제 보건 기구 및 의료 관련 비영리 기구(WHO, Global NGO) 등

🔍 전공 관련 선택 과목은?

▶ 국어, 영어 교과는 모든 학문의 기초적인 성격을 가진 도구교과로 모든 학과에 이수가 필요하여 생략함.

수능 필수	화법과 언어, 독서와 작문, 문학, 대수, 미적분 I, 확률과 통계, 영어 I, 영어 II, 한국사, 통합사회, 통합과학, 성공적인 직업생활(직업)		
교과군	**선택 과목**		
	일반 선택	진로 선택	융합 선택
수학, 사회, 과학	대수, 미적분 I, 확률과 통계, 현대사회와 윤리, 화학, 생명과학	미적분 II, 윤리와 사상, 인문학과 윤리, 물질과 에너지, 화학반응의 세계, 세포와 물질대사, 생물의 유전	윤리문제 탐구, 융합과학 탐구
체육·예술			
기술·가정/정보			
제2외국어/한문			
교양		인간과 철학, 인간과 심리, 보건	

학교생활기록부 관리는?

출결 사항	• 미인정(무단) 출결 사항이 없도록 관리하세요. 미인정(무단) 결석 등이 있으면 학교생활 충실도나 인성 영역에서 부정적인 평가를 받을 가능성이 높아요.
자율·자치활동	• 교내외 다양한 활동에 참여하여 타인을 위해 봉사하는 모습, 창의적이고 분석적인 사고력이 드러나도록 노력하세요. • 의학 분야에 대한 대한 관심과 흥미를 바탕으로 다양한 교내외 활동에 참여하여 인성, 나눔과 배려, 협동심, 창의력, 의사 결정 능력, 리더십 등이 드러나도록 하세요.
동아리활동	• 의학 관련 동아리 활동에 참여하여 예비 의학도로서의 자신의 우수성이 드러날 수 있도록 하세요. • 동아리 가입 동기, 진로에 동아리 활동이 미친 영향, 동아리 내 자신의 역할, 동아리 활동으로 변화된 자신의 모습, 전공과 관련된 자기 계발 경험 등 구체적인 활동 내용이 기록되도록 하세요. • 학교에서 주관하는 장애인, 다문화 가정 학생 돕기, 양로원 봉사 활동 등 사회 소외 계층을 대상으로 하는 봉사 활동을 하세요. • 학교내에서 타인을 위해 할 수 있는 지속적인 봉사 활동을 하세요.
진로 활동	• 의사 및 의료 관련 학과 및 직업에 대한 정보 탐색 활동을 권장해요. • 병원이나 의과대학 체험 활동을 권장해요. • 의료 관련 진로 활동을 통해 진로 역량, 전공 적합성, 발전 가능성 등이 드러나도록 하세요.
교과학습발달 상황	• 수학, 물리학, 화학, 생명과학 교과의 성적은 상위권으로 유지하고, 관련 교과 수업에서 전공 적합성, 자기 주도성, 문제 해결 능력, 창의력, 발전 가능성 등의 역량이 발휘될 수 있도록 수업에 적극 참여하세요. • 수업 참여 과정에서 의학적인 부분에 대한 관심과 흥미를 실제 생활에 적용하여 의미 있는 결과를 이끌어 낼 수 있도록 하세요.
독서 활동	• 인문학, 철학, 역사, 심리학 등 다양한 분야의 책을 읽으세요. • 의학, 생명, 윤리, 4차 산업 혁명, 스마트 헬스케어 분야 등 폭넓은 독서 활동을 통해 의학 전공과 관련한 기초 소양을 키우도록 하세요.
행동 발달 특성 및 종합 의견	• 창의력, 문제 해결 능력, 협업 능력, 자기 주도적 학습 능력 등이 드러날 수 있도록 해요. • 학교생활에서 경험의 다양성, 성실성, 나눔과 배려, 학업 태도와 학업 의지에 대한 장점이 기록되도록 관리해야 해요.

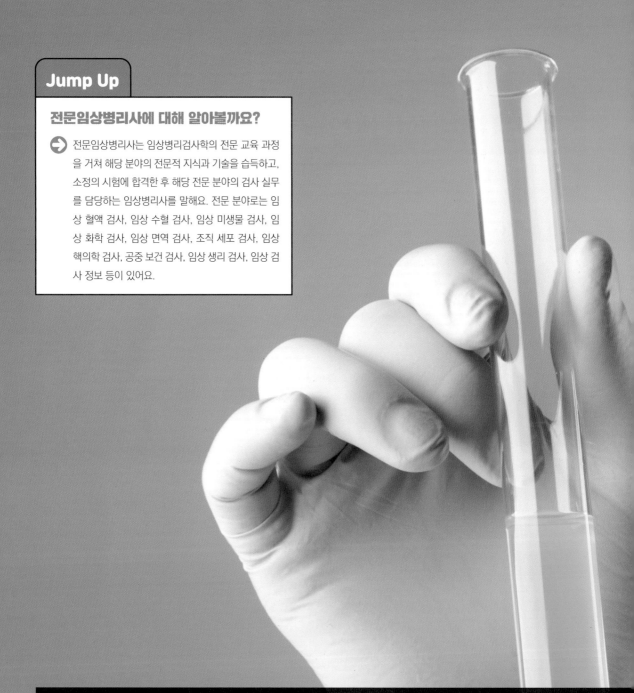

전문임상병리사에 대해 알아볼까요?

➡️ 전문임상병리사는 임상병리검사학의 전문 교육 과정
을 거쳐 해당 분야의 전문적 지식과 기술을 습득하고,
소정의 시험에 합격한 후 해당 전문 분야의 검사 실무
를 담당하는 임상병리사를 말해요. 전문 분야로는 임
상 혈액 검사, 임상 수혈 검사, 임상 미생물 검사, 임
상 화학 검사, 임상 면역 검사, 조직 세포 검사, 임상
핵의학 검사, 공중 보건 검사, 임상 생리 검사, 임상 검
사 정보 등이 있어요.

임상병리사란?

임상병리학이란 혈액, 소변, 대변, 체액, 조직 등 인체로부터 채취되는 각종 검체에서 분자 및 세포 성분을 검사함으로써 질병의 선별,
조기 발견, 진단, 경과 관찰, 치료, 예후를 판정하는 데 기여하고, 질병의 원인 등을 연구하는 학문입니다. 기초 의학과 생명 과학이 결합
된 융합 학문으로, 질병의 진단, 치료 경과, 예후 등을 첨단 과학 기술에 기초하여 빠르고 정확하게 분석하여 해당 질환을 진단하는 응
용 학문입니다.

임상병리학의 역사는 고대 이집트와 메소포타미아 문명에서 환자의 증상을 만져 보고, 들어 보는 등의 방법으로 관찰하고, 그것을 바
탕으로 진단을 내렸다는 것에서 시작되었습니다. 기원전 400여 년경에는 의사들이 환자의 검체에 관심을 가지기 시작하였는데, 환자의
검체를 이용한 검사로 현재까지 알려진 것 중 가장 오래된 것은 환자의 소변을 땅에 부어 그 소변에 곤충이 모여드는지를 확인하는 것이

임상병리사
임상병리학과

었습니다. 만약 곤충이 모여들면 그 환자에게는 염증이 있는 것으로 진단하였다고 합니다. 질병 치료의 시작은 질병에 대한 정확한 진단에서부터 출발하는데, 이는 질병이 발생한 원인을 정확하게 알아야 그에 맞는 치료를 할 수 있기 때문입니다.

임상병리사는 보건 의료인으로서 검체 또는 생체를 대상으로 병리적·생리적 상태의 예방, 진단, 예후 관찰, 치료에 참여하고, 신뢰성을 보장하기 위해 신속하고 정확한 검사 결과를 제공하며, 검사 결과의 연관성을 해석하고, 현재 사용 중인 검사법을 개선하기 위해 새로운 검사법을 평가하는 사람입니다. 임상병리사는 기본적으로 환자가 의뢰하는 각종 검사를 수행하여 질병을 진단함으로써 의료 서비스를 제공하지만, 이와 함께 임상 연구를 통해 얻은 최신의 의학 지식 및 기술을 컴퓨터 과학, 경영 기법, 산업화 등과 접목해 환자에게 최선의 진료를 제공하는 중요한 역할을 담당하고 있습니다.

과거에는 질병을 진단하기 위해 다양한 검체에 대해 일일이 검사하고 분석해야 했으나, 최근에는 첨단 검사 장비 및 분석 장비의 발달로 인해 혈액이나 소변 검사만으로도 다양한 진단이 가능해졌습니다. ·

임상병리사가 하는 일은?

임상병리사는 '의료 기사 등에 관한 법률 시행령' 제2조 1항에 '임상병리사는 병리학·미생물학·생화학·기생충학·혈액학·혈청학·법의학·요화학·세포병리학·방사성동위원소를 사용한 검사물 등의 검사 및 생리학적 검사 분야에서 임상 병리 검사 업무에 필요한 ① 기계, 기구, 시약 등의 보관, 관리, 사용, ② 검사물 등의 채취, 검사, ③ 검사용 시약의 조제, ④ 혈액의 채혈, 제제, 제조, 조작, 보존, 공급, ⑤ 기타 임상 병리 검사 업무에 종사한다.'라고 규정하고 있습니다. 임상병리사는 의사를 도와 의사가 환자의 질병을 진단하고, 치료 방법을 결정하는 데 매우 중요한 역할을 담당하고 있습니다.

임상병리사는 다양한 환경에서 근무하지만, 대체로 보건 의료 기관의 진단검사의학과, 병리과, 핵의학과 등의 부서에서 근무합니다. 임상병리사가 다루는 검사물은 정상적인 기능을 하지 못하거나 혐오적일 수 있습니다. 또한 검사실에서 세균이나 화학 약품에 노출될 수 있기 때문에 항상 소독 가운 및 일회용 장갑을 착용하고 청결을 유지해야 합니다. 응급 환자를 위해 2교대 또는 3교대 근무를 해야 할 때도 있어 체력적으로 힘들 수 있고, 시간이 촉박하더라도 정확하게 검사하여 결과를 제공해야 한다는 부담감이 있을 수 있습니다.

» 의사가 환자 진료 과정에 이상이 있다고 판단되면, 임상병리사에게 질병과 관련된 의화학적 검사를 의뢰합니다.
» 인체로부터 채취한 다양한 검사물을 검사하거나 세포 및 조직을 슬라이드로 만들어 현미경으로 세포의 변화를 발견합니다.
» 건강 및 질병의 상태를 밝히기 위해 매우 다양한 종류의 검사를 수행합니다.
» 검사 수행 후 나온 결과를 분석하고 정리해서 보고하고 관리하며 통계 처리를 담당합니다.
» 실험실에서 약물에 대한 표본을 추출하기도 하고, 약물의 치료 효과 등을 검증하기 위해 동물 실험과 관련된 연구 업무를 합니다.
» 검사 기기 및 장비, 시약을 안전하게 보관하고 성능을 유지하도록 관리합니다.
» 보건 의료 관련 연구 기관에서 의생명과학 분야의 기초 및 임상 연구와 개발을 담당합니다.
» 현재 사용 중인 검사법이나 분석법 등을 평가하여 개선하거나 새로운 검사법을 연구하기도 합니다.

Jump Up

임상병리사의 분야에 대해 알아볼까요?

임상병리사는 분야에 따라 진단 혈액 검사, 임상 미생물 검사, 수혈 의학 검사, 일반 화학 검사 및 특수 화학 검사, 분자 면역 혈청 검사, 분자 유전 검사, 종양 표지자 검사, 약물 검사, 알레르기 검사, 무기질 검사, 세포 유전 검사, 현장 검사(POCT), 감염 관리 업무 등을 하며, 심전도 검사, 뇌파 및 수면 뇌파 검사, 심폐 기능 검사, 기초 대사 검사, 근전도 검사 등의 기타 생리학적 검사도 담당해요. 이 외에 조직 검사, 세포 병리 검사, 방사성 동위 원소를 이용한 핵의학 검사 등을 실시해요.

임상병리사
커리어맵

임상병리사

준비방법

- 물리학, 화학, 생명과학, 사회 교과 역량 키우기
- 병원이나 보건소 주관 봉사 활동
- 병원이나 보건소의 임상병리사 직업 체험 활동

- 임상병리학, 물리학, 화학, 생명과학, 철학, 심리학 등 다양한 분야 독서
- 강인한 체력 키우기

관련기관

- 대한임상병리사협회 www.kamt.or.kr
- 한국보건의료인국가시험원 www.kuksiwon.or.kr

관련자격

- 임상병리사 1급
- 임상병리사 2급
- 산업위생사
- 산업위생기사
- 산업보건분석사
- 공중보건관련기사
- 국제세포병리사
- 국제세포진단사
- 실험동물기술사
- 실험동물기사
- 산업보건분석사

관련학과

- 임상병리과
- 임상병리학과
- 임상의약학과

관련교과

- 수학
- 사회
- 과학
- 보건

흥미유형

- 현실형
- 탐구형

적성과 흥미

- 대인관계 능력
- 의사소통 능력
- 협업 능력
- 화학, 물리학, 생명과학, 사회, 보건, 심리학 교과에 대한 흥미
- 꼼꼼하고 치밀한 성격

- 판단력과 순발력
- 침착한 대처 능력
- 인간 사랑의 직업 윤리관
- 분석적 사고력
- 끈기와 인내
- 책임감
- 예리한 관찰력

관련직업

- 전문임상병리사
- 보건위생 및 환경검사원
- 생명과학시험원
- 임상연구코디네이터

- 보건직 공무원
- 병리학자
- 군의장교

임상병리사에게는 인간을 사랑하고 환자와 함께 고통을 나눌 수 있는 인간 사랑의 직업 윤리관이 필요합니다. 질병의 원인을 찾아내고, 질병을 예방하기 위해 임상 병리 관련 각종 실험 기계와 화학 약품 등을 사용하기 때문에 분석적 사고력, 섬세함, 꼼꼼함이 요구됩니다. 미세한 세포와 조직 등을 검사하고 분별할 수 있는 예리한 관찰력과 컴퓨터와 연동된 장비를 효율적으로 사용하고, 유지·보수할 수 있는 기계 조작 능력, 컴퓨터 활용 능력이 요구됩니다.

임상병리사는 다른 학문과 융합하여 업무를 수행하기 때문에 기초 과학과 응용과학 분야에 대한 지식 탐구 능력, 연구와 분석, 실험을 위해 오랜 시간 집중하여 꾸준히 수행할 수 있는 끈기와 인내심이 필요

합니다. 화학이나 생명과학, 물리학 등의 기초 과학 교과에 대한 지식과 영어에 대한 흥미도 요구됩니다. 인체에 대한 흥미를 가지고 있고, 전공 분야에 대해 끊임없이 자기 계발을 하는 자세와 뚜렷한 목표 의식, 학업에 대한 열의가 있어야 합니다.

임상병리사 업무는 다른 분야의 의료진들과 협업하여 진행되는 경우가 많기 때문에 대인관계 능력, 의사 결정 능력, 협업 능력도 중요합니다. 질병을 찾아내거나 사전에 예방하기 위해 다양한 검사를 진행하게 되는데, 이때 환자의 질병에 대해 비밀을 지켜야 하므로 강한 책임감도 요구됩니다.

임상병리사
커리어맵

➡ 관련 학과: 임상병리학과, 임상병리과,
　　임상의약학과 등

➡ 관련 자격증: 임상병리사, 산업위생사,
　　산업위생기사, 산업보건분석사,
　　국제세포병리사, 국제세포진단사,
　　공중보건관련기사, 실험동물기술사,
　　실험동물기사 등

Jump Up

임상연구코디네이터에 대해 알아볼까요?

제약사나 연구소가 새로운 약물을 개발하더라도 병원 등 의료 현장에서 바로 사용할 수 없어요. 같은 약, 같은 성분이라도 환자별로 전혀 다른 반응이 나타날 수 있기 때문이죠. 따라서 새로운 약이 개발되면 동물 실험, 독성 실험, 임상 실험 등 여러 실험 단계를 거치면서 안전성을 검사해요. 특히 인체를 대상으로 하는 임상 실험의 경우 여러 가지 복잡한 단계를 거쳐요. 이때 임상 실험과 관련된 모든 부분의 일정을 관리하고 집행하는 사람이 바로 임상연구코디네이터예요.

진출 방법은?

임상병리사로 일하기 위해서는 전문 대학 및 대학교의 임상병리(학)과에서 일정 과목을 이수하고, 졸업한 후에 임상병리사 자격시험에 합격해야 합니다. 임상병리사 자격시험은 한국보건의료인국가시험원에서 시행하고, 연간 1회 치러집니다.

임상병리사 면허 취득 후에는 대학 병원이나 종합 병원의 진단검사의학과, 특수 검사실, 조직병리과, 임상병리과, 핵의학과, 임상 생리 검사실, 응급 검사실 등으로 진출할 수 있습니다. 또한 보건소, 교육청, 출입국관리소, 검역소, 생명과학 관련 연구소, 국립보건원, 국립수사연구소, 건강관리협회, 적십자혈액원, 보건환경연구소, 노동부·환경부 산하의 관공서, 제약 회사, 식품 회사 등의 임상 병리 관련 전문

직으로 진출할 수 있습니다. 일부는 의학 전문 대학원 및 치의학 전문대 학원, 일반 대학원, 보건 대학원에 진학 후 관련 분야의 의사로 진출하는 경우도 있습니다.

최근 우리나라의 의료 기술 수준이 높아진 만큼 임상병리사의 실력과 기술도 향상되었으며, 일본, 대만 등과의 국제 교류도 활발해지고 있습니다. 특히 2006년도부터는 미국 임상병리사 자격시험을 한국에서도 응시할 수 있게 되면서 자격을 취득하게 되면 미국에서도 취업이 가능합니다. 따라서 해외에서 임상병리사로 근무하고 싶다면 외국어 공부를 열심히 하는 것이 좋습니다.

관련 직업은?

임상병리사, 전문임상병리사, 보건위생 및 환경검사원, 생명과학시험원, 임상연구코디네이터, 보건직 공무원, 병리학자, 군의장교 등

미래 전망은?

사회 환경이 복잡해지고, 지구 환경의 변화, 각종 오염 물질의 배출로 인한 생태계 파괴 등의 복합적인 원인에 의해 지구상에는 새로운 바이러스와 질병 등이 나타나고 있습니다. 따라서 질병의 진단과 치료 과정에서 의사를 도와 진단에 필요한 다양한 검사를 실시하고, 정확한 분석 결과를 신속하게 제공하는 임상병리사의 역할은 점점 더 중요해질 것으로 보입니다.

또한 건강에 대한 관심이 증가하면서 질병을 사전에 예측하고 건강을 진단하려는 수요가 늘고 있고, 유전자 관련 연구나 법의학 관련 검사에서부터 제대혈 관련 실험, 생명 보험 회사의 심사 업무 등으로 업무 영역도 점차 확대되고 있어, 임상병리사에 대한 전망을 밝게 하고 있습니다.

최근에는 보건 의료 분야가 고부가 가치 산업으로 인정받고 있으며, 임상 병리 검사 기술이 생명공학 기술, 정보 통신 공학 기술, 나노 공학 기술 등과 융합하면서 새로운 진단 기술이 개발되고 있어 국가의 새로운 성장 동력 산업이 되고 있습니다. 따라서 임상병리학 전공자는 학문적·경제적·사회적으로 수요가 매우 크다고 할 수 있습니다.

반면, 임상병리사들은 임금이 높고, 근로 조건이 좋으며, 직업 전문성이 확보되는 종합 병원이나 대학 병원에서 근무하는 것을 선호하지만, 그러한 일자리는 한정되어 있을 뿐만 아니라 단순한 임상 병리 검사는 검사 전문 대행 기관을 활용하는 경우가 늘어나면서, 병원보다는 검사 기관으로의 채용이 늘어나고 있는 점도 고려해야 합니다. 또한 정보 통신 및 공학 기술 발전으로 인해 자동화 시스템이나 검사 장비 등이 갖추어지고 있고, 향후 기술 발전으로 인해 검사 기법이나 검사 속도가 향상될 경우에는 임상병리사에 대한 수요도 감소할 것이라는 전망도 있습니다.

Jump Up

임상병리사의 하루 일과에 대해 알아볼까요?

출근해서 제일 먼저 장비의 전원을 켜고, 시약, 소모품 등의 기능들이 제대로 작동하는지 장비를 점검해요. 이 일이 끝나면 정도 관리(Quality Control)를 하는데, 정도 관리란 측정, 검진의 분석치에 대한 정확도와 정밀도를 확보하기 위해 통계적 처리를 통한 일정한 신뢰 범위 내에서 분석치를 관리하는 것을 말해요. 즉, 단순히 장비에 검체를 넣는다고 해서 결과가 바로 나오는 것이 아니라 정확한 결과라는 확신이 들 때까지 검사하는 거예요. 퇴근할 때에는 작업대를 청소하고, 장비 점검 및 시약 정리를 하고 마무리해요. 그런 일상적인 업무 외에도 학회를 준비하거나, 병원에서 별도로 배정하는 업무나 교육 활동을 담당해요. 바이러스와 같은 세균들이 계속 새로 발견되고, 또 그런 것들을 진단하는 기계들도 계속 발전하고 있기 때문에 자기 계발을 꾸준히 하는 것이 매우 중요해요.

임상병리학과
임상병리사 전공 분석

어떤 학과인가?

의사가 환자의 질병 원인을 진단하고 회복을 위한 처방을 하기 위해서, 그리고 약물의 치료 효과를 검증하기 위해서는 먼저 임상 병리 업무가 이루어져야 합니다.

임상병리학은 환자의 혈액이나 체액, 소변, 조직 등을 화학·생물학·물리학·유전학적인 방법으로 분석하여 정보를 제공할 수 있도록 임상 검사 기술을 연구하는 학문입니다. 임상병리학은 골수 및 혈액 검사에 대해 공부하는 임상혈액학, 세균, 바이러스, 기생충 등의 미생물에 대해 공부하는 임상미생물학, 세포의 구조나 조직을 통해 암 등의 질병을 연구하는 진단세포학, 유전자 검사 등을 연구하는 유전학검사학 등을 연구합니다.

임상병리학과는 임상화학, 진단혈액학, 임상미생물학, 임상면역학, 수혈의학, 진단조직세포학, 세포유전학 및 분자유전학 등 다양한 분야에서 신뢰성 있는 검사 결과를 제공하여 과학적이고 질 높은 의료 서비스를 가능하게 하는 임상병리사를 양성합니다. 임상병리학과에서는 인체에서 발생하는 각종 질병의 원인, 치료 과정 등을 과학적으로 분석하여, 치료 및 예방에 도움을 줄 수 있는 인재를 양성함으로써 현대 의학에서 중요한 역할을 수행하고 있습니다.

교육 목표와 교육 내용은?

임상병리학과는 인간 생명 현상의 이해를 바탕으로, 각종 질병을 정확하게 진단하고, 새로운 검사 방법을 연구 개발하여 21세기 선진국의 주요 중점 사업인 질병을 예방하고, 보건 복지를 증진시키며, 생명공학 관련 산업을 선도할 전문인을 양성하는 것을 교육 목표로 합니다.

학과에 적합한 인재상은?

임상병리학을 공부하기 위해서는 인간을 사랑하고 환자와 고통을 나눌 수 있는 직업 윤리관이 필요합니다. 환자의 질병 원인을 밝혀내거나 사전에 예방하기 위해서 다양한 검사를 진행하고, 환자의 질병 관련 정보에 대해 비밀을 지켜야 하므로 강한 책임감이 요구됩니다.

» 첨단화된 특수 검사 기술을 습득한 임상병리학 전문인을 양성합니다.
» 임상 의학 및 실험 의학의 응용 분야에 활용할 수 있는 의학 전문인을 양성합니다.
» 진단 검사 분야의 문제 해결 능력과 기본적인 연구 능력을 함양한 의생명과학 연구인을 양성합니다.
» 인간 존중과 건강 복지 사회 구현에 필요한 인격과 태도를 갖춘, 적극적이고 창의적인 인재를 양성합니다.
» 문제 해결 능력과 의사소통 능력을 바탕으로 복합적 문제를 유연하게 해결할 수 있는 활동적인 인재를 양성합니다.

화학, 생명과학, 물리학, 영어 등의 교과목에 대한 흥미와 기본적인 지식이 요구되며, 기초 과학과 응용과학 등 다양한 분야의 학문을 배워야 하기 때문에 학업에 탐구 능력, 꾸준히 수행해 나가는 인내심, 적극성이 필요합니다.

미세한 세포와 조직 등을 검사하고 분별할 수 있어야 하므로 시각 장애가 없어야 하고, 예리한 관찰력과 섬세함을 지니면 좋습니다. 임상병리사의 업무는 다양한 검체를 분석하는 작업이 많으므로 논리적·분석적 사고력이 필요하고, 검사를 하기 위해 컴퓨터와 연동된 다양한 실험 장비를 다루어야 하므로 기계 조작 능력과 컴퓨터 활용 능력이 필요합니다.

임상병리학은 다른 분야의 학문과 융합하여 발전하는 학문이므로 창의력과 진취성이 필요하고, 임상병리사의 업무가 다른 분야의 의료진들과 협업하여 진행되는 경우가 많으므로 원만한 대인관계 능력, 의사 결정 능력, 협업 능력도 중요합니다.

관련 학과는?

임상병리과, 임상의약학과 등

주요 교육 목표

첨단화된 특수 검사 기술을
습득한 전문인 양성

문제 해결 능력과 연구 능력을
함양한 연구인 양성

바른 인성과 가치관을 갖춘
전인적 인재 양성

임상 병리 지식을 응용할 수
있는 의학 전문인 양성

복합적 문제를 유연하게
해결할 수 있는 인재 양성

인류의 건강 증진에 기여하는
인재 양성

취득 가능 자격증은?

- ☑ 임상병리사
- ☑ 위생사
- ☑ 실험동물기사
- ☑ 산업보건분석사
- ☑ 실험동물기술사
- ☑ 실험동물기사
- ☑ 미국국제임상병리사
- ☑ 국제세포병리사 등

진출 직업은?

임상병리사, 보건위생 및 환경검사원, 생명과학시험원, 임상연구코디네이터, 환경직 공무원, 보건직 공무원, 병리학자, 군의장교 등

추천 도서는?

- 숲, 질병, 전쟁: 미생물이 만든 역사(교보문고, 김응빈)
- 질병과 의약품: 현미경으로 들여다 본 우리 몸속 질병과 의학의 역사(국민출판사, 콜린 샬터, 정희경 역)
- 세상을 뒤흔든 질병과 치유의 역사(상상채널, 오카다 하루에, 황영섭 역)
- 국가의 질병 관리 역사(이화여자대학교 판문화원, 이방원 외)
- 역사 속의 질병, 사회 속의 질병(솔빛길, 조승열 외)
- 임상병리 미생물학(범문에듀케이션, 장인호)
- 임상병리사는 이렇게 일한다(청년의사, 박수진)
- 임상병리사를 위한 공중보건학(정문각, 강효찬 외)
- 입소문 전염병(한국경제신문, 간다 마사노리, 최윤경 역)
- 전염병과 함께한 인류 역사(원더북스, David P. Clark. 김윤택 역)
- 세상을 바꾼 전염병(다른, 예병일)
- 한 권으로 읽는 미생물 세계사(사람과나무사이, 이시 히로유키, 서주지 역)
- 감염병의 역사(참돌, 리처드 건더맨, 조정연 역)
- 노벨상 수상자가 들려주는 미생물 이야기(톡, 아서 콘버그, 이지윤 역)
- 하리하라의 세포 여행(봄나무, 이은희)
- 만약은 없다(문학동네, 남궁인)
- 질병의 탄생(사이, 홍윤철)
- 화학 교과서는 살아 있다(동아시아, 문상흡 외)
- 매력적인 심장 여행(와이즈베리, 요하네스 폰 보르스텔, 배명자 역)

학과 주요 교과목은?

기초 과목	화학, 일반화학, 유기화학, 물리학, 생물학, 일반미생물학, 생명과학, 생명과학실험, 임상의학개론, 임상병리학원론, 해부학, 인체해부학, 심폐소생술, 의학용어, 보건학원론 등
심화 과목	인체생리학, 생화학, 분석화학, 임상화학, 임상생화학, 면역학, 조직학, 조직검사학, 임상혈액학, 진단혈액학, 기생충학, 조직검사학, 조직검사학실습, 진단세포학, 임상유전학, 검사기기분석학, 핵의학, 임상미생물학, 임상분자생물학, 바이러스학, 나노바이오체외진단학, 임상미생물학실습, 임상혈액학 및 실험, 임상미생물학 및 실험, 임상화학 및 실험, 임상조직검사학 및 실험, 임상생리학 및 실험, 임상혈청학 및 실험, 공중보건학, 병원임상실습, 의료관계법규, 의과학세미나, 기생충학 및 실험 등

졸업 후 진출 분야는?

기업체	종합 병원, 한방 병원, 보건소, 임상 검사 센터, 전문 검진 센터, 제약 업체, 의료 기기 및 진단 시약 회사 등
연구 기관	의료 관련 연구소, 생명과학 및 유전공학 연구소, 대학의 연구소 등
정부 및 공공 기관	보건직 공무원, 의료기술직 공무원, 국립과학수사연구소, 식품의약품안전처, 질병관리본부, 국립보건연구원, 출입국관리소, 건강관리협회, 보건환경연구원, 적십자 혈액원 등

전공 관련 선택 과목은?

▶ 국어, 영어 교과는 모든 학문의 기초적인 성격을 가진 도구교과로 모든 학과에 이수가 필요하여 생략함.

수능 필수	화법과 언어, 독서와 작문, 문학, 대수, 미적분 I, 확률과 통계, 영어 I, 영어 II, 한국사, 통합사회, 통합과학, 성공적인 직업생활(직업)		
교과군	선택 과목		
	일반 선택	진로 선택	융합 선택
수학, 사회, 과학	대수, 미적분 I, 확률과 통계, 현대사회와 윤리, 화학, 생명과학	미적분 II, 윤리와 사상, 인문학과 윤리, 물질과 에너지, 화학반응의 세계, 세포와 물질대사, 생물의 유전	윤리문제 탐구, 융합과학 탐구
체육·예술			
기술·가정/정보			
제2외국어/한문			
교양		인간과 심리, 보건	

학교생활기록부 관리는?

출결 사항	• 미인정(무단) 출결 사항이 없도록 관리하세요. 미인정(무단) 결석 등이 있으면 학교생활 충실도나 인성, 성실성 영역에서 부정적인 평가를 받을 가능성이 높아요.
자율·자치활동	• 다양한 교내외 활동을 통해 자기 주도적 참여 활동 내용과 창의적이고 분석적인 사고 능력이 드러나도록 하세요. • 의학 및 임상병리학 분야에 대한 관심과 흥미를 바탕으로 인성, 나눔과 배려, 협업 능력, 대인관계 능력 등이 드러나도록 하세요.
동아리활동	• 의학, 임상 병리, 봉사 관련 동아리 활동에 참여하여 전공 관련 기초 지식, 자신의 인성 장점이 드러날 수 있도록 하세요. • 동아리 가입 동기, 진로에 동아리 활동이 미친 영향, 동아리 내 자신의 역할, 동아리 활동으로 변화된 자신의 모습, 전공과 관련된 자기 계발 경험 등 구체적인 활동 내용이 기록되도록 하세요. • 학교내에서 타인을 위해 할 수 있는 지속적인 봉사 활동을 하세요. • 학교에서 주관하는 보건소, 병원, 재활원, 사회 복지 시설 등 사회 소외 계층 및 약자를 대상으로 하는 봉사 활동에 참여하세요.
진로 활동	• 임상병리사 관련 직업의 정보 탐색과 직업 체험 활동을 권장해요. • 임상병리학 및 의료 관련 분야의 진로 탐색 활동을 통해 진로 역량, 전공 적합성, 발전 가능성 등이 드러나도록 하세요.
교과학습발달 상황	• 임상병리학과와 관련 있는 물리학, 화학, 생명과학, 사회, 수학 교과의 학업 성취도를 상위권으로 유지하고, 관련 교과 수업에서 문제 해결 능력, 리더십, 협업 능력 등의 수업 참여 태도 등이 드러나도록 하세요. • 수업 참여 과정에서 전공 적합성, 자기 주도성, 창의력, 발전 가능성 등의 역량이 발휘될 수 있도록 하세요.
독서 활동	• 인문학, 철학, 심리학 등 다양한 분야의 책을 읽으세요. • 임상병리학, 의학, 과학, 윤리, 생명 등 인접 학문과 관련된 독서 활동을 통해 기본 소양을 키우세요.
행동 발달 특성 및 종합 의견	• 학업 능력, 전공 적합성, 창의력, 문제 해결 능력, 협업 능력 등이 드러날 수 있도록 하세요. • 학교생활에서 자기 주도성, 경험의 다양성, 성실성, 나눔과 배려, 학업 태도와 학업 의지에 대한 장점이 기록되도록 관리하세요.

Jump Up

작업 치료의 대상에 대해 알아볼까요?

▶ 아동 질환: 지적 장애, 뇌성 마비, 발달 지연, 자폐, 학습 장애 등

▶ 신경계 질환: 뇌졸중, 척수 손상, 외상성 뇌 손상, 말초 신경 손상 등

▶ 근골격계 질환: 손의 손상, 요통, 화상, 관절염, 절단 등

▶ 노인성 질환: 치매, 파킨슨, 기타 퇴행성 장애 등

▶ 정신 질환: 기분 장애, 정서 행동 장애, 신경증, 정신 분열 등

작업치료사란?

　작업 치료의 시작은 동양에서는 기원전 2600년경 중국에서 건강을 좋아지게 할 목적으로 쿵푸를 활용하였고, 서양에서는 고대 에스클레피아데스와 그리스 의사들이 정신 질환을 치료하는 데 음악, 운동을 활용하였으며, 이집트에서는 우울증을 앓고 있는 사람에게 운동과 보트 타기 등을 통해 치료했다는 기록이 있습니다. 이처럼 작업 치료의 역사는 아주 오래 되었습니다.

　작업치료학은 신체적 및 정신적 원인에 의해 정상적인 생활을 하지 못하는 사람들에게 적절한 치료 활동을 제공함으로써 개인이 최대한 정상적인 일상생활을 할 수 있고, 적극적으로 사회생활에 참여하여 행복한 삶을 살아갈 수 있도록 치료하고 돕는 보건 의료 전문 학문입니다.

　작업치료학은 신체적·정신적·사회적·직업적·경제적으로 장애를 가지고 있는 사람들에게 다치는 것을 예방하고, 교정을 통해 건강한 상태를 유지하며 살아가게 해 주고, 일상생활을 하는 데 필요한 기술을 배워 건강한 사람들과 행복한 삶을 살아갈 수 있게 만들어 주는

작업치료사
작업치료학과

것이 학문의 목표입니다. 고령 인구와 태어날 때부터 장애를 가진 아이들, 각종 산업 재해 및 교통사고 등으로 장애를 입은 사람들에게 적절한 도구와 치료 방법을 이용하여 개인이 정상적인 생활을 할 수 있도록 도와주고, 삶을 평온하게 살아갈 수 있도록 하기 위한 치료에 관한 지식을 배웁니다.

우리나라의 '의료 기사 등에 관한 법률 시행령' 제2조에 의하면 작업치료사는 신체적·정신적 기능 장애를 정상적으로 회복시키기 위해 일상생활에서 사용하는 물체나 기구를 활용한 감각 활동 훈련, 작업적 일상생활 훈련, 인지 재활 치료, 삼킴 장애 재활 치료, 상지 보조기 제작 및 훈련, 작업 수행 분석 및 평가 업무, 그 밖의 작업 요법적 훈련·치료 등 그 업무 범위가 정해져 있습니다.

작업치료사는 신체적·정신적으로 장애를 가졌거나 노화 및 여러 가지 원인으로 인해 사회생활이 어려운 사람들에게 적절한 치료 과정을 통해 일상생활을 정상적으로 할 수 있도록 도와주고, 사회생활에 적극적으로 참여하여 행복한 생활을 할 수 있는 능력을 만들어 주는 보건 의료 전문인입니다.

작업치료사가 하는 일은?

작업치료사는 신체적·정신적·사회적으로 어려움을 겪고 있는 환자를 대상으로 의미 있는 치료 과정을 통해 정상적으로 살아갈 수 있도록 도와주는 의료 전문인입니다. 환자가 재활 과정에 적극적으로 참여하도록 하고, 최대한의 효과와 능력을 갖추어 정상적인 사회생활을 할 수 있도록 도와주는 역할을 합니다.

작업치료사는 근무 시간이 짧고 규칙적이나 육체노동을 많이 하므로 육체적 스트레스가 심한 편입니다. 신체적·정신적으로 다양한 장애를 가진 사람들을 치료하므로 장애 및 연령에 따라 치료 시 주의가 요구되고, 비교적 오랜 시간 동안 치료가 이루어지므로 환자와의 좋은 관계를 형성하는 것이 중요합니다.

> » 질병으로 인해 신체 기능이 떨어지는 부분에 관심을 두고, 그에 알맞은 치료 방법을 선택하여 치료합니다.
> » 인지 지각 능력이 떨어지는 환자의 기억력, 판단력, 계산 능력 등을 재활 치료 방법을 통해 교정하며, 손상된 기능을 보완하는 기술을 훈련시킵니다.
> » 신경계와 근육계의 구조와 기능에 대한 기초 의학 지식과 적절한 치료 도구 및 활동을 적용하여 관절의 움직임, 근력, 균형 능력, 감각 기능 등을 훈련시킵니다.
> » 작업 치료 영역에 따라 환자 상태에 알맞은 훈련 계획을 수립하고 훈련시키며, 이에 필요한 보조 도구와 보조기를 제작하고, 사용 방법을 훈련시킵니다.
> » 환자의 정신적 상태에 맞추어 치료 계획을 수립하고, 환자의 신변 처리 기술, 가치, 흥미, 자아에 대한 개념, 역할 수행, 대인 관계 등의 능력을 향상시킵니다.
> » 직업을 얻기 전에 하는 훈련, 직업 평가, 직무 분석 등을 실시하여 환자 개인에 맞는 직업을 권유하고, 직업인으로 생활하는 것을 돕습니다.
> » 각 개인의 장애 상태를 평가하고 분석하여 독립적인 생활을 할 수 있도록 자문을 합니다.
> » 환자의 손상된 기능을 회복시키거나 유지하기 위해 필요한 보조 도구의 종류를 추천하고 도구를 제작하며 사용법을 교육합니다.
> » 가족 및 환자에게 치료 방법, 보호자 교육, 퇴원 후 계획 등에 대한 구체적인 정보를 제공합니다.

Jump Up

작업치료사와 물리치료사의 차이점에 대해 알아볼까요?

물리 치료는 신체적·신경학적 재활에 중점을 두고, 작업 치료는 인지 재활, 삼킴 치료, 시지각 치료 등에 중점을 둬요. 쉽게 말해 물리치료사가 숟가락을 들 정도로 팔의 움직임 범위를 향상시킨다면, 작업치료사는 숟가락을 쥐어 주어 밥 먹는 방법을 알려주는 사람이에요. 물리치료사가 사람을 걷게 한다면, 작업치료사는 사람을 춤추게 한다는 말과 같은 의미이죠.

우리나라의 경우 물리치료학이 작업치료학보다 먼저 학문적으로 자리를 잡았으나 최근에는 치매에 대한 국가적인 관심이 증가하면서 작업치료학 중 인지 재활 등의 분야가 각광을 받고 있어요.

작업치료사

커리어맵

관련기관

- 대한작업치료사협회 www.kaot.org
- 대한작업치료학회 www.ksot.kr
- 한국작업치료교육인증평가원 www.kabote.kr
- 수부치료학회 www.hand.ismine.net

준비방법

- 수학, 물리학, 화학, 생명과학, 사회, 체육, 보건 교과 역량 키우기
- 병원이나 보건소, 사회 복지 시설 대상 봉사 활동
- 작업 치료 관련 직업 체험 활동
- 작업치료학, 물리학, 화학, 생명, 철학, 심리학 등 다양한 분야 독서
- 강인한 체력 키우기

관련학과

- 작업치료학과
- 언어치료학과
- 언어치료청각 재활학과
- 언어재활심리학과
- 언어청각치료학과
- 언어재활심리학과
- 재활건강증진학과
- 재활보건학과
- 재활상담학과
- 재활심리학과
- 재활의료공학과
- 재활치료학부
- 스포츠재활학과
- 스포츠재활의학과

작업치료사

적성과 흥미

- 대인관계 능력
- 의사소통 능력
- 협업 능력
- 수학, 물리학, 화학, 생명 과학, 사회, 보건, 체육 교과에 대한 흥미
- 강인한 체력
- 판단력과 순발력
- 침착한 대처 능력
- 손재능
- 상담 능력
- 봉사 정신
- 서비스 정신
- 타인에 대한 배려

흥미유형

- 사회형
- 현실형

관련교과

- 수학
- 사회
- 과학
- 체육
- 보건

관련자격

- 물리치료사
- 임상심리사
- 중독치료사
- 예술치료사
- 작업치료사
- 놀이치료사
- 청능치료사
- 운동처방사 1급
- 스포츠마사지 1급
- 응급처치
- 심폐소생술
- 인간공학사
- 아동인지발달치료사
- 치매전문작업치료사
- 정신보건작업치료사
- 산업건강관리사
- 가정방문작업치료사
- 감각발달재활사
- 중등학교 2급 정교사(특수)

관련직업

- 스포츠트레이너
- 재활치료사
- 보건직 공무원
- 물리치료사
- 임상심리사
- 중독치료사
- 예술치료사
- 언어치료사
- 놀이치료사
- 음악치료사
- 향기치료사 (아로마테라피스트)
- 웃음치료사
- 청능치료사
- 특수교사

적성과 흥미는?

작업치료사는 다른 사람을 훈련시키고, 발달시키고, 치료하는 활동에 대해 관심이 있는 사람에게 적합합니다. 물리학적·생물학적·문화적 현상들에 대해 관심과 호기심을 가지고 관찰하는 활동을 좋아하고, 체계적이거나 새로운 것을 만드는 조사나 연구 활동을 즐기는 성격에 적합합니다.

신체적 또는 정신적으로 상호간에 서로 도와주는 능력이 부족한 환자를 대상으로 치료하므로 환자에 대한 이해와 순발력, 침착한 대처 능력이 요구됩니다. 자상하고 꼼꼼한 성격, 환자에 대한 친절한 서비스와 원만한 대인관계 능력, 의사소통 능력, 상담 능력을 갖추는 것이 중요합니다. 치료 대상이 신체적·정신적으로 장애를 갖고 있는 환자이기 때문에 환자를 이해할 수 있는 능력과 공감 능력이 필요합니다. 환자에게 직접적인 힘을 가하여 치료를 하는 경우가 많기 때문에 손재능, 강인한 체력, 사회성을 지니고, 자기 통제 능력, 배려심, 봉사 정신을 가진 사람들에게 적합합니다.

환자에게서 나타나는 여러 가지 다양한 증상에 적절히 대응하는 적응성과 융통성 그리고 신뢰성, 책임감과 진취성을 지녀야 하고, 다른 사람을 보호하고 치료하기 위한 활동을 선호하는 사회형 흥미 유형과 사물, 도구, 기계에 대해 명확하고 체계적인 조작 활동을 선호하는 현실형 흥미 유형의 사람에게 적합합니다.

작업치료사에 관심이 있다면 사물을 관찰하고 연구 조사하는 활동에 적극 참여하고, 원만한 대인관계 능력, 의사 결정 능력, 공감 능력을 함양하기 위한 프로그램에 참여할 것을 권장합니다. 장애가 있는 환자들을 대상으로 업무를 수행하기 때문에 타인을 이해하고 봉사 정신을 함양할 수 있도록 사회 소외 계층을 대상으로 하는 봉사 활동에 참여할 것을 적극 권장합니다.

작업치료사
커리어맵

관련 학과 및 자격증은?

➔ 관련 학과: 작업치료학과, 언어치료학과,
　　　언어치료청각재활학과, 언어재활심리학과,
　　　언어청각치료학과, 언어재활심리학과,
　　　재활건강증진학과, 재활보건학과, 재활상담학과,
　　　재활심리학과, 재활의료공학과, 재활치료학부,
　　　스포츠재활학과, 스포츠재활의학과 등
➔ 관련 자격증: 작업치료사, 사회복지사, 물리치료사,
　　　발달재활사, 인간공학기사, 보조공학사,
　　　인지활동지도사, 노인상담사, 노인활동지도사,
　　　아동발달전문가, 아동인지발달치료사,
　　　치매전문작업치료사, 정신보건작업치료사,
　　　감각발달재활사, 특수교사 2급 정교사 등

Jump Up

향기치료사(아로마테라피스트)에 대해 알아볼까요?

아로마테라피 'Aroma(향기) + Therapy(치료)'는 꽃이나 과실, 잎, 씨앗 등에서 추출한 100% 천연 오일로 두뇌와 신체의 각 기관을 자극하여 심신의 건강을 도모하는 치료 요법이에요. 아로마테라피는 인간이 본래 가지고 있는 자연 치유력을 자극하고 활성화시키는 원리로, 개인에 따라 약간의 차이는 있지만 누구나 심신의 피로를 예방하고 개선하는 효과를 볼 수 있어요. 크게 치료와 미용 분야로 나누어지는데, 치료를 목적으로 할 경우에는 의사 면허가 필요하기 때문에 대부분의 아로마테라피스트는 미용과 치유의 개념을 살린 샵을 운영해요.

진출 방법은?

작업치료사가 되기 위해서는 전문 대학이나 대학교에서 작업치료학과나 작업치료과를 졸업하고, 한국보건의료인국가시험원의 작업치료사 국가 자격시험에 합격한 후 보건복지부장관으로부터 면허를 발급받아야 합니다. 관련 학과에서는 해부학, 정신의학, 재활의학, 임상운동학, 임상실습, 작업치료학 등 작업치료학 관련 과목을 체계적으로 배울 수 있습니다. 작업치료사는 '의료 기사 등에 관한 법률'에 따라 임상병리사, 방사선사, 물리치료사, 치과기공사, 치과위생사 등과 함께 '의료 기사'로 분류됩니다.

작업치료사는 종합 병원, 대학 병원, 재활 병원, 요양 병원, 산재 병원 등의 의료 기관과 재활 센터, 치매 지원 센터, 특수 교육 지원 센터, 직업 훈련 센터, 산업체의 건강 관리실, 의료 기기 관련 회사 등으로 진출합니다. 보건직 공무원, 의료기술직 공무원, 보건소, 복지관, 한국장애인고용공단, 근로복지공단, 국민건강보험, 광역치매센터, 광역보조공학센터 등으로도 진출합니다.

관련 직업은?

물리치료사, 임상심리사, 중독치료사, 예술치료사, 언어치료사, 놀이치료사, 산림치유사, 음악치료사, 미술치료사, 청능치료사, 건강운동관리사, 재활승마지도사 등

미래 전망은?

뇌졸중, 치매, 암과 같은 질환자와 각종 산업 재해 피해자, 고령 인구의 증가로 재활 치료에 대한 수요가 증가하고 있고, 발달 장애 아동에 대한 국가 차원의 지원 정책 등도 확대되고 있어 작업치료사에 대한 수요는 증가하고 있는 추세입니다. 작업치료사는 우리나라에서 미래 성장 가능성이 높은 직업으로 자주 오르내리고 있습니다. 작업치료사의 활동 영역이 병원에서 보육원, 산업체, 스포츠 등 다양한 분야로 확대될 것으로 예상되며, 대기업에서는 정식 직원으로 채용하기도 하여 취업 영역이 넓어지고 있습니다.

재활 병원 및 요양 시설 증대와 노인 요양 보험 제도 실시로 인해 노인 작업치료사의 취업 수요 증대, 바우처 제도의 확대로 지역 사회 작업

치료사의 취업 수요 증대, 정신보건법 개정으로 작업치료사의 취업 수요 증대 및 보건직 공무원 임용 시험 응시 시 작업치료사 면허증 소지자에게 가산점 부여 등은 작업치료사의 전망을 밝게 하는 요소입니다.

작업치료사는 역사가 오래된 직업이 아니라 최근에 시작 단계인 직업이라 축적된 인력이 많지 않다는 장점이 있습니다. 재활 전문 병원은 물론 현재 각종 치료사나 사회복지사가 담당하고 있는 업무도 작업치료사의 영역에 속하고, 치매 센터 등에서 대상자의 인지 능력, 언어 수준, 신체 활동, 심리 상태 등을 고려해 난이도에 맞는 프로그램을 제공하는 전문가도 작업치료사에 해당하므로 다양한 기관과 분야에서 인력을 필요로 하고 있어 직업 전망이 밝다고 할 수 있습니다.

Jump Up

재활 치료 관련 자격에 대해 알아볼까요?

자격증명	주관 기관	업무 내용
물리치료사	보건복지부	온열 치료, 전기 치료, 광선 치료, 수 치료, 기계 및 기구 치료, 마사지, 기능 훈련, 신체 교정 운동 및 재활 훈련과 이에 필요한 기기 및 의약품의 사용·관리, 기타 물리 요법적 치료 업무에 종사해요.
건강운동관리사	문화체육관광부	개인의 체력적 특성에 따른 운동 수행 방법에 대해 지도·관리하는 사람으로, 의사의 의뢰를 받아 운동 수행 방법을 지도하고 관리해요.
산림치유사	산림청	치유의 숲, 자연 휴양림 등 산림을 활용한 대상별 맞춤형 산림 치유 프로그램을 기획·개발하여 산림 치유 활동을 효율적으로 할 수 있도록 지원해요.
재활승마지도사	농림축산식품부	승마를 통해 신체적·정신적 장애를 치료하도록 지도하는 업무를 수행해요.

작업치료학과
작업치료사 전공 분석

어떤 학과인가?

작업치료학은 사람들이 일상적이고 정상적인 삶을 살아가는 데 필요한 행동과 생산적인 활동 및 여가 활동을 포함하는 인간 작업에 관해 연구하는 학문입니다. 작업과 인간에 관해 습득한 지식을 주어진 생활 환경에 적용함으로써 사람들의 적응 행동을 돕는 응용과학의 한 분야입니다. 작업치료학은 기초 의료 분야와 임상 분야가 융합된 환자 중심의 맞춤형 치료 방식을 제공하여 작업 활동을 증진하며, 작업 치료 평가와 다양한 치료 중재를 통해 여러 장애를 가진 아동과 성인의 기능 활동을 향상시키고, 교육과 상담을 통해 2차 손상을 예방하며, 보조 공학 및 보조 도구의 제작을 통해 최적의 환경을 제공하여 독립된 삶을 영위하도록 돕습니다.

작업치료학과는 수준 높은 보건 의료 전문 인력 양성을 목표로, 인간의 작업 활동에 영향을 미치는 발달 장애 아동과 신체·인지 기능 장애를 가진 성인에게 기본적인 일상생활 활동, 직업 및 레저 활동이 가능하도록 전문적인 재활 서비스를 제공하고 교육하는 학과입니다.

교육 목표와 교육 내용은?

작업치료학과는 전문 교육을 통해 작업 치료 지식과 기술을 습득하도록 하고, 다양한 프로그램 개발 및 체험을 통해 현장 실무 능력을 갖춘 전문가를 양성하며, 전인 교육을 통해 인성과 덕성을 함양시켜 다양한 사회 분야에서 봉사할 수 있는 인재를 양성하는 것이 교육 목표입니다.

학과에 적합한 인재상은?

작업 치료 분야에서 일하기 위해서는 환자의 다양한 요구에 부응하고, 새로운 치료 기술이 발표되면 빠르게 받아들이는 등 상황 변화에 능동적으로 적응할 수 있어야 합니다. 사람들에게 친절해야 하며 책임감, 인내심이 요구됩니다. 무엇보다도 다른 사람들을 이해하고 사랑하는 마음과 희생정신을 갖추어야 하고, 소명 의식을 가지고, 새로운 분야에 도전하는 것을 즐기는 사람에게 적합합니다.

» 인성 교육을 통한 삶의 질 향상과 봉사 활동을 통한 전인적인 작업치료사를 양성합니다.
» 도덕적 인성을 바탕으로 개인의 역량을 사회로 환원할 수 있는 인재를 양성합니다.
» 작업 치료의 전문 지식을 배양하고, 임상 현장에서 성공적인 작업 치료 직무 수행 능력을 갖춘 인재를 양성합니다.
» 다양한 관점에서 문제를 이해하고, 새로운 해결 방법을 제시할 수 있는 창의적인 인재를 양성합니다.
» 국제화 교육을 통해 지역 사회를 기반으로 세계로 뻗어나가는 글로벌 인재를 양성합니다.
» 의료·보건·재활·복지 분야에 공헌하고, 작업 치료 발전을 이끌 수 있는 작업치료사를 양성합니다.

환자에게 도움을 주는 좋은 치료는 머리로 하는 것이 아니라 가슴으로 한다고 합니다. 그러므로 다른 사람의 아픔과 어려움에 대해 이해하고 공감하는 능력과 환자나 의료진들과의 협업을 위해 의사소통 능력과 대인관계 능력이 필요합니다. 작업치료자는 환자들이 치료 활동에 자발적으로 참여할 수 있도록 작업과 환경을 분석하고, 다양한 활동을 제시할 수 있어야 합니다. 따라서 이해심이 많고 남을 배려할 줄 알며, 세심한 분석력과 통찰력이 필요합니다.

작업 치료 전공을 통해 자아를 실현하고자 하는 사람, 치료를 통해 환자의 기능 활동이 증진되는 것을 보람과 자부심으로 여기는 사람에게 적합합니다. 모든 일에 최선을 다하는 열정과 도전 정신을 가지고, 융통성 있는 사고를 할 줄 알며, 건강 및 체력에 자신이 있고, 책임감이 강한 사람에게 적합합니다. 다양한 환경에 대한 적응력과 기초 과학에서 응용과학까지 다양하고 방대한 학문을 꾸준히 학습할 수 있는 인내심과 끈기, 적극성이 요구됩니다.

관련 학과는?

작업치료과, 언어치료학과, 언어치료청각재활학과, 언어재활심리학과, 언어청각치료학과, 언어재활심리학과, 재활건강증진학과, 재활보건학과, 재활상담학과, 재활심리학과, 재활의료공학과, 재활치료학부, 스포츠재활학과, 스포츠재활의학과 등

진출 직업은?

물리치료사, 작업치료사, 특수교사, 사회복지사, 임상심리사, 중독치료사, 예술치료사, 언어치료사, 놀이치료사, 음악치료사, 미술치료사, 청능치료사, 스포츠트레이너 등

주요 교육 목표

작업 치료 지식과 품성을
지닌 인재 양성

- -

자신의 가치를 창출하는 인재 양성

- -

다양한 변화를 주도하는 인재 양성

- -

작업 치료 분야의 윤리적
사명감을 지닌 인재 양성

- -

작업 치료의 경쟁력을 갖춘 인재 양성

- -

국제화 시대에 맞춘 글로벌 인재 양성

취득 가능 자격증은?

- ☑ 작업치료사
- ☑ 사회복지사
- ☑ 물리치료사
- ☑ 발달재활사
- ☑ 인간공학기사
- ☑ 보조공학사
- ☑ 인지활동지도사
- ☑ 노인활동지도사
- ☑ 산업건강관리사
- ☑ 감각발달재활사
- ☑ 재활승마지도사
- ☑ 산림치유사
- ☑ 아동발달전문가
- ☑ 아동인지발달치료사
- ☑ 치매전문작업치료사
- ☑ 정신보건작업치료사
- ☑ 가정방문작업치료사
- ☑ 중등학교 2급 정교사(특수) 등

추천 도서는?

- 사람중심 작업치료
  (한미의학, Gary Kielhofner, 이선옥 역)
- 미술치료의 이해(영남대학교출판부, 김갑숙 외)
- 감각통합놀이(소울하우스, 석경아 외)
- 학교에는 작업치료가 필요합니다
  (케렌시아, 나카마 치호, 지석연 역)
- 아동작업치료
  (계축문화사, 대한아동 학교작업치료학회)
- 나의 작업치료, 당신의 직업(부크크, 장윤호 외)
- 가정에서 할 수 있는 인지재활 프로젝트
  (군자출판사, 김미현 외)
- 작업치료사를 위한 임상지침서(수문사, 박수현)
- 궁금해요! 작업치료사
  (학지사메디컬, 연세대학교 작업치료학과 편집위원회)
- 작업치료사를 위한 운동치료학(에듀팩토리,
  작업치료학과 교재개발위원회)
- 작업 치료에 관한 10가지 생각(부크크, 김재욱)
- 작업 치료의 이해(범문에듀케이션, 오명화)
- 정의란 무엇인가?
  (와이즈베리, 마이클 샌델, 김명철 역)
- 0.1그램의 희망(랜덤하우스코리아, 이상묵 외)
- 강신주의 감정 수업(민음사, 강신주)
- 어느 자폐인 이야기(김영사, 템플 그랜딘, 박경희 역)
- 작업 치료를 고민하는 당신에게
  (부크크, 김재욱)

학과 주요 교과목은?

기초 과목	인체해부학, 의학용어, 생리학, 기능해부학, 재활치료의 심리학적기초, 신경해부학, 인체검사학, 임상신경학, 재활의학, 인체운동학, 아동발달학, 정신의학, 의료법규 및 행정, 공중보건학, 연구방법론 등
심화 과목	작업치료학개론, 치료적작업응용, 작업수행분석, 임상작업치료평가, 운동치료학, 아동작업치료학, 학교작업치료, 보조기 및 의지학, 감각통합치료, 신경계작업치료학, 근골격계작업치료학, 노인작업치료학, 정신사회작업치료학, 지역사회작업치료학, 일상생활활동, 직업재활, 운전재활, 환경과 재활보조공학, 작업치료임상실습 등

졸업 후 진출 분야는?

기업체	의료 기기 관련 회사, 산업체 건강 관리실, 근로복지공단, 공단 병원, 장애인·노인 복지관, 재활 센터, 사설 치료 기관, 주간 보호 센터, 직업 훈련 센터, 의료 기기 관련 회사 등
연구 기관	종합 병원, 대학 병원, 재활 병원, 요양 병원, 산재 병원, 치매 지원 센터, 아동 발달 연구소, 보조 공학 센터, 특수 교육 지원 센터 등
정부 및 공공 기관	보건직 공무원, 의료기술직 공무원, 보건소, 복지관, 한국장애인고용공단, 근로복지공단, 국민건강보험, 광역 치매 센터, 광역 보조 공학 센터 등

🔍 전공 관련 선택 과목은?

▶ 국어, 영어 교과는 모든 학문의 기초적인 성격을 가진 도구교과로 모든 학과에 이수가 필요하여 생략함.

수능 필수	화법과 언어, 독서와 작문, 문학, 대수, 미적분Ⅰ, 확률과 통계, 영어Ⅰ, 영어Ⅱ, 한국사, 통합사회, 통합과학, 성공적인 직업생활(직업)		
교과군	선택 과목		
	일반 선택	진로 선택	융합 선택
수학, 사회, 과학	대수, 미적분Ⅰ, 확률과 통계, 현대사회와 윤리, 생명과학	미적분Ⅱ, 윤리와 사상, 인문학과 윤리, 세포와 물질대사, 생물의 유전	윤리문제 탐구, 융합과학 탐구
체육·예술	체육1, 체육2	운동과 건강, 스포츠 과학	
기술·가정/정보			
제2외국어/한문			
교양		인간과 심리, 보건	

학교생활기록부 관리는?

출결 사항	• 미인정(무단) 출결 사항이 없도록 관리하세요. 미인정(무단) 결석 등이 있으면 학교생활 충실도나 인성, 성실성 영역에서 부정적인 평가를 받을 가능성이 높아요.
자율·자치활동	• 다양한 교내외 활동을 통해 자신의 장점이나 자신이 한 활동 내용과 그 활동을 통해 배우고 느낀 점, 활동 후의 변화된 자신의 모습 등이 드러나도록 하세요. • 작업치료학 분야에 대한 관심과 흥미를 바탕으로 공동체 의식, 나눔과 배려, 협업 능력, 대인관계 능력 등이 드러나도록 하세요.
동아리활동	• 작업치료학 및 의료, 봉사 관련 동아리 활동에 참여하여 작업치료사가 갖추어야 할 인성, 협업 능력, 자기 주도성 등이 드러나도록 하세요. • 동아리 가입 동기, 진로에 동아리 활동이 미친 영향, 동아리 내 자신의 역할, 동아리 활동으로 변화된 자신의 모습, 전공과 관련된 자기 계발 경험 등 구체적인 활동 내용이 기록되도록 하세요. • 학교내에서 타인을 위해 할 수 있는 지속적인 봉사 활동을 하세요. • 학교에서 주관하는 장애인, 다문화 가정 학생 돕기, 양로원 봉사 활동 등 사회 소외 계층을 대상으로 하는 봉사 활동을 하세요.
진로 활동	• 작업 치료 관련 학과 및 직업에 대한 정보 탐색 활동을 권장해요. • 작업 치료 등 관련 학과에 대한 체험 활동을 권장해요. • 작업 치료 분야의 진로 탐색 활동을 통해 진로 역량, 전공 적합성, 발전 가능성 등이 드러나도록 하세요.
교과학습발달 상황	• 작업 치료와 관련 있는 수학, 물리학, 화학, 생명과학, 사회, 체육 교과의 학업 성취도를 올릴 수 있도록 관리하고, 수업 활동에서 학업 수행 역량, 전공 적합성, 진로에 대한 열정 등이 드러나도록 하세요. • 공동 과제 수행, 모둠 활동, 단체 활동 등에서 타인의 의견을 경청하고, 자신의 생각이나 의견을 논리적·체계적으로 표현한 경험, 새로운 지식을 적극적으로 습득한 경험 등이 드러나도록 하세요.
독서 활동	• 작업치료학, 의학, 물리학, 생명, 화학, 예술, 인문학, 철학, 심리학, 역사학 등 다양한 분야의 독서 활동을 통해 융합적 소양을 키우세요. • 관심 전공 분야에 대한 진학 의지, 지식수준, 지적 호기심 등이 드러나도록 독서 활동을 하세요.
행동 발달 특성 및 종합 의견	• 자신의 발전 가능성, 전공 적합성, 인성, 학업 능력, 창의력, 자기 주도적 학습 능력, 문제 해결 능력, 변화된 모습 등이 드러나도록 하세요. • 학교생활에서 경험의 다양성, 성실성, 나눔과 배려, 학업 태도와 학업 의지에 대한 장점이 기록되도록 관리해야 해요.

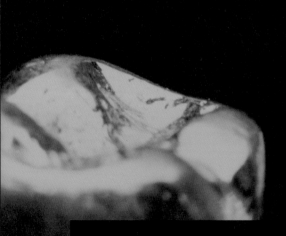
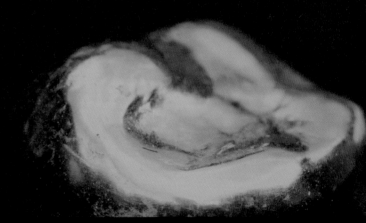

치과기공사란?

치아는 인간의 몸에서 없어서는 안 될 매우 중요한 부위입니다. 인간의 치아는 유치가 빠지고 영구치가 난 후에는 치아가 빠지거나 부러져도 다시 나지 않으며, 썩은 부위도 다시 정상으로 회복되지 않습니다. 그래서 치아의 썩은 부위는 파내고 적당한 물질로 채워 넣거나 치아가 빠진 부위는 인공 치아를 만들어 끼워 넣는 작업을 하게 됩니다.

치과기공학은 크게 심미 분야와 기능 분야로 나뉩니다. 심미 분야는 치아의 모양이나 색깔 등 치아의 앞부분을 주로 다루는 분야로, 치아 미용에 목적을 두고 있습니다. 기능 분야는 치아가 음식물을 씹을 수 있는 기능에 중점을 두어 다루는 분야로, 틀니, 임플란트와 같은 보철물을 제작하는 것에 목적을 두고 있습니다.

처음에는 치과 진료, 의료적 처치, 금니나 틀니 같은 치과 보철물 제작 등을 모두 치과의사가 맡아 작업했습니다. 그러다 보니 치사의사

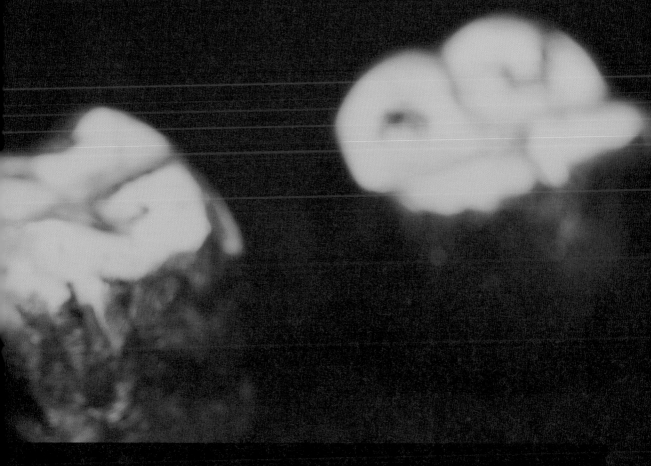

치과기공사

치기공학과

의 업무 부담이 커서 결국 보철물을 만드는 작업만 따로 떼어 치과기공사라는 직업이 생겨나게 되었습니다. 치과기공사는 치과의사의 의뢰에 따라 다양한 형태와 재료로 인공 치아, 치아 장치, 교정 장치 등을 제작하거나 수리·가공 등의 업무를 하는 직업입니다.

치과기공사는 상실된 치아 또는 주위 조직의 기능과 외관을 회복시키기 위해 치과에서 보내온 환자의 치아 석고 모형을 이용해 구강 내에 장착할 보철물을 제작합니다. 제작하는 보철물로는 일반적으로 금니, 세라믹 치아, 부분 틀니, 전체 틀니, 임플란트, 브릿지, 교정 장치, CAD/CAM을 이용한 보철물 등이 있습니다. 치과기공사는 의료 기사 중에서 유일하게 병원이 아닌 치과기공소라는 별개의 사업체에 근무하는 경우가 대부분입니다. 치과기공소는 치과의사에게 직접 보철물 제작을 의뢰받아 운영되기 때문에 간판을 달지 않거나 출입구에 작은 간판만 있는 등, 소규모로 운영되는 경우가 대부분입니다.

치과기공사가 하는 일은?

　　치과기공사는 치과의사의 진단에 따라 구강이 정상적인 기능을 할 수 있도록 치과 보철물 및 장치물을 제작합니다. 치과 보철물을 제작하거나 수리·가공할 때에는 환자의 저작(음식을 씹고 부수는 일), 발음, 심미(아름다움) 기능에 이상이 없도록 구강 내의 물리적·생리적 조건을 고려합니다.

　　치과기공사는 업무 특성상 제조하는 일을 주로 합니다. 모형 제작, 주조 과정, 연마 과정 중에 분진과 소음이 많이 발생합니다. 다른 분야의 의료 기사와 비교하면 작업 환경이 미흡한 편이지만, 최근에는 치과 기공 장비 기술의 발전과 디지털화된 첨단 장비의 보급으로 작업 환경이 많이 개선되고 있습니다.

> » 제작하려는 치과 보철물의 디자인을 결정하기 위해 처방전이나 설계 명세서를 읽고, 모델과 인상체를 관찰합니다.
> » 인상체에 석고를 주입하고 경화시켜서 환자의 구강을 재현한 모델을 만듭니다.
> » 모델의 기능성을 평가하기 위해 환자 악골의 저작과 운동을 재현한 장치물에 작업 모형을 장착시킵니다.
> » 치과의사의 설계 명세서나 관찰한 정보를 이용해 왁스 치아를 만듭니다.
> » 치과 보철물이나 장치물을 만들기 위해 금속을 녹이거나 석고, 도재 또는 아크릴 분말을 혼합한 후 그것들을 틀에 붓습니다.
> » 금속 구조물 위의 도재를 굽기 위해 새로 만들어진 치아를 도재로에 집어넣습니다.
> » 의치, 관교 의치, 교정 장치와 같은 치과 보철물을 제작·교환·수리합니다.
> » 과잉 금속이나 도재를 제거한 후 폴리싱 기계를 이용하여 보철물이나 구조물의 표면을 연마하고 광택을 냅니다.
> » 보철물이 의뢰서와 일치하는지, 제대로 맞는지 정확도를 시험합니다.
> » 치과 보철물 및 충전물 제작·수리에 사용되는 도구나 재료, 장비 등을 관리합니다.

Jump Up

의료장비기사에 대해 알아볼까요?

의료장비기사는 병원에서 환자를 진료하는 데 사용되는 각종 의료 장비의 성능을 개선하거나 새로운 장비를 연구·개발하고, 보수·유지 업무를 담당해요. 의료 장비를 적절한 장소에 설치하고, 의료 기기에 대한 예방 정비, 안전 점검 및 신규 도입 기기에 대한 설치 가동부터 폐기할 때까지의 성능 관리와 의료 기기 사용자 교육을 담당해요. 사용 중인 장비에 이상이 발생할 경우 고장 난 부분을 찾아내고 부품을 교체하거나 수리해요.

의료장비기사는 의료 기기의 구조 및 원리를 이해할 수 있는 예리한 관찰력과 신속한 판단력, 분석력이 필요해요. 의용공학과, 의공학과, 의료공학과, 전기과, 전자과, 기계과 등을 전공하고 관련 자격증(의공기사, 전기·전자·제어계측계열 기사 등)을 취득한 후 관련 분야로 진출할 수 있어요.

치과기공사 커리어맵

치과기공사

준비방법
- 수학, 물리학, 화학, 생명과학, 사회, 미술 교과 역량 키우기
- 치과 병원이나 보건소 주관 봉사 활동
- 치과기공사 관련 직업 체험 활동
- 의학, 물리학, 생명과학, 화학, 미술, 심리학 등 다양한 분야 독서
- 미술적 소양 키우기

관련기관
- 대한치과기공사협회 www.kdtech.or.kr
- 대한지과기공학과 soci.kdtech.or.kr
- 한국보건의료인국가시험원 www.kuksiwon.or.kr

관련학과
- 치기공과
- 치기공학과

관련직업
- 치과의사
- 치과위생사
- 보건직 공무원
- 의료장비기사
- 의료장비기술영업원

흥미유형
- 예술형
- 관습형

관련교과
- 수학
- 사회
- 과학
- 미술

적성과 흥미
- 대인관계 능력
- 협업 능력
- 수학, 물리학, 화학, 생명과학, 사회, 보건, 미술 교과에 대한 흥미
- 강인한 체력
- 관찰력
- 손재능
- 창의력
- 상담 능력
- 봉사 정신
- 서비스 정신
- 예술적 감각
- 집중력과 정확성
- 순발력

관련자격
- 치과기공사
- 3D프린팅마스터
- 치과코디네이터
- 보건교육사

치과기공사의 주된 업무인 치과 보철물 제작은 환자의 저작·발음·심미 기능에 이상이 없도록 구강 내 물리적·생리적 조건을 최우선적으로 고려하되, 과학적인 사고력과 예술성이 가미된 기술력을 요구하는 작업입니다. 따라서 물건을 정교하게 만들 수 있는 손재주가 있거나 미적 감각 및 디자인 감각이 있는 사람에게 적합한 직업입니다. 보철물은 음식물을 씹는 데 도움을 주고, 얼굴 모양에도 직접적인 영향을 미치기 때문에 숙련된 손동작으로 정확하게 만들어야 합니다. 보철물을 만든다는 것은 새로운 모양을 창조하는 게 아니라 진짜 치아를 모방하는 것이므로 치아의 색도 고려해야 하기 때문에 완벽하게 모방하는 기술이 필요합니다.

치과기공사는 기계 및 장비를 잘 다루고, 시력이 좋은 사람에게 유리하며, 업무를 수행함에 있어 정확성과 집중력이 요구됩니다. 관찰력이 뛰어나야 하고, 물체를 입체적으로 생각할 수 있는 공간 지각 능력이 필요하며, 차분하고 꼼꼼한 성격을 지닌 사람에게 적합합니다. 업무 특성상 오랜 시간 동안 작업을 해야 하기 때문에 지구력과 강한 체력을 갖추어야 하고, 치과의사, 치과위생사 등과 협업을 하므로 대인관계 능력과 협동심이 필요합니다. 서비스 정신, 순발력, 성취감, 의사소통 능력, 영업 마인드, 경영 철학 등도 요구되고, 관습형과 예술형의 흥미를 가진 사람에게 적합합니다.

치과기공사에 관심이 많다면 수학, 물리학, 화학, 생명과학 등 기초과학 관련 교과에 대한 기본 지식을 습득하는 데 노력해야 합니다. 기본 체력을 기르는 데 노력해야 하고, 미적 감각 및 디자인 감각과 의사소통 능력을 키우기 위한 각종 프로그램에 참여하는 것을 권장합니다.

치과기공사

커리어맵

➜ 관련 학과: 치기공학과, 치기공과 등

➜ 관련 자격증: 치과기공사, 3D프린팅마스터, 치과코디네이터, 보건교육사 등

Jump Up

보철물을 만드는 과정에 대해 알아볼까요?

① 보철물이 들어갈 자리만큼 치아를 갈아 낸 후 부드러운 물체로 치아의 본을 떠요. 본에 석고를 부어 치아와 똑같은 모양의 석고 모형을 만들어요.

② 석고 모형을 이용해 금, 은, 세라믹, 금속 등 다양한 재료로 치아가 빠진 자리에 넣는 보철물을 만들어요.

③ 표면을 매끄럽게 하는 등 손으로 정교하게 다듬으면 보철물이 완성돼요.

④ 완성된 보철물이 처음 석고 모형과 정확히 일치하는지 확인한 후 의뢰한 치과로 보내요.

진출 방법은?

치과기공사는 전문 대학이나 4년제 대학에서 치기공학을 전공한 후 한국보건의료인국가시험원에서 시행하는 치과기공사 국가 자격시험에 합격해야 합니다. 치과기공사 자격시험은 매년 말에 시행되며, 응시 자격은 치과기공과 졸업자에게만 주어집니다.

응시하려면 우리나라의 3년제 또는 4년제 대학에서 치과기공과를 졸업하거나, 보건복지부장관이 인정하는 외국의 치과기공학 관련 교육 과정을 이수하고, 치과기공사 관련 면허를 취득해야 합니다. 그후 국가시험에 합격하고, 면허를 발급받아야 치과기공사로 일할 수 있습니다. 졸업 예정자라도 학점이 부족하거나 다른 사유로 졸업이 불가능해지면 자격시험에 합격하더라도 합격이 취소됩니다.

종합 병원, 대학 병원, 일반 치과 병·의원의 치과기공실, 치과기공소 등에서 근무합니다. 해외의 치과기공소, 치과 재료 업체, 치과 장비 업체 등에도 진출 가능하며, 본인이 직접 치과기공소를 개업할 수 있습니다. 종합 병원 및 대학 병원의 치과기공실이나 대형 치과기공소 또는 치과 기자재 업체 등에 근무할 경우에는 주로 호봉 승급에 따라 승진하지만, 대부분의 치과기공소는 1~2인이 근무하는 소규모 사업장이므로 승진 체계가 없습니다. 기사는 업무에 따라 보조 기사, 일반 기사 또는 주임 기사로 구분되고, 직무 능력에 따라 보수가 정해집니다. 우리나라 치과기공사는 섬세한 솜씨와 실력을 인정받아 해외로 진출하는 경우가 증가하고 있습니다. 치과기공사는 새로운 기술을 배우기 위해 1년에 8시간씩 의무적으로 직무 교육을 받아야 합니다.

관련 직업은?

치과의사, 치과위생사, 보건직 공무원, 의료장비기사, 의료장비기술영업원 등

미래 전망은?

생활 수준이 향상되고 평균 수명이 길어지면서 구강 건강에 대한 관심이 증가하고 있습니다. 치아 치료뿐만 아니라 예방 차원에서의 검진이 증가하였으며, 건강 관리와 외모에 대한 관심이 증가하여 치아 교정에 대한 수요가 증가하고 있습니다. 또한 노인들의 틀니와 임플란트 비용까지 건강 보험 범위가 확대되고 있고, 해외 치과 기공물 수주 확대 및 치과 기공 산업의 국가적 육성 정책이 시행되면 치과기공사 인력에 대한 수요가 증가되어 취업의 기회가 확대될 것으로 전망됩니다. 또한 치과기공사 중 IT 전문 기술을 갖춘 인력에 대한 수요가 빠르게 성장하고 있는 점도 전망을 밝게 하고 있습니다.

정보 통신 기술의 발달로 최근 치과 기공 분야에도 3차원 설계 데이터를 기반으로 하는 3D 프린팅 기술이 빠른 속도로 보급되면서 치기공학 분야에도 다양한 기술이 개발되어 보급되고 있습니다. 또한 앞으로는 3D 프린트를 이용한 치아 모형 제작과 CAD 소프트웨어를 이용한 보철물 디자인 및 CAM 작업을 통한 보철물 제작이 일반화될 것으로 예측됩니다. 하지만 아직까지는 기계가 치아의 민감한 부위까지 세심하게 다룰 수 없어 반드시 사람의 손을 거쳐야 한다는 점도 인식해야 합니다.

그러나 치기공학 분야의 기술 개발로 인한 정밀 기기의 도입과 치과 기공 장비의 디지털화는 제작 공정을 자동화시켜 치과기공사 고용 감소의 원인으로 작용한다는 것도 알아야 합니다.

치기공학과
치과기공사 전공 분석

어떤 학과인가?

치기공학은 치아 및 주위 조직과 악안면 부위의 결손·손상된 부위의 기능을 인위적으로 회복하는 치과 보철물과 부정 교합을 치료하는 교정 장치물에 대한 이론과 실기를 다루는 치과 의료 분야의 학문입니다.

치기공학 분야는 크게 치의학 분야와 치과학 분야로 나눌 수 있습니다. 치의학 분야는 치아 형태와 기능 등을 파악하기 위한 구강해부학, 치아형태학, 교합학개론, 치과재료학 등을 다루고, 치과학 분야는 사용되는 재료의 물리적·화학적 특징을 파악하고, 보철 장치 및 교정 장치의 설계와 제작에 관한 내용을 다룹니다.

치기공학과에서는 치기공학 전공 이론에 관한 이해와 더불어, 섬세하고 숙련된 치과 보철물과 교정 장치물 제작에 능숙한 전문 기술인을 양성합니다. 치과 질환의 치료와 구강 내 치아나 지지 조직 결손부의 기능 회복을 목적으로 사용되는 각종의 치과 보철물과 치과 장치물을 제작하는 치과기공사를 양성합니다.

교육 목표와 교육 내용은?

현대인의 평균 수명 연장과 치과 의술의 발전으로 인해 치과 기공 분야도 빠르게 발전하고 있으며, 치과 의료 환자들의 요구도 나날이 증가하고 있습니다. 따라서 높은 수준의 정밀성과 심미성을 구현할 수 있는 지식과 기술을 겸비한 치과기공사를 필요로 하고 있습니다. 치기공학과에서는 치과 기공에 관한 전문 이론 교육과 심미적인 치과 보철 기공물 및 가철성 치열 교정 장치의 제작, 수리 등에 대한 실무 능력을 배양시켜 국민 구강 보건에 기여할 수 있는 최고의 치과기공사 양성을 목표로 합니다.

학과에 적합한 인재상은?

치기공학은 과학적인 사고력과 미술적인 감각이 조화를 이루어야 하는 학문입니다. 치기공학을 전공하려면 위생과 건강 및 보건에 대한 관심과 생명과학, 화학, 물리학 등 기초 과학 교과에 대한 관심과 흥미가 있으면 좋습니다. 그림 그리기 등 미술적 재능을 갖추고, 손으로 만들기를 좋아하거나, 눈썰미가 있고, 손재주가 있는 사람에게 적합합니다.

» 국민 구강 보건 사업에 종사할 수 있는 유능한 치과기공사를 양성합니다.
» 국민 구강 보건 증진에 기여할 치과 기공 전문성과 국제 경쟁력을 갖춘 유능한 치과기공사를 양성합니다.
» 올바른 가치관과 윤리 의식을 확립하여 책임 있는 사회의 일원으로서 신뢰받는 치과기공인을 양성합니다.
» 원만한 대인 관계를 형성하고 상호 소통을 통한 협업 능력을 지닌 인재를 양성합니다.

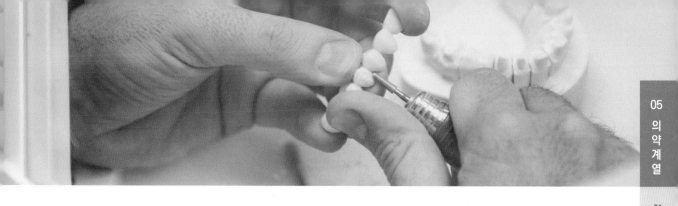

자연이나 사물에 대한 관찰력이 예리하고, 물체를 입체적으로 볼 수 있는 공간 지각 능력과 오랜 시간 동안 앉아서 작업할 수 있는 지구력과 집중력이 필요합니다. 치과 보철물을 만들 때 일어날 수 있는 문제를 통합적으로 분석할 수 있는 분석력과 논리적 사고력, 문제를 효과적으로 해결할 수 있는 문제 해결 능력이 필요합니다. 작업 과정 동안 섬세하고 꼼꼼하게 인내하며 작업할 수 있는 성실성도 필요합니다.

인간의 다양성을 이해하고, 가족의 치아를 만든다는 마음가짐으로 치과 보철물을 만드는 직업의식과 윤리 의식이 필요하며, 나아가 국민 구강 건강에 기여한다는 봉사 정신을 지녀야 하고, 공동체 의식을 가지고 나눔과 배려를 실천하며, 사람들과 소통하기를 좋아하고, 공감 능력이 뛰어난 사람에게 적합합니다.

치과 기공 현장에서의 실무 능력이 뛰어나고, 치과 의료 산업의 개발과 발전에 기여하겠다는 마음가짐을 지닌 사람에게 적합합니다.

주요 교육 목표

유능한 치과기공사 양성

융복합 사회에 기여하는
창조적인 인재 양성

지역 사회에 헌신할 수 있는 인재 양성

전문성과 국제 경쟁력을 갖춘
인재 양성

올바른 가치관과 윤리 의식을
확립한 인재 양성

소통을 통한 협업 능력을 지닌
인재 양성

관련 학과는?

치기공과 등

진출 직업은?

치과기공사, 보건직 공무원, 의료장비기사, 의료장비기술영업원, 국제의료관광코디네이터, 치과보철상담사, 치과서비스코디네이터, 치과코디네이터, 보건교육사 등

취득 가능 자격증은?

☑ 치과기공사
☑ 국제의료관광코디네이터
☑ 3D프린팅마스터
☑ 치과코디네이터
☑ 보건교육사
☑ 의지보조기기사 등

추천 도서는?

- 슬기로운 어린이 치과 생활(클라우드나인, 박소연)
- 뇌 노화를 멈추려면 35세부터 치아 관리 습관을 바꿔라(갈매나무, 하세가와 요시아, 이진원 역)
- 잘못된 치아 관리가 내 몸을 망친다
  (스타리치북스, 유종일)
- 치아건강과 구강관리(아트하우스, 한유나)
- 치기공사를 위한 디지털 멘티스트리(북랩, 남나은)
- 어느 치과기공사의 수기(북랩, 김근삼)
- 나의 직업은 치과기공사(살렘, 이푸름)
- 명함도 없이 일합니다(마누스, 지민재)
- 내 평생 이빨 한 가마(휴앤스토리, 박용완)
- 치과의사도 모르는 진짜 치과 이야기(에디터, 김동오)
- 치과영어 A to Z(글로메디스, 김동석)
- 우리 동네 2등 치과 만들기(헤세의서재, 이다혜)
- 무엇이든 물어보세요! 치과진료 QA
  (군자출판사, 김영균 외)
- 난생처음 치과진료(군자출판사, 윤지혜 외)
- 우리아이 치아건강(헤지원, 장영석)
- 잘못된 치아 관리가 내 몸을 망친다
  (스타리치북스, 윤종일)
- 치과의사는 입만 진료하지 않는다
  (정다와, 아이다 요시테루, 유난영 역)
- 당신의 턱관절은 안녕하십니까?
  (건강신문사, 한만형)
- 백세 치아(메이드마인드, 김문섭)

학과 주요 교과목은?

기초과목	치아형태학, 치아형태학실습, 재료과학, 응용치과재료학, 치아재료학, 치과재료학실습, 구강해부학, 구강보건학, 치기공실무영어, 의료법규, 치과기공학개론, 미학개론, 치의학용어 등
심화과목	관교의치기공학, 교합학개론, 국부의치기공학, 국소의치기공학, 심미치과학, 어테치먼트기공학, 치과매식기공학, 치과교정기공학, 치과기공소인테리어, 치과주조학, 치주학, 치과기기학, 치과도재기공학, 심미치과기공학, 매식의치기공학, 악안면보철기공학, 임플란트기공학, 충전기공학, 총의치기공학, 치과도재기공학, CAD활용실습 등

졸업 후 진출 분야는?

기업체	치과기공소, 대학 병원 치과기공실, 종합 병원 치과기공실, 개인 병·의원 치과기공실, 치과 재료 제조 업체, 치과기기 제조 업체, 치과 재료 유통 업체, 의료 기기 개발·제조 및 판매 업체, 의료 기기 수출입 업체, 전기·전자 관련 업체, 의료 정보 영상 기기 개발 업체 등
연구 기관	의료 기기 관련 연구소, 전기·전자 관련 연구소, 구강 보건 관련 연구소 등
정부 및 공공 기관	보건직 공무원, 의료기술직 공무원, 보건소 등

🔍 전공 관련 선택 과목은?

▶ 국어, 영어 교과는 모든 학문의 기초적인 성격을 가진 도구교과로 모든 학과에 이수가 필요하여 생략함.

수능 필수	화법과 언어, 독서와 작문, 문학, 대수, 미적분 I, 확률과 통계, 영어 I, 영어 II, 한국사, 통합사회, 통합과학, 성공적인 직업생활(직업)		
교과군	선택 과목		
	일반 선택	진로 선택	융합 선택
수학, 사회, 과학	대수, 미적분 I, 확률과 통계, 물리학, 생명과학	미적분II, 물질과 에너지, 화학반응의 세계, 세포와 물질대사, 생물의 유전	융합과학 탐구
체육·예술			
기술·가정/정보		로봇과 공학세계	
제2외국어/한문			
교양		인간과 심리, 보건	

학교생활기록부 관리는?

출결 사항	• 미인정(무단) 출결 사항이 없도록 관리하세요. 미인정(무단) 결석 등이 있으면 학교생활 충실도나 인성, 성실성 영역에서 부정적인 평가를 받을 가능성이 높아요.
자율·자치활동	• 다양한 교내외 활동을 통해 자신의 장점이나 자신이 한 활동 내용과 그 활동을 통해 배우고 느낀 점 등이 드러나도록 하세요. • 치기공학 분야에 대한 관심과 흥미를 바탕으로 관련 분야를 이해하기 위해 노력하는 과정과 인성, 나눔과 배려, 협업 능력, 대인관계 능력 등이 드러나도록 하세요.
동아리활동	• 치과기공사, 봉사 관련 동아리 활동에 참여하여 치과기공사가 갖추어야 할 인성과 협업 능력, 자기 주도성 등이 드러나도록 하세요. • 동아리 가입 동기, 진로에 동아리 활동이 미친 영향, 동아리 내 자신의 역할, 동아리 활동으로 변화된 자신의 모습, 전공과 관련된 자기 계발 경험 등 구체적인 활동 내용이 기록되도록 하세요. • 학교내에서 타인을 위해 할 수 있는 지속적인 봉사 활동을 하세요. • 학교에서 주관하는 장애인, 다문화 가정 학생 돕기, 양로원 봉사 활동 등 사회 소외 계층을 대상으로 하는 봉사 활동을 하세요.
진로 활동	• 치과기공학 관련 직업의 정보 탐색 및 직업 체험 활동을 권장해요. • 치과기공학 분야의 진로 탐색 활동을 통해 진로 역량, 전공 적합성, 발전 가능성 등이 드러나도록 하세요.
교과학습발달 상황	• 치기공학과 관련 있는 수학, 물리학, 화학, 생명과학, 미술 교과에서 학업 성취도를 올릴 수 있도록 관리하고, 수업 활동에서 학업 수행 능력, 전공 적합성, 진로에 대한 열정, 자기 주도적 학습 능력, 의사소통 능력, 창의적 문제 해결 능력, 도전 의식, 문화적 소양 등이 드러나도록 하세요.
독서 활동	• 인문학, 철학, 심리학, 역사학 등 다양한 분야의 책을 읽으세요. • 치과, 치기공학, 물리학, 생명, 화학 등 치기공학 관련 분야의 독서 활동을 통해 융합적 소양을 키우도록 하세요.
행동 발달 특성 및 종합 의견	• 학업 능력, 전공 적합성, 발전 가능성, 창의력, 문제 해결 능력, 협업 능력 등이 드러날 수 있도록 하세요. • 학교생활에서 자기 주도성, 경험의 다양성, 성실성, 나눔과 배려, 학업 태도와 학업 의지에 대한 장점이 기록되도록 관리해야 해요.

치과위생사 관련 용어에 대해 알아볼까요?

▶ 스케일링: 치아에 부착된 단단한 침착물이나 연성 침작불을 물리적으로 제거하여 치아 표면을 매끄럽고 광택 있게 하는 것으로, 침착물의 재부착을 방지할 목적으로 하는 예방법이에요.

▶ 불소 도포: 충치 예방에 효과가 있는 불소를 치아 전체에 발라줌으로써 충치가 쉽게 발생하지 않도록 막아 주는 예방법이에요.

치과위생사란?

치아 건강은 건강하고, 행복한 삶을 살아가는 데 매우 중요합니다. 대부분의 사람들은 정기적으로 치과를 방문해 건강하고 아름다우며 깨끗한 치아로 유지될 수 있도록 구강 질환 예방 및 치료, 침착물 제거, 교정, 미백 시술 등을 합니다. 이때 환자의 치아에 생긴 치석이나 치아에 붙어 있는 침착물을 제거하는 사람이 바로 치과위생사입니다. 치과위생사라는 직업은 100년이 넘는 역사를 가지고 있습니다. 치과위생사는 1913년 미국의 '알프레드 폰즈'가 치위생 교육 기관을 설립하면서 처음 생겨났습니다. 최초의 치과위생사는 폰즈 박사의 조카이자 조수인 '아이린 뉴먼'이며, 폰즈 박사에게서 예방 치과 처치와 구강 보건 지도를 교육받으면서 최초의 치과위생사가 되었습니다.

치과위생사는 지역 주민과 치과 질환을 가진 사람을 대상으로 구강 보건 교육, 예방 치과 처치, 치과 진료 협조 및 경영 관리를 지원하

치과위생사
치위생학과

여 국민의 구강 건강 증진에 기여하는 전문 직업입니다. 우리나라의 '의료기사 등에 관련 법률 시행령' 제2조 제6항에서는 치과위생사의 업무 범위를 '치석 등 침착물 제거, 불소 도포, 임시 충전, 임시 부착물 장착·제거, 치아 본뜨기, 교정용 호선의 장착·제거, 그 밖에 치아 및 구강 질환의 예방과 위생에 관한 업무에 종사한다. 이 경우 의료법 제32조 제1항의 규정에 의한 안전 관리 기준에 적합하여 진단용 방사선 발생 장치를 설치한 보건 기관, 의료 기관에서 구내 진단용 방사선 촬영 업무를 할 수 있다.'라고 명시하고 있습니다.

치위생사는 면허를 받은 전문 직업인이며, 구강 질환의 예방과 관련한 전문적 지식을 갖춘 구강 건강 관리인으로서 교육적·임상적· 치료적 서비스를 제공하여 국민들의 구강 건강을 책임지는 직업입니다. 여성이 근무할 수 있는 좋은 환경과 근무 조건을 갖추고 있고, 인간의 구강 건강을 지킬 수 있다는 긍지를 통해 보람을 느낄 수 있는 직업입니다.

치과위생사가 하는 일은?

치과위생사는 국민의 구강 건강을 위해 영유아, 노인, 장애인, 임산부 등 전 국민들을 대상으로 한 공중 구강 보건 사업에 있어 중요한 역할을 하며, 치과 치료가 시작되기 전 교육과 진료 과정 중에 치과의사를 도와주고, 치료 후에는 유의 사항과 지속적인 관리 교육 등을 실시하여 효율적인 치과 진료가 이루어질 수 있도록 합니다.

치과위생사는 치아 스케일링 작업을 할 때나 의사를 도와 진료를 보조할 때 병원균에 노출될 위험이 있으므로 감염되지 않도록 예방에 신경을 써야 합니다. 또한 구강에서 튀어나오는 이물질이나 의료 기구에서 나오는 광선 등으로부터 눈을 보호해야 하기 때문에 마스크 및 보안경, 방사선 보호 장구 등의 장비를 착용해야 합니다.

> » 치과의사의 진료 및 치료를 보조하여 구강 관련 질환의 예방 및 치료, 구강 관리에 대해 안내합니다.
> » 환자들의 구강 상태를 관찰하거나 방사선 촬영을 통해 구강을 촬영하는 등 치과의사의 진료 및 수술을 보조합니다.
> » 구강 내에 붙어 있는 여러 가지 침착물을 제거하고, 치아 표면을 매끈하게 하여 치주 질환을 예방합니다.
> » 환자의 진료 기록을 관리하고, 환자의 치료 과정을 자세히 안내하며, 청결한 구강 상태를 유지하도록 안내합니다.
> » 치과 질병이 발생하지 않도록 미리 예방하고 처치하는 일을 합니다.
> » 치과 질병이 발생하지 않도록 불소를 도포하거나 치아의 홈을 메우고, 스케일링을 합니다.
> » 학교, 보건소에서 구강 질환이나 구강 상태에 따른 칫솔 선택 방법, 칫솔질 방법, 모자 구강 보건 교육, 식이 조절 등에 대해 교육합니다.
> » 치과 진료 장비를 소독하는 등 위생을 담당하며, 의료 보험을 청구하거나 치과에서 사용하는 물품을 관리합니다.
> » 치과 병원의 행정 관리와 환경 관리 등을 담당하기도 합니다.

Jump Up

치과코디네이터에 대해 알아볼까요?

생활 수준이 향상되고, 치아 건강에 대한 관심과 치아 관련 의료 서비스에 대한 요구가 증가하면서 고객에게 더 나은 편의를 제공하고자 치료 이외의 의료 서비스를 지원하는 전문 인력이에요.

각종 의료 상담과 치료 계획 관리, 환자에게 감성적 동기 부여, 고객과의 지속적인 유대 관계 형성 등 치과 환자에 대한 모든 서비스를 지원해요. 또한 보험 청구, 병원 실무 등을 통한 병원의 매출 수익 관리, 직원의 서비스 품질 평가와 교육, 병원 마케팅과 경영 등 병원 업무에도 관여해요.

치과위생사 커리어맵

관련기관
- 대한치과위생사협회 www.kdha.or.kr
- 한국보건치과위생사회 www.kdphs.org
- 한국보건의료인국가시험원 www.kuksiwon.or.kr

준비방법
- 수학, 물리학, 화학, 생명과학, 사회, 미술, 정보 교과 역량 키우기
- 치과 병원, 보건소 및 사회 복지 시설 봉사 활동
- 치과위생사 직업 체험 활동
- 치의학, 의학, 물리학, 생명, 화학, 심리학, 역사학, 인문학 등 다양한 분야 독서

관련자격
- 치과위생사
- 3D프린팅 마스터
- 치과건강보험청구사
- 치과서비스 코디네이터
- BLS 자격증
- 보건교육사
- 병원사무관리사
- 일반치과경영관리자
- 치과병의원코디 네이터
- 치과서비스 코디네이터

관련학과
- 치위생과
- 치위생학과
- 치기공과
- 치기공학과

흥미유형
- 현실형
- 관습형

관련교과
- 수학
- 사회
- 과학
- 기술·가정
- 정보
- 미술

치과위생사

적성과 흥미
- 대인관계 능력
- 협업 능력
- 수학, 물리학, 화학, 생명과학, 사회, 정보, 미술 교과에 대한 흥미
- 창의력
- 봉사 정신
- 서비스 정신
- 집중력과 정확성
- 순발력
- 외향적인 성격
- 언어 전달 능력
- 빠른 상황 판단력
- 정직성
- 책임감
- 정교하고 섬세한 손놀림

관련직업
- 임상치과위생사
- 관리치과위생사
- 치과건강보험청구원
- 건강보험심사원
- 구강위생용품 판매자
- 치과재료 판매자
- 치과코디네이터
- 보건직 공무원
- 공중구강보건치과위생사

적성과 흥미는?

치과위생사는 많은 사람을 상대하는 직업이다 보니 밝은 얼굴로 대화할 수 있는 외향적인 성격이면 좋습니다. 무엇보다도 아픈 환자에 대한 이해와 배려를 바탕으로 한 봉사 정신을 갖추어야 합니다.

의사나 동료 치과위생사들과 협업하여 일을 하기 때문에 대인관계 능력, 의사소통 능력, 사회성을 갖추어야 합니다. 업무 과정에서 의사나 환자가 무엇을 원하는지 빨리 파악하여 대처할 수 있는 집중력, 상황 판단력, 순발력 등이 필요합니다.

치위생에 관한 기초 지식이 있어야 하며, 병원, 학교, 지역 주민 센터 등에서 구강 관리를 위한 구강 보건 교육을 진행하므로 언어 전달 능력이 필요합니다.

구강은 공간이 좁기 때문에 작업할 때에는 정교하고 섬세한 손놀림과 세심하고 꼼꼼함, 정확성이 요구됩니다. 치과 의료 기기를 능숙하게 다룰 수 있는 기계 조작 능력도 요구됩니다. 현실형, 관습형의 흥미를 가진 사람에게 적합하며, 스트레스를 감내하거나 통제할 수 있는 사람에게 유리합니다.

치과위생사에 관심이 있다면 수학, 물리학, 화학, 생명과학, 사회, 미술 등의 교과에 대한 기본 지식을 습득하는 데 노력해야 하고, 미술적인 감각, 대인관계 능력, 의사소통 능력을 향상시킬 수 있는 프로그램에 적극 참여하는 것을 추천합니다.

치과위생사 커리어맵

관련 학과 및 자격증은?

➡ 관련 학과: 치위생과, 치위생학과, 치기공과, 치기공학과 등

➡ 관련 자격증: 치과위생사, 3D프린팅마스터, 치과건강보험청구사, BLS자격증, 보건교육사, 병원사무관리사, 일반치과경영관리자, 치과서비스코디네이터, 치과병의원코디네이터 등

Jump Up

관리치과위생사에 대해 알아볼까요?

치과위생사 및 보조 인력의 인사, 교육, 노무 등을 관리하고, 병원 경영에 참여하는 직업이에요. 치과 병원의 연간·월간 업무를 기획하고, 환자 의료 서비스, 병원 내 조직 활성화 교육 프로그램 등을 설계하고 실시해요. 치과위생사를 비롯한 인력의 채용, 교육 등 인사 관리에 참여하고, 치과위생사의 전문 영역별로 업무를 조정하기도 해요. 병원 시설과 장비의 관리, 환자 기록 관리 등 병원 경영에 참여하고, 업무에 대해 관련 부서와 협의하고, 치과 위생 및 치료 과정과 관련하여 환자와 상담해요.

진출 방법은?

치과위생사가 되려면 한국보건의료인국가시험원에서 매년 1회 시행하는 치과위생사 국가 자격시험에 합격한 후 보건복지부장관으로부터 면허를 발급받아야 합니다. 치과위생사 국가시험은 필기시험과 실기 시험으로 구분되는데, 필기시험 과목은 의료관계법규, 기초치위생, 치위생관리, 임상치위생 과목이 치러지고, 실기 시험으로는 치석제거 및 탐지능력 측정이 치러집니다.

치과위생사 시험의 응시 자격은 우리나라의 3년제 또는 4년제 대학에서 치위생(학)과를 졸업하거나, 보건복지부장관이 인정하는 외국의 치위생학 관련 교육 과정을 이수하고, 치과위생사 관련 면허를 취득한 자로 제한됩니다. 국가시험에 합격하고, 면허를 발급받아야 치과위생사로 일할 수 있습니다.

근무하는 치과 병·의원의 규모와 내부 규정에 따라 다르지만, 보통 3~5년을 근무하면 팀장, 다시 4~6년을 근무하면 실장으로 승진할 수 있습니다. 치과위생사는 대부분 치과 병원, 종합 병원, 보건소, 국공립 의료 기관 등으로 진출하고, 학교 구강 보건실, 구강 보건 연구 기관 및 관련 단체 등으로 진출하기도 합니다. 치위생 분야에서 경험을 쌓은 후에는 치과 병원 관리 및 경영을 담당하는 치과코디네이터(혹은 덴탈매니저)나 보건 의료 관련 분야의 병원서비스코디네이터로 활동하기도 하고, 치과건강보험청구원, 건강보험심사원, 구강위생용품판매자, 치과재료판매자 등으로 이직할 수도 있으며, 치과코디네이터 양성 강사, 치과 서비스 교육 강사, 대학교수 등 교육 분야로도 진출할 수 있습니다.

관련 직업은?

관리치과위생사, 공중구강보건치과위생사, 임상치과위생사, 치과건강보험청구원, 건강보험심사원, 구강위생용품판매자, 치과재료판매자, 치과코디네이터, 보건직 공무원 등

미래 전망은?

생활 수준 향상과 평균 수명 연장 등으로 행복하고 건강한 삶에 대한 관심이 높아지면서 구강 건강에 대한 관심 또한 높아져 치과 병원을 이용하는 사람들이 늘어나고 있습니다.

또한 국가의 구강 보건 정책이 치료 위주에서 예방 위주의 진료로 변화하면서 치아 예방 관련 처치와 구강 보건 교육을 담당하는 치과위생사에 대한 수요도 증가하고 있습니다. 최근에는 법률에 의해 치과위생사의 업무가 기존의 치석 제거, 불소 도포, 치아·구강 질환 예방 및 위생 업무에서 임시 충전, 임시 부착물 장착 및 제거, 치아 본뜨기, 교정용 호선의 장착 및 제거 등의 업무가 추가되어 늘어나면서 채용 증가 요인으로 작용하고 있습니다.

더불어 전문성을 높이기 위해 전문 치과위생사 제도를 도입하려는 움직임이 진행 중이고, 치위생학과 학제의 4년제화, 학교 구강 보건실 및 요양 기관의 치과위생사 의무 배치 등의 정책이 추진되고 있어, 치과위생사의 전망에 긍정적인 요소로 작용하고 있습니다. 최근에는 치과위생사의 어학 능력 향상과 해외 진출에 대한 기대로 인해 해외 취업이 가능해졌다는 점도 긍정적인 요소입니다.

치위생학과

치과위생사 전공 분석

어떤 학과인가?

의학 기술의 발달, 경제 수준의 향상, 식생활 변화 등의 요인은 치위생 분야에 많은 영향을 미치고 있습니다. 지역 사회의 구강 보건 활동과 더불어 예방 치과 분야에 대한 관심이 높아지면서 치위생학에 대한 관심도 증가하고 있습니다.

치위생학은 기초 의학에 대한 이해를 바탕으로 치아의 특성, 구강 조직, 치주 조직 등을 이해하기 위해 구강생리학, 치아형태학, 구강병리학 등의 치위생 기초 과학부터 임상 영역별 질병을 예방하고 치료하는 데 필요한 치과임상학, 치주학, 보존학, 구강병리학, 치과방사선학 등의 임상치위생학, 그리고 가정 및 지역 사회의 구강 건강 증진을 위한 구강보건교육학 등을 배우는 학문입니다.

치위생학과는 치과위생사의 업무 영역이 다양화·전문화되는 시대에 대응하기 위해서 임상 구강 위생과 치과 의료 관리, 공중 보건 영역의 실무 능력과 구강생물학, 치과임상학에 대한 기초 지식을 배우는 학과입니다. 국민의 구강 보건 향상을 위하여 구강 보건 교육, 예방 치과 처치, 치과 진료 협조, 경영 관리 지원을 담당하는 치의학 분야의 전문화와 함께 구강 보건 발전에 기여할 전문적·지도자적 역량을 갖춘 우수한 치과위생사를 양성하고 있습니다.

교육 목표와 교육 내용은?

초고령화 사회로 진입하면서 어떻게 하면 치아를 오랫동안 건강하게 유지하는지에 대해 사람들의 관심이 높아지고, 구강 교육의 중요성도 커지면서 치위생학과가 주목받고 있습니다. 치위생학과는 국민의 구강 보건 향상을 위해 구강 보건 교육 및 예방 처치 등 구강 건강에 관한 포괄적인 업무를 수행할 수 있도록 기초 이론과 기술을 습득시켜 현장 실무 능력을 갖춘 유능한 치과위생사를 양성하는 것을 교육 목표로 합니다.

> » 미래 지향적 가치에 부응하고, 인간 존중의 정신을 실현하는 치위생 전문인을 양성합니다.
> » 치위생 실무를 수행할 수 있는 역량 있는 전문 인재를 양성합니다.
> » 치위생 활동의 직무 능력과 전문성을 갖추고, 글로벌 시대에 적합한 전문 인재를 양성합니다.
> » 창의적·전문적·효율적으로 문제를 해결할 수 있는 지식 및 능력을 갖춘 치과위생사를 양성합니다.
> » 관련 전문가와 소통하고 협력하여 국민의 전신 건강 증진에 기여할 수 있는 역량 있는 치과위생사를 양성합니다.

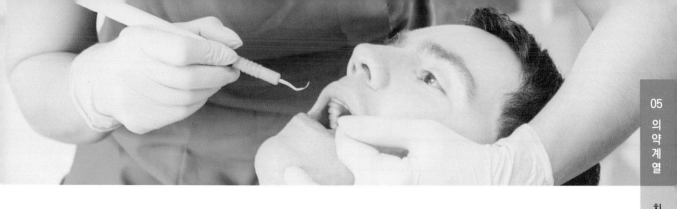

학과에 적합한 인재상은?

치위생학과는 지역 사회와 국가에 봉사하는 치위생학 분야의 전문가를 양성하는 학과이기 때문에 기본적으로 봉사 정신, 올바른 윤리 의식, 환자의 고통을 공감할 수 있는 직업관이 필요합니다. 또한 환자와 원만하게 소통하기 위해서는 대인관계 능력, 의사소통 능력, 다른 사람을 배려하는 자세, 구강 건강 관련 전문 지식에 흥미를 갖고 탐구하려는 자세, 적극성을 지닌 사람에게 적합합니다.

좁은 구강에서 치과 관련 기계나 도구를 사용하여 시술하므로 손놀림이 정교하고, 성격이 꼼꼼한 사람에게 적합합니다. 자연이나 사물에 대한 관찰력, 물체를 입체적으로 볼 수 있는 공간 지각 능력, 오랜 시간 동안 앉아서 정밀 작업을 하므로 지구력과 집중력도 필요합니다.

나눔과 배려를 실천하고, 문제 해결을 위한 통합적 사고 능력이 있으며, 생물학, 화학, 물리학 등 기초 과학 교과에 대한 관심과 흥미가 있고, 문화적 소양과 감성을 바탕으로 인간의 다양성을 이해할 수 있는 사람에게 적합합니다.

주요 교육 목표

구강 보건 향상을 위해
봉사하는 인재 양성

창의적·전문적·효율적
문제 해결 능력을 갖춘 인재 양성

국제화 시대에 맞춘
글로벌 인재 양성

치위생 실무 수행 역량을
갖춘 인재 양성

전신 건강의 증진에
기여하는 인재 양성

윤리 의식, 직업에 대한
사명감을 갖춘 인재 양성

관련 학과는?

치위생과, 치기공학과, 치기공과 등

취득 가능 자격증은?

☑ 치과위생사
☑ 3D프린팅마스터
☑ 치과건강보험청구사
☑ 치과서비스코디네이터
☑ 치과병의원코디네이터
☑ BLS자격증
☑ 보건교육사
☑ 국제응급처치사(EFR)
☑ 병원사무관리사
☑ 일반치과경영관리자 등

진출 직업은?

치과위생사, 보건직 공무원, 의료코디네이터, 의약품영업원 등

추천 도서는?

- 치과위생사는 이렇게 일한다
  (청년의사, 정은지)
- 나는 치과위생사로 살기로 했다
  (나비의활주로, 허소윤)
- 치과위생사로 살아가는 법(메소드, 최유리 외)
- 치과위생사를 위한 공중보건학(고문사, 강정인 외)
- 잘못된 치아 관리가 내 몸을 망친다
  (스타리치북스, 윤종일)
- 잘 먹어야 안 아프다
  (알에이치코리아, 사이토 마유)
- 오늘도 이 닦으며 천만 원 법니다
  (넥서스BOOKS, 김선미)
- 쉽다쉬운 치과 이야기(좋은땅, 문석준 외)
- 쉽디쉬운 임플란트 이야기(좋은땅, 문석준)
- 환자에게 유용한 알기 쉬운 임플란트
  이야기(명문출판사, 정성길)
- 생명이란 무엇인가
  (한울, 에르빈 슈뢰딩거, 서인석 외 역)
- 나는 치과위생사로 살기로 했다
  (나비의활주로, 허소윤)
- 강신주의 감정수업
  (민음사, 강신주)
- 하얗게 웃어줘 라오스
  (알에이치코리아, 오동준)
- 논어, 사람의 길을 열다
  (사계절, 배병삼)

학과 주요 교과목은?

기초 과목	생물학, 화학, 치주학, 생리학, 구강생리학, 임상치과학, 치아형태학, 구강병리학, 치과영양학, 치과위생학개론, 해부생리학, 치의학용어, 임상기초치위생학, 구강방사선학, 구강해부학 및 실습, 치아형태학 및 실습, 구강조직학 및 발생학 등
심화 과목	치과교정학, 치과보철학, 구강보건학, 예방치과학, 치과방사선학, 구강외과학, 치과재료학, 임상실습, 약리학, 공중보건학, 공중구강보건학, 구강미생물학, 보건의료법규, 감염관리학 및 응급처치, 구강보건통계학 및 실습, 심폐소생술, 치과건강보험 및 실무, 치위생연구방법론 및 실습, 구강미생물학 및 실습, 예방치과학 및 실습 등

졸업 후 진출 분야는?

기업 및 의료 기관	치과 대학 부속 치과 병원, 종합 병원 치과, 치과 병의원, 종합 검진 센터, 의료 경영 컨설팅 회사, 산업체 의무실, 구강 보건 관리 용품 회사, 치약 회사, 치과 장비 재료 회사 등
연구 기관	구강 보건 관련 연구소 등
정부 및 공공 기관	국공립 의료 기관, 보건직 공무원, 보건소, 보건지소, 의료보험연합회, 국민건강보험, 건강보험심사평가원, 군무원 등

🔍 전공 관련 선택 과목은?

▶ 국어, 영어 교과는 모든 학문의 기초적인 성격을 가진 도구교과로 모든 학과에 이수가 필요하여 생략함.

수능 필수	화법과 언어, 독서와 작문, 문학, 대수, 미적분Ⅰ, 확률과 통계, 영어Ⅰ, 영어Ⅱ, 한국사, 통합사회, 통합과학, 성공적인 직업생활(직업)		
교과군	선택 과목		
	일반 선택	진로 선택	융합 선택
수학, 사회, 과학	대수, 미적분Ⅰ, 확률과 통계, 생명과학	미적분Ⅱ, 물질과 에너지, 화학 반응의 세계, 세포와 물질대사, 생물의 유전	융합과학 탐구
체육·예술			
기술·가정/정보			
제2외국어/한문			
교양		보건	

학교생활기록부 관리는?

출결 사항	• 미인정(무단) 출결 사항이 없도록 관리하세요. 미인정(무단) 결석 등이 있으면 학교생활 충실도나 인성, 성실성 영역에서 부정적인 평가를 받을 가능성이 높아요.
자율·자치활동	• 다양한 교내 활동을 통해 자신의 장점이나 자신의 활동 내용, 그 활동을 통해 배우고 느낀 점 등이 드러나도록 하세요. • 치위생학 분야에 대한 관심과 흥미를 바탕으로 인성, 나눔과 배려, 협업 능력, 대인관계 능력 등이 드러나도록 하세요.
동아리활동	• 치과위생사, 의료, 봉사 관련 동아리 활동에 참여하여 치과위생사가 갖추어야 할 인성, 협업 능력, 자기 주도성 등이 드러나도록 하세요. • 동아리 가입 동기, 진로에 동아리 활동이 미친 영향, 동아리 내 자신의 역할, 동아리 활동으로 변화된 자신의 모습, 전공과 관련된 자기 계발 경험 등 구체적인 활동 내용이 기록되도록 하세요. • 학교내에서 타인을 위해 할 수 있는 지속적인 봉사 활동을 하세요. • 학교에서 주관하는 장애인, 다문화 가정 학생 돕기, 양로원 봉사 활동 등 사회 소외 계층을 대상으로 하는 봉사 활동을 하세요.
진로 활동	• 치과위생사 직업의 정보 탐색 및 직업 체험 활동을 권장해요. • 치과위생학 분야의 진로 탐색 활동을 통해 진로 역량, 전공 적합성, 발전 가능성 등이 드러나도록 하세요.
교과학습발달 상황	• 치위생학과와 관련 있는 수학, 물리학, 화학, 생명과학, 사회, 미술, 체육 교과의 학업 성취도를 올릴 수 있도록 관리하고, 학업 수행 역량, 전공 적합성, 진로에 대한 열정 등이 드러나도록 하세요. • 공동 과제 수행이나 모둠 활동, 단체 활동 등에서 타인의 의견을 경청하고, 자신의 생각이나 의견을 논리적·체계적으로 기술하는 경험, 새로운 지식이나 사고방식을 긍정적·적극적으로 받아들이는 자세 등이 드러나도록 하세요.
독서 활동	• 치의학, 의학, 물리학, 생명, 화학, 예술, 인문학, 철학, 심리학, 역사학 등 다양한 분야의 독서를 통해 융합적 사고 능력을 키우고, 치위생학 관련 분야에 대한 지식수준을 높이도록 하세요.
행동 발달 특성 및 종합 의견	• 자신의 발전 가능성, 전공 적합성, 인성, 학업 능력, 창의력, 자기 주도적 학습 능력, 문제 해결 능력 등이 드러나도록 하세요. • 학교생활에서 경험의 다양성, 성실성, 나눔과 배려, 학업 태도와 학업 의지에 대한 장점이 기록되도록 관리해야 해요.

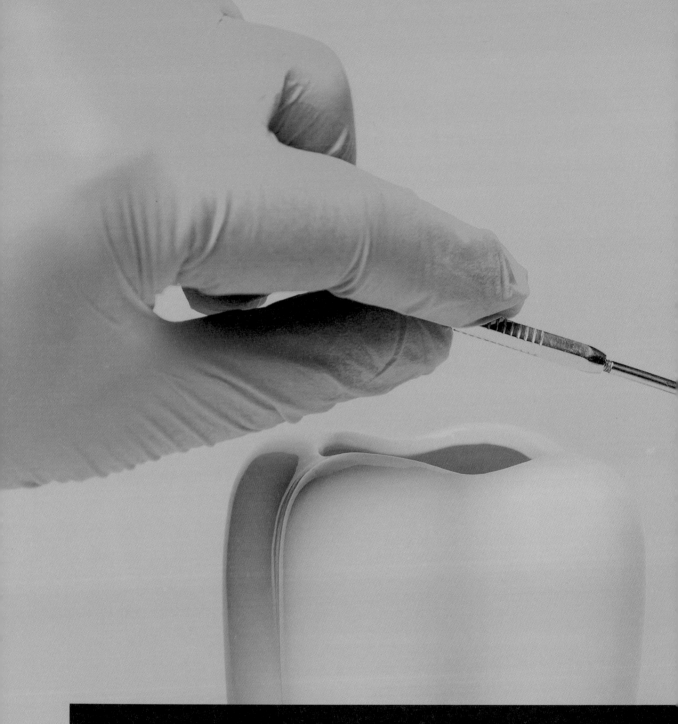

치과의사란?

　사람은 건강한 신체의 성장과 균형을 유지하기 위해 외부로부터 적절한 영양을 공급받아야 합니다. 치아로 씹어서 영양을 섭취하는 것은 신체 발육과 체형 유지 및 건강 회복에 큰 영향을 미치기 때문에 매우 중요합니다.

　치의학은 구강 내 장기와 조직의 질병을 진단·예방·치료하는 원리와 방법을 익히고 연구하는 동시에, 결손이나 없어진 구강 및 인접 조직을 회복시켜 줌으로써 국민들의 구강 건강을 증진시킬 수 있도록 연구하는 학문입니다. 인간의 입술에서 시작하여 인간의 몸에서 가장 단단한 조직인 치아와 이를 지지하는 위아래턱뼈, 구강, 음식을 씹기 위해 턱뼈를 벌리는 턱관절까지를 '악안면 삼각부'라고 합니다. 이 부위의 구조와 기능, 재생 등의 원리에 대해 연구하는 학문을 '기초 치의학'이라 하고, 기초 치의학을 바탕으로 악안면 삼각부에서 발생하는 각종 치과 질환의 원인, 증상, 치료 그리고 건강 관리 방법에 대해 연구하고, 시술을 통해 실제 사람에게 적용하는 학문을 '임상

치과의사
치의예과

Jump Up

치과기공사에 대해 알아볼까요?

치과 환자에 맞는 다양한 재료로 만든 치아와 치아 장치, 교정 장치 등을 제작하고 수리하는 사람이에 요. 치과 보철물 재료, 제작 시간, 설계 내용 등을 확 인하여 환자의 치아 모양을 분석하고 설계한 후 모형 에 따라 석고 모형을 떠요. 작업하고자 하는 모형에 따라 금이나 은, 합성수지 등으로 인공 치아를 만들 거나 의치, 교정 틀 등 치아에 필요한 각종 제품들을 만드는 일을 해요.

치의학'이라 부릅니다.

고대의 기록에 의하면 BC 1700년경 이집트에는 치아의 질병을 치료하는 치료제가 존재했다고 합니다. 또한 BC 500년에서 300년경 히포크라테스와 아리스토텔레스의 치아 발생 형태, 충치와 치주병의 치료, 발치 도구, 골절된 턱과 헐렁한 치아를 맞추기 위한 와이어 사용 등의 기록이 존재할 정도로 치의학과 치과의사라는 직업은 오랜 역사를 지니고 있습니다.

생활 수준의 향상으로 식생활 방식이 바뀌고, 고령화 사회가 되면서 구강 질환을 앓고 있는 인구 증가로 치아 건강이 매우 중요해지고 있습니다. 각종 구강 질환을 앓고 있는 환자들을 진단하고, 치료하는 일을 하는 사람이 치과의사입니다. 구강 질환의 원인을 찾아내서 다 양한 치과 기구로 치료하거나 수술을 하기도 하고, 보철이나 임플란트, 교정이나 양악 수술 등도 담당합니다.

치과의사가 하는 일은?

치과의사는 맛있는 음식을 제대로 먹을 수 있게 해 주고, 여러 가지 구강 질병으로부터 치아 건강을 예방하며, 각종 질환에 노출된 치아를 보호하는 등 건강한 삶을 위해 중요한 역할을 하는 사람입니다.

치과의사는 다른 직업에 비교하여 임금이 높고, 복리후생이 좋은 편입니다. 고용이 안정적이고 직업의 발전 가능성이 높은 편에 속합니다. 근무 환경은 매우 쾌적하나 정신적·육체적 스트레스를 일정 수준 지니고 있으며, 성별, 연령에 따른 차별이 거의 없는 편입니다. 그러나 병원균이나 구강 악취 등에 노출되므로 환자 치료 시 마스크, 장갑, 보안경 등을 착용하여 위생 관리에 신경을 써야 하고 환자의 좁은 구강 속을 들여다보기 위해 몸을 구부려 진료하기 때문에 허리, 어깨, 팔 부분에 통증이 발생할 수 있습니다.

» 병원을 찾아온 환자의 치아와 잇몸 등 구강 내 구석구석을 살핍니다.
» 환자로부터 이야기를 듣고, 방문한 환자의 치아 상태를 살펴본 후 적절한 치료 방법을 찾습니다.
» 충치나 손상된 치아가 있는 경우 신경 치료를 한 뒤 금이나 세라믹 등의 인공 장치물로 대치하고, 사랑니에 통증이 있는 경우 사랑니를 뽑고 인공 치아를 심는 일을 합니다.
» 치아가 없는 사람을 위해 틀니나 보철을 장착해 주고, 임플란트 시술을 합니다.
» 치아가 고르지 못한 사람들은 치아 교정을 통해 이를 가지런하게 만들어 줍니다.
» 누런 치아를 하얗게 만드는 미백 치료를 합니다.

» 아랫니와 윗니가 제대로 맞물리지 않아 불편할 경우 양악 수술을 합니다.
» 올바른 칫솔질 방법, 치실이나 불소 사용법 등을 지도합니다.
» 구강 질환 진단을 위해 x-선 및 기타 의료 기기를 이용하여 병리 검사를 실시합니다.
» 턱에 생긴 질환이나 손상, 기능의 이상 등을 진단하고 치료합니다.
» 치과 기구를 사용하여 외과적 수술 및 약물 치료를 합니다.
» 치아를 청소하고, 홈을 때우며, 이를 뽑고, 의치로 대체하는 일을 수행합니다.
» 장비의 구입, 물품 공급 등 다양한 행정 업무를 수행합니다.

Jump Up

치과 전문의 진료 과목에 대해 알아볼까요?

치과 전문의 진료 과목은 구강악안면외과, 보철치과, 소아치과, 치과교정과, 치과보존과, 치주과, 구강내과, 구강악안면방사선과, 구강병리과, 예방치과, 통합치의학과 등 11개로 구분돼요.

▶ 구강악안면외과: 사랑니, 안면 통증, 변형된 턱 등의 문제를 지닌 환자들을 치료해요.
▶ 보철치과: 결손된 자연치나 치아의 치관부 및 조직을 적절한 인공적 장치물로 대치해요.
▶ 소아치과: 유아 및 어린이 구강에 관련된 질환을 전문적으로 진료하고 예방하는 일을 해요.
▶ 치과교정과: 치아의 불균형 성장 및 발달로 인한 치열과 치아 구조의 차이를 진단하고 교정하며 예방하는 일을 해요.
▶ 치과보존과: 시린 치아의 치료 및 치아의 보존, 표백 치료 등을 수행해요.
▶ 치주과: 치주 조직에 발생하는 치주 질환을 진단하고 예방하며 치료해요. 잇몸 염증과 치석을 제거하여 치아를 윤택하게 하며, 치아의 맞물림 상태를 교정해요.
▶ 구강내과: 구강 질환을 조기 발견하여 처치 및 정확한 진단과 합리적인 치료 계획을 수립하는 방법을 연구하고 활용해요.
▶ 구강악안면방사선과: 방사선 사진을 이용하여 구강 질환에 대한 진단 정보를 판독하고 응용하여 최선의 진료에 임하도록 해요.
▶ 구강병리과: 구강 및 악안면 영역 질환과 이에 관련된 전신 질환의 병리학적 전문 지식을 토대로 구강 영역 질환의 정확한 진단법을 연구하여 활용해요.
▶ 예방치과: 개인과 가정을 상대로 구강 내 질병이 발생되지 않도록 사전에 예방하여 구강 건강을 증진시키고, 지역 사회 구강 보건 사업을 기획·조정·평가해요.
▶ 통합치의학과: 치과 진료의 전반적인 분야의 진료를 다루는 전문의로, 2019년 첫 배출되는 치과전문의예요.

치과의사

커리어맵

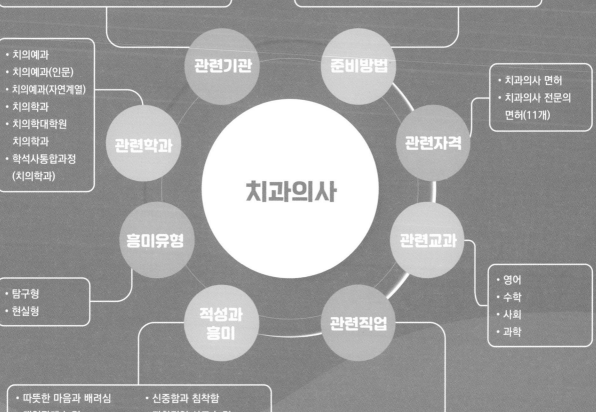

관련기관
- 건강사회를 위한 치과의사회 www.gunchi.org
- 대한구강보건협회 www.dental.or.kr
- 대한치과의사협회 www.kda.or.kr
- 한국보건의료인국가시험원 www.kuksiwon.or.kr

준비방법
- 수학, 물리학, 화학, 생명과학, 사회 교과 역량 키우기
- 치과 의료 기관 관련 봉사 활동
- 치과 의료 기관 체험 활동
- 치과의사 및 치과 의료직 관련 직업 탐방
- 치의학, 생명, 심리학, 인문학 등 다양한 분야 독서
- 외국어(영어, 일본어) 능력 쌓기

관련학과
- 치의예과
- 치의예과(인문)
- 치의예과(자연계열)
- 치의학과
- 치의학대학원 치의학과
- 학석사통합과정 (치의학과)

관련자격
- 치과의사 면허
- 치과의사 전문의 면허(11개)

흥미유형
- 탐구형
- 현실형

관련교과
- 영어
- 수학
- 사회
- 과학

적성과 흥미
- 따뜻한 마음과 배려심
- 대인관계 능력
- 의사소통 능력
- 협업 능력
- 사회성 및 정직성
- 직업 윤리 의식
- 수학, 물리학, 화학, 사회 교과에 대한 흥미
- 정교한 손재주
- 꼼꼼하고 치밀한 성격
- 신중함과 침착함
- 과학적인 사고 능력
- 기계 다루는 것을 좋아하는 성향
- 문제 해결 능력
- 투철한 사명감과 봉사 정신
- 예술적 감각
- 외국어 실력

관련직업
- 치과기공사
- 치위생사
- 임상치과위생사
- 공중보건의
- 군의장교
- 기초치의학자
- 의학연구원
- 의료전문기자
- 보건행정직 공무원

적성과 흥미는?

치과의사는 인간의 치아나 구강의 구조와 기능에 관심이 있어야 하고, 좁은 공간인 구강에서 시술을 해야 하므로 정교한 손재주와 치밀하고 꼼꼼한 성격을 지닌 사람에게 적합합니다. 치료 과정에서 치아를 잘못 건드려 신경을 손상시킬 수 있는 위험이 있고, 작은 실수로 인해 환자에게 심각한 영향을 줄 수 있기 때문에 신중함, 조심성, 침착함이 요구됩니다. 생물학적 지식과 과학적인 사고 능력이 필요하고, 손으로 무엇인가를 만드는 데 재주가 있는 사람에게 적합합니다. 치과 진료 과정에서 각종 치과 장비와 기기를 사용하므로 기계를 잘 다루면 좋습니다.

자연과학 분야에 대한 흥미와 관심이 많아야 하고, 항상 문제의식을 지니고 이를 해결하고자 하는 자세를 갖추어야 합니다. 구강 질환에 대한 빠른 판단력과 치료 결과를 의학적으로 분석할 수 있는 분석력, 투철한 사명감과 봉사 정신이 필요합니다. 환자가 호소하는 증상을 듣거나 환자에게 질병에 대한 원인과 상태를 정확히 알려주기 위해서는 원활하게 대화할 수 있는 의사소통 능력과 대인관계 능력, 환자에 대한 세심한 배려심과 친절한 태도를 갖추어야 합니다. 손상된 치아를 아름다워 보이도록 치료하고, 가공하고 교정하며, 미백 치료도 해야 하기 때문에 예술적 감각도 중요합니다.

치의학은 사람의 건강과 관련된 분야이기 때문에 인성을 바탕으로 인간 삶에 대한 깊은 이해와 성찰하는 자세를 지니고, 인간의 다양성을 인정하는 마음, 다른 사람들의 아픔에 대한 공감과 연민, 인간에 대한 헌신과 봉사, 의료인으로서 소명 의식을 갖추는 것도 매우 중요합니다. 치의학 교육 과정은 오랜 기간에 걸쳐 이론 및 실습을 통한 방대한 학습 분량을 소화해야 하기 때문에 학습에 대한 열정, 인내심, 꾸준함, 성실함을 갖추어야 합니다. 현실형, 탐구형의 흥미를 가진 사람에게 적합하고, 치의학 분야의 선진 기술을 배우거나 국제적 경쟁력을 갖추기 위해서는 외국어(영어 또는 일본어) 실력을 갖추어야 합니다.

치과의사 커리어맵

관련 학과 및 자격증은?

➜ 관련 학과: 치의예과, 치의예과(인문), 치의예과(자연계열), 치의학과,
    치의학대학원 치의학과, 학석사통합과정(치의학과) 등

➜ 관련 자격증: 치과의사 면허, 치과의사 전문의 면허(구강악안면외과,
    치과보철과, 치과교정과, 소아치과, 치주과, 치과보존과,
    구강내과, 영상치의학과, 구강병리과, 예방치과,
    통합치의학과 등 11개 분야) 등

진출 방법은?

치과의사가 되기 위해서는 치의예과 2년, 치의학과 4년, 총 6년 과정의 치과대학을 졸업하여 치의학 학사 학위를 취득한 후 치과의사 국가 면허 시험에 합격하거나, 일반 대학교에서 학사 학위를 취득한 후 치의학 전문 대학원에 입학하여 4년 과정을 마치고 치의학 석사 학위를 취득한 후 치과의사 국가 면허 시험에 합격하면 치과의사가 될 수 있습니다. 세 번째 방법으로는 4년제 대학을 졸업한 후에 치과대학에 편입하는 방법이 있습니다.

치의학 전문 대학원에 입학하기 위해서는 치의학교육입문검사(DEET)에 응시해야 하며, 이 외에 학부에서 일부 교과목을 이수해야 하거나 일정 기준 이상의 대학 평점, 외국어 능력, 면접 등이 요구됩니다. 입학 후 4년간의 치의학 전문 대학원 과정을 이수한 후 치과의사 면허를 취득해야 합니다.

치과의사 면허를 취득한 후에는 주로 치과 병·의원에 취업하거나 치과 의원을 개업합니다. 종합 병원 또는 대학 병원의 임상 의사, 군의관 및 기초 치의학 연구자로도 진출이 가능하며, 대학에서 교육 및 연구 업무를 하거나 치의학 관련 연구소에서 연구 업무를 할 수 있으며, 보건복지부, 질병관리본부, 식품의약품안전처, 보건소 등 공공 분야에서 국민의 건강 증진과 보호를 위해 보건행정직 공무원으로 일하기도 합니다.

치과대학을 졸업한 후에 특정 분야의 치과 전문의가 되기 위해서는 인턴 과정 1년, 레지던트 과정 3년을 거치기도 합니다. 인턴, 레지던트 과정은 구강악안면외과, 보철치과, 소아치과, 치과교정과, 치과보존과, 치주과, 구강내과, 구강악안면방사선과, 구강병리과, 예방치과, 통합치의학과 등 11개로 세분화되어 있는데, 인턴, 레지던트 과정을 이수한 후에는 치과 전문의로 활동하게 됩니다.

관련 직업은?

치과기공사, 치과위생사, 임상치과위생사, 공중보건의, 기초치의학자,
의학연구원, 의료전문기자, 군의장교, 보건행정직 공무원 등

미래 전망은?

국민 소득과 교육 수준이 높아지고, 평균 수명이 늘어나면서 구강 건강에 대한 관심이 높아지고 있습니다. 충치 치료나 잇몸 건강을 위한 치료는 물론이고, 외모를 중시하는 사회 분위기에 따라 미용적인 차원에서 치열을 교정하는 사람도 증가하고 있습니다. 우리 사회의 인구 고령화가 빠르게 진행되면서 이로 인한 노년층의 증가로 보철 및 임플란트 분야의 수요가 더욱 증가하고 있습니다. 특히 의료 보험 적용의 확대로 이전에는 고가였던 틀니나 임플란트 비용이 저렴해진 것도 치과의사의 전망에 긍정적인 요소로 작용하고 있습니다.

최근에는 수준 높은 치과 병원이나 치과의사의 해외 진출이 늘어나고 있습니다. 우리나라 치의학 수준이 매우 높아서 중국, 베트남, 중동 국가를 중심으로 많이 진출하고 있습니다. 정부에서도 우리나라 치의학 관련 기관의 해외 진출을 적극 지원하고 있어 앞으로도 더욱 활발해질 것으로 예상됩니다.

그러나 치과의사 면허를 취득한 후 퇴직이나 사망 등의 특별한 이유가 없는 한 이직이나 전직이 거의 없는 상태에서 매년 새로운 치과의사 면허 취득자들이 배출되는 것은 치과의사의 고용에 부정적인 영향을 미치는 요소입니다. 치과 병·의원에 고용되어 근무하기도 하지만, 직접 병·의원을 개업하기도 하므로 전문적 진단과 치료 능력 외에 운영하고 경영하는 능력도 매우 중요한 요소로 작용합니다.

치의예과
치과의사 전공 분석

어떤 학과인가?

　치의학은 치아 및 구강 외에도 아래턱, 위턱, 얼굴 등의 악안면을 포함하여 얼굴의 질환과 장애, 기형 등에 대해 치료하고 예방하는 학문입니다. 인체를 구성하는 각 세포와 조직의 특성을 파악하여 질환의 원인 및 증상을 파악하고 약물 복용 시의 인체의 반응, 다양한 치과 재료의 적용 가능성 여부 등을 연구하는 기초 치의학, 치과 질환을 진단하고 치료하기 위해 교정 치료, 잇몸 질환 등의 치료를 위한 임상 기술을 익히는 임상 치의학으로 구성되어 있습니다.

　치의예과에서는 치과의사로서의 사명감과 사회에 봉사하는 인생관을 지니고 국민의 구강 건강을 지키며 선진국 수준의 국제 감각을 지닌 치과의사를 양성합니다. 치아 및 구강 외에도 아래턱, 위턱, 얼굴과 관련된 질환과 장애, 기형 등에 대해 치료하고 예방하는 방법에 대해 공부합니다. 또한 노화 증상으로 인해 노인들의 약한 치아를 보존하고 새로운 치아를 심는 임플란트 기술 등도 발전하고 있어 치의예과에 대한 사람들의 관심은 더욱 증가하고 있습니다.

교육 목표와 교육 내용은?

　치의예과는 치과의사로서의 사명감과 사회에 봉사한다는 인생관을 지니고, 국민의 구강 건강을 지키며, 선진국 수준의 국제 감각을 지닌 치과의사를 양성합니다. 치의학이라는 전문적인 학문 분야의 학습에 필요한 기본적인 지식을 습득하게 하고, 그 지식을 치의학에 적용할 수 있는 능력을 갖추는 데 교육 목표를 두고 있습니다.

학과에 적합한 인재상은?

　치의학을 공부하기 위해서는 인간의 치아 구조나 아름다운 턱선 및 구강 구조를 조화롭게 만드는 데에 관심이 있어야 합니다. 인체의 구조나 기능에 대한 관심과 생물학적 지식, 과학적인 사고 능력이 필요합니다. 구강은 좁은 공간이므로 시술을 하기 위해서는 꼼꼼함, 정교한 손놀림을 갖추어야 하고, 손으로 무엇인가를 만드는 것에 흥미가 있는 사람에게 적합합니다. 각종 치과 장비와 기기를 사용하므로 능숙하게 기계를 다룰 수 있으면 좋습니다.

» 희생, 봉사, 사랑의 직업 윤리관을 갖춰 환자 중심의 진료를 수행하는 의료인을 양성합니다.
» 치의학의 기초 및 임상적 지식을 철저히 습득한 치과의사를 양성합니다.
» 창의적인 역량을 갖추어, 스스로 배우고 자신을 계발할 수 있는 전문인을 양성합니다.
» 체계적 병원 관리와 정보 활용 능력을 가진 치과의사를 양성합니다.
» 치의학의 최신 지식과 기술을 습득한, 국제적 안목과 리더십을 갖춘 인재를 양성합니다.
» 미래의 치과의사로서 올바른 사명감, 책임감 및 윤리 의식을 갖춘 인재를 양성합니다.

치의학은 치아를 아름답게 가공하여 균형 잡힌 치아로 만들고, 구강과 턱이 얼굴과 조화롭게 만들어야 하기 때문에 예술적 능력과 감각을 지니고 있어야 합니다. 치의학 분야의 선진 기술을 배우거나 국제적 경쟁력을 갖추기 위해서는 외국어(영어 또는 일본어)에 실력을 갖추어야 유리합니다.

치의학은 사람의 건강과 관련된 분야이기 때문에 인간 삶에 대한 깊은 이해와 성찰하는 자세를 지니고, 인간의 생명을 귀하게 여기는 마음, 다양성을 인정하는 마음, 다른 사람들의 아픔에 대한 공감과 연민, 인간에 대한 헌신과 봉사, 의료인으로서의 소명 의식을 갖는 것도 매우 중요합니다. 치의학 교육 과정을 이수하는 데 많은 기간이 걸리므로 이론 및 실습을 통한 방대한 학습 분량을 소화해야 하기 위해서는 학습에 대한 열의, 인내심, 꾸준함, 성실함을 갖추어야 합니다.

관련 학과는?

치의예과(인문), 치의예과(자연계열), 치의학과, 치의학대학원 치의학과, 학석사통합과정(치의학과) 등

주요 교육 목표

치의학 발전을 위한
연구 능력을 갖춘 인재 양성

올바른 윤리 의식, 인간성,
태도를 지닌 인재 양성

문제 해결 능력을 지닌 인재 양성

의사소통 능력과
협업 능력을 지닌 인재 양성

인류애를 실천하는 인재 양성

국제적 안목과 리더십을
갖춘 인재 양성

취득 가능 자격증은?

- ☑ 치과의사 면허
- ☑ 치과의사 전문의 면허(11개)
  - 구강악안면외과
  - 치과보철과
  - 치과교정과
  - 소아치과
  - 치주과
  - 치과보존과
  - 구강내과
  - 영상치의학과
  - 구강병리과
  - 예방치과
  - 통합치의학과 등

진출 직업은?

치과의사, 공보의, 기초치의학자, 의학연구원, 의료전문기자, 생명과학연구원, 보건행정직 공무원, 군의장교 등

추천 도서는?

- 의사 어떻게 되었을까?(캠퍼스멘토, 한승배)
- 나는 치과의사다(엠지뉴턴, 박광범)
- 치과의사도 모르는 진짜 치과 이야기 (에디터, 김동오)
- 치과의사들이 하는 그들만의 치아 관리법(북스고, 이수진)
- 30년차 치과의사 최유성의 생각(이지출판, 최유성)
- 의료 인문학 산책(문화의힘, 심정임)
- 우리나라 치의학교육, 그 100년의 역사 (역사공간, 서울대학교 치의과대학원)
- 100세 치아 메뉴얼(대한나래출판사, 강동호 외)
- 쉽디쉬운 임플란트 이야기(좋은땅, 문석준)
- 한국 치과의 역사 (역사공간, 치의학사학교수협의회와 연구팀)
- 치의학의 이 저린 역사 (지식을만드는지식, 제임스 윈브랜트, 김준혁 역)
- 입속세균에 대한 17가지 질문(파라사이언스, 김혜성)
- 아 해보세요(후마니타스, 에리 오토, 한동헌 역)
- 다이제스트 치의학 연구윤리 (서울대학교출판문화원, 진보형 외)
- 치과의사가 말하는 치과의사(부키, 안현세 외)
- 입속에서 시작하는 미생물 이야기(파라북스, 김혜성)
- 이기적 유전자 (을유문화사, 리처드 도킨스, 홍영남 외 역)
- 종의 기원(동서문화사, 찰스 다윈, 송철용 역)
- 나의 문화유산 답사기(창비, 유홍준)

학과 주요 교과목은?

기초 과목	화학, 생물학, 발생학, 물리학, 기초물리화학, 유전학, 외과학총론, 세포분자생물학, 치의학개론, 치과생화학, 치아형태학, 치과조직학개론, 기초유기화학 등
심화 과목	구강해부학, 구강생리학, 구강생화학, 구강악안면외과학, 국소의치의제작, 근관치료학, 안면동통학, 악안면성형외과학, 임상교정학실습, 임상보존학실습, 임상보철학실습, 치주병학, 치료교정학, 전신마취학, 치과면역학, 치과약물치료학, 치과약리학개론, 치과미생물학개론, 치아매식학, 구강조직학 및 실습, 생리학 및 실습 등

졸업 후 진출 분야는?

기업 및 의료 기관	종합 병원, 대학 병원, 치과 병원, 개인 병·의원, 보건소, 방송사, 신문사 등
연구 기관	국립암센터, 식품의약품안전처, 국립과학수사연구소, 생명과학연구원, 치의학 관련 연구 기관 등
정부 및 공공 기관	중앙 정부 및 지방 자치 단체 의무직, 보건복지부, 질병관리본부, 보건소 등

🔍 전공 관련 선택 과목은?

▶ 국어, 영어 교과는 모든 학문의 기초적인 성격을 가진 도구교과로 모든 학과에 이수가 필요하여 생략함.

수능 필수	화법과 언어, 독서와 작문, 문학, 대수, 미적분 I, 확률과 통계, 영어 I, 영어 II, 한국사, 통합사회, 통합과학, 성공적인 직업생활(직업)		
교과군	선택 과목		
	일반 선택	진로 선택	융합 선택
수학, 사회, 과학	대수, 미적분 I, 확률과 통계, 현대사회와 윤리, 물리학, 화학, 생명과학	미적분 II, 윤리와 사상, 인문학과 윤리, 물질과 에너지, 화학 반응의 세계, 세포와 물질대사, 생물의 유전	윤리문제 탐구, 융합과학 탐구
체육·예술			
기술·가정/정보			
제2외국어/한문			
교양		인간과 심리, 보건	

학교생활기록부 관리는?

출결 사항	• 미인정(무단) 출결 사항이 없도록 관리하세요. 미인정(무단) 결석 등이 있으면 학교생활 충실도나 인성, 성실성 영역에서 부정적인 평가를 받을 가능성이 높아요.
자율·자치활동	• 교내외 다양한 활동에 참여하여 타인을 위해 봉사하는 모습, 창의적이고 분석적인 사고력이 드러나도록 노력하세요. • 치의학 분야에 대한 관심과 흥미를 바탕으로 인성, 나눔과 배려, 협동심, 창의력, 의사 결정 능력, 리더십 등이 드러나도록 하세요.
동아리활동	• 치의학 및 의료 관련 분야의 동아리 활동에 참여하여 예비 치의학도로서 자신의 우수성이 드러날 수 있도록 하세요. • 동아리 가입 동기, 진로에 동아리 활동이 미친 영향, 동아리 내 자신의 역할, 동아리 활동으로 변화된 자신의 모습, 전공과 관련된 자기 계발 경험 등 구체적인 활동 내용이 기록되도록 하세요. • 학교내에서 타인을 위해 할 수 있는 지속적인 봉사 활동을 하세요. • 학교에서 주관하는 보건소, 병원, 재활원, 사회 복지 시설 등 사회 소외 계층 및 약자를 대상으로 하는 봉사 활동에 참여하세요.
진로 활동	• 치과의사 및 관련 학과에 대한 정보 탐색 활동을 권장해요. • 치의예과 학과 체험 활동을 권장해요. • 치의학 분야의 진로 탐색 활동을 통해 진로 역량, 전공 적합성, 발전 가능성 등이 드러나도록 하세요.
교과학습발달 상황	• 수학, 물리학, 화학, 생명과학, 사회 교과의 성적은 상위권으로 유지하고, 관련 교과 수업에서 전공 적합성, 자기 주도성, 문제 해결 능력, 창의력, 발전 가능성 등의 역량이 발휘될 수 있도록 수업에 적극 참여하세요. • 수업 참여 과정에서 치의학적인 부분에 대한 관심과 흥미를 실제 생활에 적용하여 의미 있는 결과를 이끌어 낼 수 있도록 하세요.
독서 활동	• 인문학, 철학, 역사, 심리학 등 다양한 분야의 책을 읽으세요. • 치의학, 생명, 윤리, 4차 산업 혁명, 스마트 헬스케어 분야 등 폭넓은 독서 활동을 통해 전공과 관련한 기초 소양을 키우도록 하세요.
행동 발달 특성 및 종합 의견	• 창의력, 문제 해결 능력, 협업 능력, 자기 주도적 학습 능력 등이 드러날 수 있도록 하세요. • 학교생활에서 경험의 다양성, 성실성, 나눔과 배려, 학업 태도와 학업 의지에 대한 장점이 기록되도록 관리하세요.

한약사란?

　일상생활에서 각종 질병으로 몸이 아플 때 병원이나 한의원을 찾게 됩니다. 한의원에 가면 한의사로부터 진료를 받게 되는데, 아픈 원인에 따라 침이나 뜸 등의 치료를 받거나, 물리 치료를 받고, 한방 원리에 따라 배합하여 제조한 한약을 처방받아 복용하게 됩니다.

　인류가 약물을 사용하게 된 것은 먹이를 구하는 활동과 깊은 관련이 있습니다. 원시 시대 때 인간은 식물 채집과 사냥을 통해 식물과 동물의 특성에 대해 이해하게 되었습니다. 이 과정에서 식물과 동물 중에는 배부르게 하는 것이 있고, 질병의 고통을 덜어 주는 것도 있으며, 독성이 있어 인간에게 해를 끼치거나 사망하게 할 수 있는 것도 있다는 사실을 알게 됩니다.

　한약은 약 4천 년 전부터 중국에서 사용하기 시작한 것으로 전해지며, 우리나라에는 삼국 시대에 들어온 것으로 기록되어 있습니다. 동물이나 식물, 광물 등 자연계의 여러 물질이 용도에 따라 사용되었으나 가장 많이 사용된 것은 식물입니다. 식물 약재를 한방 이론에 기초하여 치료 목적에 맞게 배합하고 가공하여 사용하였습니다.

한약사

한약학과

한약은 병을 예방하고 건강을 증진시키며 수명을 늘리기 위해 천연 식물 약재를 그대로 또는 가공하여 만든 것으로, 한의학의 치료 방법 중 하나로 사용됩니다. 식물 원료를 사용한 것을 식물성 한약, 동물 원료를 사용한 것을 동물성 한약, 광물로 만든 것을 광물성 한약이라고 합니다. 한약은 약성에 의한 분류, 생물학적 분류, 기관별 분류, 성분에 의한 분류, 약리학적 분류 등 여러 가지로 분류됩니다.

한약에는 여러 가지 성분이 들어 있어 종합적으로 질병을 치료할 수 있으므로 치료 효과가 좋고, 양약으로 고치지 못하는 병을 고치는 경우도 있습니다. 또한 독성과 부작용이 적게 나타나므로 몸에 해를 주지 않습니다. 특히 건강을 보호하는 기능이 있는 보약은 몸의 전반적 기능이 원활할 수 있도록 도와주며, 저항성을 높여 병을 예방할 수 있게 합니다. 한약은 예로부터 우리 민족이 병을 치료하는 데 사용해 왔으며, 그 가짓수는 1,500여 종에 이릅니다.

한약사는 한약국을 운영하면서 한의사의 처방대로 한약을 조제하고, 한약재 개발, 한약재 재배 방법 개발, 한약재의 저장과 보존법 개발 등의 업무를 하는 사람입니다. 한의사가 내린 처방전을 검토하고, 환자에게 한약 복용 방법을 설명하며, 환자가 그동안 한약을 복용한 이력과 약에 대한 부작용이 없었는지 등을 기록하고 관리하는 일을 합니다.

한약사가 하는 일은?

한약사의 업무는 취급하는 의약품의 종류만 다를 뿐 기본적으로 약사와 동일합니다. 현재 우리나라의 약사법상 한약사는 한약과 한약 제제(경옥고, 공진단, 쌍화탕 등의 한방 의약품)에 관한 전문가로서 한약의 생산, 감정, 조제, 제조, 판매 등에 관한 업무를 하고, 약사는 한약을 제외한 의약품에 대해 동일한 업무를 합니다.

한약국을 찾는 환자들은 몸이 불편하기 때문에 마음도 예민한 상태이므로 상대하는 데에 스트레스를 받을 수 있습니다. 작은 실수로 큰 문제가 발생할 수도 있어 책임감에 대한 스트레스도 있습니다.

> » 한의사의 처방전에 따라 한약을 조제하고, 처방전이 필요 없는 일반 한약을 판매합니다.
> » 환자의 나이나 질병에 따라 한약의 용량이 적합한지 확인하고, 혹시 적거나 많은 경우 특별한 이유가 있는지 한의사에게 확인합니다.
> » 처방된 한약들 간의 상호 작용과 부작용 등을 검토합니다.
> » 환자에게 한약 복용 시간, 보관 방법, 복용 시 주의 사항 등을 설명합니다.
> » 한약재의 유효 기간과 보관 원칙에 따라 관리합니다. 한약재에 따라 냉장 보관을 해야 하거나 빛을 쬐면 안 되는 약이 있기 때문에 관리에 신경을 써야 합니다.
> » 환자의 한약 복용 기록과 체질상 특정 약에 대한 부작용 여부, 오랫동안 앓고 있는 병의 여부 등을 기록하고 검토합니다.
> » 한약을 제조하는 제약 회사에 근무하는 경우에는 질병을 예방·진단·치료하기 위해 새로운 한약품을 연구·개발하며, 약품의 효능을 재평가하거나 부작용 등에 대해 연구합니다.
> » 대체 한약품을 개발하고, 실험을 통해 환자에게 효율적이고 안전한 한약품 투여 방법을 연구합니다.
> » 한약품이 생산되는 라인을 관리하거나 각종 한약 제품을 실험하는 등의 업무도 수행합니다.
> » 공공 기관이나 연구소 등에서 근무하는 경우에는 각종 화학 물질, 식품 첨가물, 농약 등의 독성 및 안전성 평가 등을 합니다.

Jump Up

한방 의약품인 경옥고, 공진단에 대해 알아볼까요?

▶ 경옥고: 인삼, 생지황, 백복령, 백밀 등으로 만든 한약이에요. '경옥고'라는 이름은 곽리라는 사람이 중병에 걸렸을 때 자신을 구해준 약이므로 '진귀한 옥과 같다.'라고 하여 붙여졌다고 해요.

▶ 공진단: 녹용, 당귀, 산수유, 사향 등을 가루로 만들어 반죽하여 만든 한약이에요. 동의보감에서는 '간이 허손한 것을 치료하는 약으로, 얼굴에 혈색이 없고, 근육이 늘어지고, 눈이 어두울 때 사용한다.'라고 기록되어 있어요.

한약사 커리어맵

한약사

관련기관

- 대한한약사회 hanyaksa.or.kr
- 한국보건의료인국가시험원 www.kuksiwon.or.kr

관련직업

- 한약학연구원
- 의약품인허가전문가
- 제약영업원
- 보건직 공무원

관련학과

- 한약학과
- 한약개발학과
- 한약자원학과
- 바이오한약자원학과

관련자격

- 한약사

관련교과

- 수학
- 사회
- 과학
- 정보
- 한문
- 중국어

흥미유형

- 관습형
- 현실형

적성과 흥미

- 따뜻한 마음과 배려심
- 대인관계 능력
- 의사소통 능력
- 협업 능력
- 꼼꼼함과 정확성
- 공감 능력
- 사명감과 봉사 정신
- 컴퓨터 활용 능력
- 경영 능력
- 시력 및 색 판별 능력
- 책임 의식

준비방법

- 수학, 과학, 사회, 한문 교과 역량 키우기
- 한방 병원 보건소, 사회 복지 시설 봉사 활동
- 한약학 관련 기관 체험 활동
- 한약학 관련 직업 체험 활동
- 한약학, 약학, 생명과학, 의학, 화학, 물리학, 철학 등 다양한 분야 독서
- 한자 실력 키우기

적성과 흥미는?

　한약사는 한의약학에 관한 기초 원리와 방법, 한약의 적용 및 효과에 관한 지식을 이해하고 학습할 수 있는 탐구 능력, 한약재의 효과에 대한 정보를 이해하고 조언할 수 있는 능력을 갖추어야 합니다. 한약재의 부작용 및 관리 수칙을 정확히 이해하고, 한약 조제 시에 처방전을 올바르게 이해할 수 있는 사무 능력을 갖추어야 합니다. 사람들의 건강과 직결된 일이기 때문에 실수 없이 정확하게 일을 수행할 수 있는 꼼꼼함과 정확성이 중요합니다.

　한약사는 매일 어린아이부터 노인까지 많은 수의 다양한 환자들을 상대합니다. 환자들은 몸이 불편하기 때문에 신경이 예민하고 짜증을 잘 냅니다. 또한 말하기가 서툰 어린아이나 노인들과도 증상에 대해 대화를 나누어야 합니다. 한약사는 이런 환자들의 소리를 귀 기울여 듣고, 정확한 처방을 내려야 합니다. 그러므로 한약사는 사람을 이해하고, 사람과의 대화를 즐길 줄 알아야 하며, 대화를 이끌 수 있는 의사소통 능력, 공감 능력, 대인관계 능력을 갖추는 것이 중요합니다. 혼자 일하기보다는 여러 사람들과 협업하기 때문에 다른 사람들

과 유대 관계를 형성하고, 친밀감, 사회성이 있어야 합니다. 환자의 증상을 빨리 파악할 수 있는 판단력과 순발력을 갖추어야 하고, 업무에 필요한 컴퓨터 활용 능력과 경영 능력도 갖추어야 합니다. 한약 조제 및 실험 시 실험 장비의 눈금을 읽고, 정제 분말 및 캡슐의 색깔을 구별할 수 있는 시력 및 색을 판별하는 능력도 갖추어야 합니다. 한약재는 사람의 건강과 밀접한 관련이 있기 때문에 투철한 책임 의식, 꼼꼼함, 신뢰성이 있는 사람, 관습형과 현실형의 흥미를 가진 사람에게 적합합니다.

　한약사에 관심이 있다면 수학, 생명과학, 화학, 물리학 등 기초 과학 교과에 대한 흥미가 있어야 하고, 학업 역량을 높이는 데 많은 노력이 필요하며, 전공 서적이 주로 한자로 되어 있으므로 한자 공부도 열심히 해야 합니다.

　사람의 생명을 다루는 직업인만큼 사람을 이해하고 사랑하는 마음을 함양할 수 있도록 사회 소외 계층을 대상으로 하는 봉사 활동에 꾸준히 참여할 것을 권장합니다.

한약사 커리어맵

관련 학과 및 자격증은?

➡ 관련 학과: 한약학과, 한약개발학과,
　　　　　　 한약자원학과, 바이오한약자원학과 등

➡ 관련 자격증: 한약사 등

진출 방법은?

한약사가 되기 위해서는 대학의 한약학과를 졸업하고, 한국보건의료인국가시험원에서 연 1회 시행하고 있는 한약사 국가 자격시험에 합격해야 합니다. 한약학과는 4년제 대학에 개설되어 있으며, 한방병리학, 한방생리학, 한방약학제학, 한약약리학, 한약한문 등을 배웁니다.

한약사 국가 자격시험은 한약학기초, 보건·의약관계법규, 한약학응용 등 3과목을 2시간으로 나누어 치르며, 전 과목 총점의 60퍼센트 이상, 매 과목 40퍼센트 이상 득점한 사람을 합격자로 합니다. 한약사 면허를 취득한 후에는 약국을 개설하거나 약국이나 한방 병원 등의 관리 한약사로 진출하며, 대학원에서 석사 이상의 학위를 취득한 한약사

는 한방 신약 개발 및 전문 연구 인력으로 국가 연구 기관, 제약 회사, 화장품 회사, 바이오 벤처 기업 등으로 진출합니다. 한방 병원에서는 한약사를 의무적으로 고용해야 하고, 양방과 한방 진료가 진행되는 요양 병원에서는 한약사를 고용해서 한약을 조제해야 합니다. 한약사는 동물 약국을 개설할 수 있으며, 동물약 제조 회사나 한약재 생산 및 유통 관련 분야에 진출하기도 합니다. 식품의약품관리처, 보건복지부, 국립과학수사연구소, 지방직 7급 약무직공무원의 경우에 한약사들이 지원 가능합니다. 합격하면 공무원이 되기 때문에 채용 시험의 경쟁률이 높은 편입니다.

관련 직업은?

약사, 한약학연구원, 의약품인허가전문가, 보건직 공무원, 제약영업사원 등

미래 전망은?

우리나라가 초고령화 사회로 접어들고, 소득 수준이 향상함에 따라 건강하고 행복한 삶을 위한 새로운 한약재의 개발을 요구하고 있고, 한약재에 대한 건강 보험 급여도 확대되면서 한약사의 일자리에 긍정적인 영향을 미칠 것으로 예상됩니다.

한약사는 약국이나 한방 병원 외에도 국가 연구 기관, 제약 회사, 화장품 회사 및 바이오 벤처 기업 등의 한방 신약 개발 전문 연구원으로 진출하고 있고, 식품의약품안전처, 보건복지부, 중앙약사심의위원회 등의 공무원으로 진출하고 있으며, 한약재 생산 및 유통 관련 분야, 동물 약국 분야로도 진출하는 등 진출 범위가 넓어지고 있습니다.

반면, 최근에 규모가 큰 대학 병원을 중심으로 일반 약을 조제하는 약사 로봇이 등장하였고, 이로 인해 약국 모습이 기존과 달리 많이 변화할 것이라고 예측됩니다. 이와 같이 한약사가 하던 조제 업무도 로봇이나 자동화된 조제 시스템에 영향을 받을 것으로 보여 한약사 고용에 부정적인 영향을 미칠 것으로 예상됩니다.

Jump Up

식품의약품안전처는 어떤 일을 하는 기관일까요?

정부조직법 제25조의 식품 및 의약품 안전에 관한 사무를 관장하기 위해 국무총리 소속의 식품의약품안전처를 두고 있어요. 식품과 의약품에 관해 임상 실험이나 안전 검증 등을 하여 국민들의 건강에 유익하거나 유해한 식품, 의약품을 분류·고시·단속하는 등의 업무를 담당해요. 위험한 식품이나 의약품으로 확인될 경우 각 지방 자치 단체에 통보하여 영업 정지나 폐업 등의 명령을 내릴 수 있어요.

한약학과
한약사 전공 분석

어떤 학과인가?

한약학은 동양의 전통 약물을 활용하여 인류를 각종 질병으로부터 예방 및 치료하기 위한 기술을 연구하는 학문으로, 한의 치료의 주요 수단인 한약의 약성과 채취·가공·이용에서 제기되는 이론과 방법을 연구하는 한의학의 한 분과입니다.

한약학은 한약재를 채취·가공하여 병을 예방·치료하는 과정을 통해 점차 이론적으로 체계화되면서 하나의 학문으로 발전하였는데, 최근 들어 현대 의학의 한계를 극복할 수 있는 대체 의학으로써 관심이 커지고 있습니다.

한약학은 이러한 시대적 변화에 발맞추어 전통과 첨단의 조화 속에서 독창성을 발휘할 수 있는 학문 체계를 추구하여 한약의 과학화에 중추적인 역할을 하는 학문으로 인정받고 있습니다.

한약학과에서는 한약학에 대한 원리와 지식을 연구하고, 한약의 효능에 대한 과학적 연구와 현대화를 통해 질병의 예방과 치료에 공헌하는 보건 의료 인력을 양성합니다.

교육 목표와 교육 내용은?

한약학은 21세기 중요한 분야로 떠오른 생명과학 분야와 함께 각광을 받는 분야입니다. 한약학과는 이러한 한약학을 학문의 중심에 두고, 전통과 첨단의 조화 속에서 독창성을 발휘할 수 있는 학문 체계를 추구하며, 한약 분야 전문인을 양성하는 것을 교육 목표로 하고 있습니다.

창의적이고 우수한 학생들을 한약의 생산 및 제조, 조제, 감정, 보관 및 유통 분야의 전문 인력으로 양성하고, 한약의 과학화를 위한 전문성을 지닌 한약사를 배출하는 학과입니다.

학과에 적합한 인재상은?

한약학을 공부하기 위해서는 물리학, 화학, 생명과학 등 자연과학 관련 과목에 흥미가 있어야 합니다. 더불어 잘 알려지지 않은 분야에 대한 탐구 정신이 필요하고, 한약 및 외부에서 인체로 공급되는 물질을 연구하는 학문이기 때문에 새로운 분야에 대한 호기심을 갖춘 사람에게 적합합니다.

> » 질병의 예방과 치료에 사용되는 한약재와 관련한 기초 이론과 기술을 갖춘 인재를 양성합니다.
> » 한약품 생산과 품질 관리에 요구되는 지식과 전문성을 지닌 인재를 양성합니다.
> » 국민의 건강과 복지 증진에 기여하는 윤리 의식과 봉사 정신을 갖춘 인재를 양성합니다.
> » 융합적 사고를 갖추고 올바른 직무 수행에 필요한 기초 지식을 습득하며, 연구 역량 및 통합적 리더십을 갖춘 한약인을 양성합니다.
> » 창의적 문제 해결 능력을 갖춘 숙련된 한약학 전문 인력을 양성합니다.
> » 생명 존중 및 공동체적 가치관을 갖춘 한약사를 양성합니다.
> » 한약의 임상 응용 능력 및 신약 개발 능력을 갖춘 창의적인 한약사를 양성합니다.

한약학은 약학에 대한 기본 지식에 한약을 추가하여 배우는 것이기 때문에 실험과 실습을 많이 하므로 꼼꼼하면서 침착하고, 시각이나 후각 등이 발달되어 있으면 도움이 됩니다. 다양한 종류의 약물에 대해 배우면서 악취가 나거나 인체에 위험할 수 있는 약품을 다루게 되므로 항상 세심한 주의가 요구됩니다.

한약사는 환자와의 원활한 의사소통을 통해 환자에 대한 정확한 정보를 파악해야 하기 때문에 대인관계 능력, 의사소통 능력, 관찰력, 논리적 분석력을 갖추어야 합니다. 한약학은 사람의 생명과 관련이 있으므로 학습할 분량이 많은데다 빠르게 변화하는 의학 기술에 적응하기 위해 끊임없이 공부하고 탐구하는 자세가 필요합니다. 자연과학에 대한 호기심과 문제의식을 갖고, 이를 해소하려고 노력하고, 인체의 구조나 기능을 이해하려고 노력하는 사람에게 적합합니다.

마음이 따뜻하고, 타인을 이해하고 배려하는 태도와 상황에 대한 이해력을 바탕으로 창의적인 문제 해결 능력을 갖추고 있으면 좋습니다. 개인의 이익보다 환자 및 공공의 이익을 우선시하는 직업 윤리와 도덕성을 갖추어야 합니다

주요 교육 목표

기초 이론과 기술을 갖춘 인재를 양성

동서양 약학의 이해와 응용력을 갖춘 인재 양성

한약사 직무를 능동적으로 수행할 수 있는 인재 양성

지식과 전문성을 지닌 인재 양성

윤리 의식과 봉사 정신을 갖춘 인재 양성

생명 존중 및 공동체적 가치관을 갖춘 인재 양성

관련 학과는?

한약개발학과, 한약자원학과, 바이오한약자원학과 등

진출 직업은?

한약사, 약무직공무원, 한약학연구원, 한방병원 관리한약사, 한약재 유통관리자 등

 ## 취득 가능 자격증은?

☑ 한약사 등

추천 도서는?

- 가깝고도 먼 한의원(한나래플러스, 최평락)
- 몸 한의학으로 다시 태어나다(와이겔리, 안세영 외)
- 생명과 약의 연결고리(웅진지식하우스, 김성훈)
- 중년을 위한 동의보감 이야기(행성B, 윤소정 외)
- 플로차트 어린이 한약
  (정홍, 사카자키 히로미 외, 장규태 역)
- 한의사, 한약으로 말하다(생각나눔, 곽도원 외)
- 플로차트 한약치료(정홍, 니미 마사노리, 권승원 역)
- 한의사 최현명의 재있는 한약 이야기
  (지식서관, 최현명)
- 의과학 박사가 알려주는 건강 한방차
  (지식과감성, 박정아)
- 위대하고 위험한 약 이야기(푸른숲, 정진호)
- 최해룡 약사의 쉽고 빠른 한약 영양소
  활용법(정다와, 최해룡)
- 줬으면 그만이지(피플파워, 김주완)
- 양양사로써의 혜, 한약사로써의 명
  (도서출판 제주감귤, 고혜명)
- 흰때 한약사: 기초편(생각나눔, 이혁)
- 맛있는 채식, 행복한 레시피(따비, 이현주)
- 시니컬한 약사의 약이 되는 독설(아이생각, 임영빈)
- 음양오행으로 가는 길(와이겔리, 전창선 외)
- 약은 우리 몸에 어떤 작용을 하는가
  (전나무숲, 야자와 사이언스오피스, 이동희 역)
- 약이 되는 우리 풀·꽃·나무(한문화, 최진규)

학과 주요 교과목은?

기초 과목	한약학개론, 한약한문, 약용식물학, 인체생리학, 일반약화학, 원전강독, 유기약화학, 본초학총론, 메디시널푸드 입문, 약학개론 등
심화 과목	한방생리학, 본초학, 생약학, 식의약생화학, 식의약분석학, 기능성식품학, 면역학, 병태생리학, 식의약소재화학, 식의약미생물학, 천연물화학, 한방약제학, 예방약학, 기기분석학, 한약감정학, 사상의학, 포제학, 한방진단학, 대한약전, 한약유통학, 생약규격집, 한약저장학, 약사법규, 한약국관리학, 한방면역학 등

졸업 후 진출 분야는?

기업체	제약 회사, 화장품 회사, 식품 회사, 바이오 벤처 기업, 동물약 제조 회사, 한약 제조 업소, 종묘 회사, 한약재 생산 및 유통 관련 회사 등
연구 기관	한방 병원, 요양 병원, 동물 병원, 약국 등
정부 및 공공 기관	보건복지부, 식품의약품안전처, 중앙약사심의위원회, 한방산업진흥원, 국립과학수사연구소, 농촌진흥청 산하 농업직 공무원, 연구직 공무원 등

🔍 전공 관련 선택 과목은?

▶ 국어, 영어 교과는 모든 학문의 기초적인 성격을 가진 도구교과로 모든 학과에 이수가 필요하여 생략함.

수능 필수	화법과 언어, 독서와 작문, 문학, 대수, 미적분Ⅰ, 확률과 통계, 영어Ⅰ, 영어Ⅱ, 한국사, 통합사회, 통합과학, 성공적인 직업생활(직업)		
교과군	선택 과목		
	일반 선택	진로 선택	융합 선택
수학, 사회, 과학	대수, 미적분Ⅰ, 확률과 통계, 현대사회와 윤리, 화학, 생명과학	미적분Ⅱ, 윤리와 사상, 인문학과 윤리, 물질과 에너지, 화학 반응의 세계, 세포와 물질대사, 생물의 유전	윤리문제 탐구
체육·예술			
기술·가정/정보			
제2외국어/한문	중국어, 한문	한문 고전 읽기	언어생활과 한자
교양		인간과 철학, 인간과 심리, 보건	

학교생활기록부 관리는?

출결 사항	• 미인정(무단) 출결 사항이 없도록 관리하세요. 미인정(무단) 결석 등이 있으면 학교생활 충실도나 인성, 성실성 영역에서 부정적인 평가를 받을 가능성이 높아요.
자율·자치활동	• 다양한 교내외 활동에 참여하여 타인을 위해 봉사하는 모습, 창의적이고 분석적인 사고력이 드러나도록 노력하세요. • 한약학 분야에 대한 관심과 흥미를 바탕으로 인성, 나눔과 배려, 협동심, 창의력, 의사 결정 능력, 리더십 등이 드러나도록 하세요.
동아리활동	• 한약학, 의학, 봉사, 토론 관련 동아리 활동에 참여하여 자신의 인성과 관련된 장점이 드러날 수 있도록 하세요. • 동아리 가입 동기, 진로에 동아리 활동이 미친 영향, 동아리 내 자신의 역할, 동아리 활동으로 변화된 자신의 모습, 전공과 관련된 자기 계발 경험 등 구체적인 활동 내용이 기록되도록 하세요. • 학교내에서 타인을 위해 할 수 있는 지속적인 봉사 활동을 하세요. • 학교에서 주관하는 한방병원, 보건소, 재활원, 사회 복지 시설 등 사회 소외 계층 및 약자를 대상으로 하는 봉사 활동에 참여하세요.
진로 활동	• 한의사 및 한약사 관련 직업의 정보 탐색 활동을 권장해요. • 한방 병원이나 한약학과 학과 체험 활동을 권장해요. • 한약학 분야의 진로 탐색 활동을 통해 진로 역량, 전공 적합성, 발전 가능성 등이 드러나도록 하세요.
교과학습발달 상황	• 한약학과 관련 있는 수학, 물리학, 화학, 생명과학, 사회, 한문, 중국어 교과의 학업 성취도를 상위권으로 유지하고, 교과 수업에서 한의학적인 관점에서 탐구 과제를 설정하고 이를 해결하기 위한 과정이 담길 수 있도록 하세요. • 수업 활동에서 전공 적합성, 자기 주도성, 문제 해결 능력, 창의력, 발전 가능성 등의 역량이 발휘될 수 있도록 하세요.
독서 활동	• 인문학, 철학, 심리학 등 다양한 분야의 책을 읽으세요. • 한의학, 수학, 과학, 윤리, 생명 등 한의학 관련 독서 활동을 통해 한약학과 전공 관련 기초 소양을 키우도록 하세요.
행동 발달 특성 및 종합 의견	• 학업 능력, 전공 적합성, 창의력, 문제 해결 능력, 협업 능력 등이 드러날 수 있도록 해요. • 학교생활에서 자기 주도성, 경험의 다양성, 성실성, 나눔과 배려, 학업 태도와 학업 의지에 대한 장점이 기록되도록 관리해야 해요.

Jump Up

'4진'을 통해 병을 진찰하는 방법에 대해 알아볼까요?

▶ 문진(聞診): 환자가 호소하는 모든 증상을 듣고 진단하는 방법이에요. 목소리, 호흡, 기침 소리, 소변과 대변의 냄새 등으로 상태를 진단해요.

▶ 문진(問診): 질병이 생긴 시기와 상태, 치료 경과와 현재 증상 등을 물어 보면서 진단해요.

▶ 망진(望診): 눈으로 봐서 진찰하는 방법으로 얼굴색, 피부의 윤기, 체형 등 몸 전체를 관찰해요. 망진 중에서는 특히 혀를 보고 진찰하는 '설진'을 중요하게 여겨요.

▶ 절진(切診): 맥을 짚어서 보는 맥진과 눌러 보는 안진이 있어요. 한의사가 손으로 환자의 피부를 만져 보거나 눌러 보면서 건강 상태를 알아보는 방법이에요.

한의사란?

한의학은 인체의 구조와 기능을 탐구하여 보건의 증진, 질병의 치료 및 예방 등에 대한 방법과 기술을 과학적으로 연구하는 우리나라 고유의 의학입니다. 한의학은 고조선 시대에 발생하여 삼국 시대부터 중국, 일본, 인도를 비롯해 이란, 아랍, 동로마 제국 등의 의학과 교류하면서 발전하였습니다. 조선 시대에 들어서서 동의보감의 출간과 사상 의학 등의 등장으로 우리나라만의 독자적인 한의학 체계를 갖추게 되었습니다. 이렇게 한의학은 고대부터 오랜 시간에 걸쳐 수많은 치료 경험과 함께 이론 체계를 갖추어 왔습니다.

한의학에서는 사람이 아픈 것이 자연의 이치, 기의 흐름과 관련이 있다고 생각합니다. 질병에 걸린 원인을 찾기 위해 발병 부위뿐만 아니라 신체를 종합적으로 살펴보는데, 이는 신체 기관의 균형이 깨질 때 질병이 발생한다고 생각하기 때문입니다. 반면 서양 의학에서는

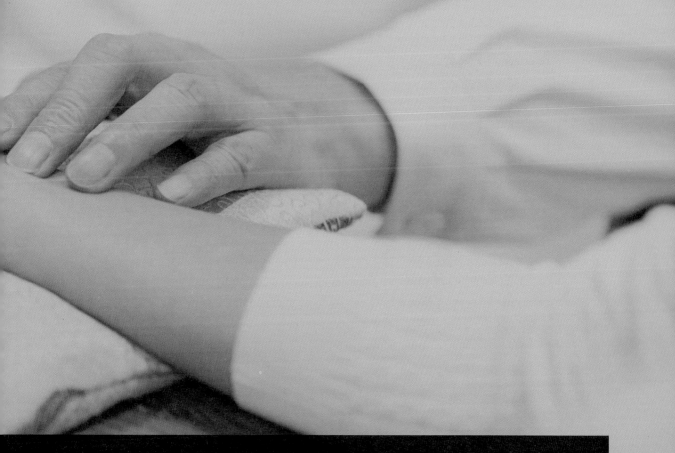

주로 세균이나 바이러스 등 병균의 침입으로 질병에 걸린다고 생각합니다.

한의사는 한의학의 원리와 기술로 질병이나 장애를 치료하는 사람입니다. '4진'을 통해 환자의 병을 진단한 후 침이나 뜸, 한약, 부황이나 향기 요법, 추나 요법 등 다양한 한의학적 시술을 합니다.

병원과 한의원은 의사와 한의사가 환자의 질병을 낫게 해 건강 회복을 돕는다는 공통점이 있지만, 진찰 과정이나 치료 방법은 조금씩 다릅니다. 의사가 X-선이나 컴퓨터 단층 촬영 등의 의료 기기를 이용해 질병 원인을 파악한 다음 주사를 놓거나 약을 처방한다면, 한의사는 맥을 짚은 후에 침을 놓거나 뜸을 뜨거나 한약을 처방하는 등 전통 방식의 치료를 진행합니다. 의사는 현재 환자가 겪고 있는 질병의 증상을 호전시키려고 노력하는 반면, 한의사는 질병의 근본적인 원인을 찾아 없애는 데 집중합니다.

한의사가 하는 일은?

한의사는 한의학을 기반으로 환자의 질병과 장애를 진찰하여 원인을 파악하고, 다양한 한방 치료법을 이용하여 건강을 유지하도록 돕습니다. 환자의 얼굴색이나 피부 윤기, 혀 등을 눈으로 관찰하거나 환자의 말이나 호흡, 기침 등의 소리를 듣거나 질병 발생 과정 및 증상을 듣거나 맥을 짚어 보거나 신체를 눌러보는 등 다양한 방법을 통해 환자를 진단한 후 치료 방법을 결정합니다.

한의사는 꾸준히 공부해야 하는 직업입니다. 환자가 없는 시간이나 진료가 끝난 시간을 활용해 한의학 관련 서적이나 논문 등을 살펴보고, 더 낫거나 새로운 치료 방법에 대해 연구하며, 각종 학회에 참석해 최신 한의학 정보를 습득해야 합니다. 한의사는 다른 직업에 비교하여 임금이 높은 편이고, 복리후생은 좋은 편이며, 근무 시간이 규칙적이고, 물리적 환경이 쾌적하여 육체적 스트레스는 크지 않으나 정신적 스트레스가 다소 있는 편입니다.

> » 환자의 얼굴색을 살피고, 혀 등을 눈으로 관찰하며, 진맥을 통해 아픈 곳을 파악합니다.
> » 몸속에서 생긴 병을 몸 밖에 나타난 증상을 자세히 살펴 그 원인을 찾아냅니다.
> » 환자의 아픈 증상과 질병의 원인을 꼼꼼하게 진단하여 치료 방법을 결정합니다.
> » 환자의 상태에 따라 한약재를 처방해서 치료합니다.
> » 계절이나 환자의 체질에 따라 방법을 달리해 약재와 치료 방법을 선택합니다.
> » 침술, 뜸, 한약재, 부항, 향기 요법, 추나 요법 등을 이용하여 치료합니다.
> » 사람들이 몸이 약해지거나 아프지 않도록 미리 몸의 기운을 북돋우는 한약 등을 처방하여 질병을 예방할 수 있게 도와주는 일을 합니다.
> » 환자의 척추나 경혈 부위 등을 손이나 기계를 이용하여 치료합니다.
> » 냉·온팩을 이용한 찜질 및 다양한 기계를 사용한 물리 치료를 지시합니다.
> » 침술을 사용하여 사람의 몸속 혈액의 혈이 지나가는 경락에 자극을 주기 위해 피부, 근육 등을 깊게 혹은 얕게 찌릅니다.

Jump Up

한방 치료법에 대해 알아볼까요?

한의학에서는 환자의 몸 상태에 따라 다양한 치료 방법을 활용해요.

▶ 침술: 침술 치료는 환자의 기를 잘 통하게 하기 위해서 '혈'이라고 하는 인체의 특정한 자리에 침을 놓는 거예요. 침은 가늘고 긴 형태로 화학적인 물질을 전혀 포함하고 있지 않는 위생적인 도구예요. 침술 치료는 아프지 않으며 환자의 긴장을 풀어 주고 편안하게 해 주는 효과 때문에 많이 사용해요.

▶ 뜸: 한의학이 등장한 초기부터 침 치료와 함께 발전해 온 한의학의 주요 치료 수단이에요. 쑥과 같은 물질을 작은 크기로 뭉쳐서 아픈 부위 또는 아픈 부위와 관련된 뜸자리에 놓고 태움으로써 자극을 주거나 피를 잘 통하게 하고 어혈을 풀어 주며, 아픔을 멈추게 하는 작용을 해요.

▶ 추나 요법: 손 또는 신체 일부분을 이용해 허리 디스크, 척추관 협착증, 근골격계 통증이 있는 환자의 관절, 근육, 인대를 교정해서 질환이나 증상을 치료하는 방법이에요. 추나 요법을 통해 비뚤어진 뼈와 관절이 똑바로 교정되면서 혈액 순환이 잘되고, 손으로 손상된 조직과 세포를 자극함으로써 손상된 곳이 스스로 재생되도록 해요.

▶ 약침 요법: 인체의 기가 모이는 곳인 경혈 부위에 한약을 달여서 추출한 약액을 높은 온도로 정제하여 놓아 침과 같은 효과를 살리고, 한약의 처방 원리를 이용해 선택된 약물의 효과를 거둘 수 있는 치료법이에요. 침과 약의 두 가지 효과를 모두 기대할 수 있어요.

한의사

커리어맵

한의사

관련기관
- 대한한방병원협회 www.komha.or.kr
- 대한한의사협회 www.akom.org
- 한국한의학연구원 www.kiom.re.kr

관련직업
- 한의학연구원
- 공중보건한의사
- 한의군의장교

관련학과
- 한의예과
- 한의예과(인문)
- 한의예과(자연)
- 한의예과
  (인문계열)
- 한의예과
  (자연계열)
- 한의학 전문대학원

관련자격
- 한의사 자격 면허
- 한의사 전문의(8개)
  - 한방내과
  - 한방부인과
  - 한방소아과
  - 한방신경정신과
  - 침구의학과
  - 한방안이비인후
    피부과
  - 한방재활의학과
  - 사상체질과

흥미유형
- 탐구형
- 현실형

관련교과
- 수학
- 사회
- 과학
- 한문
- 중국어

적성과 흥미
- 따뜻한 마음과 배려심
- 대인관계 능력
- 의사소통 능력
- 협업 능력
- 수학, 물리학, 화학, 사회 교과에 대한 흥미
- 예민한 손 감각
- 꼼꼼하고 치밀한 성격
- 집중력과 판단력
- 투철한 사명감과 봉사 정신
- 한자 실력
- 동양 사상이나 철학에 대한 관심
- 경영 관리 능력

준비방법
- 수학, 과학, 사회, 한문, 중국어 교과 역량 키우기
- 한방 의료 기관 관련 봉사 활동
- 한방 의료 기관 및 학과 체험 활동
- 한의사 및 한방 의료직 관련 직업 탐방
- 한의학, 동양사상, 철학, 심리학 등 다양한 분야 독서
- 한자, 중국어 실력 키우기

205

적성과 흥미는?

병원에 온 환자를 진단하여 치료 방법을 결정하려면 풍부한 한의학 지식이 있어야 하고, 병의 증상별 치료 방법을 알아야 합니다. 특히 한의학을 공부하려면 수학, 과학 같은 자연과학적 지식뿐만 아니라 동양 사상이나 철학 등 인문학 지식이 필요합니다. 환자와 대화를 통해 질병과 관련된 사항 즉, 아픈 증상, 생활 습관, 과거에 앓았던 병력, 가족력 등을 물어보고, 질병의 원인을 찾아내어 적절한 치료를 하므로 의사소통 능력, 상담 능력이 필요합니다.

또한 환자의 상태를 진단할 때 진맥을 통해 맥박을 확인하거나 진단 결과에 따라 경혈 자리를 찾아서 침을 놓거나 추나 요법 등으로 치료하기 때문에 예민한 손 감각이 중요합니다. 한의사가 한의원을 직접 운영하는 경우에는 경영 관리 능력을 갖추어야 합니다. 한의학 서적은 대부분 한문으로 쓰여 있기 때문에 한의학 공부를 위해서는 한문 실력을 갖추는 게 중요합니다.

환자를 먼저 배려하는 자세와 봉사 정신이 필요하며, 생명을 다루기 때문에 생명의 존엄성을 알아야 하고, 환자가 마음의 평안을 갖도록 친절한 자세가 필요합니다. 진맥을 하고 침을 처방하는 경우 육체적인 어려움은 없으나 집중력, 분석력, 판단력이 요구됩니다. 현실형과 탐구형의 흥미를 가진 사람에게 적합합니다.

한의사 커리어맵

관련 학과 및 자격증은?

➡ 관련 학과: 한의예과, 한의예과(인문), 한의예과(자연), 한의예과(인문계열), 한의예과(자연계열) 등

➡ 관련 자격증: 한의사 국가면허, 한의사 전문의 등

관련 직업은?

한의학연구원, 공중보건한의사, 한의군의관 등

진출 방법은?

한의사가 되기 위해서는 한의예과 2년, 한의학과 4년, 총 6년간 한의학에 대한 교육을 받은 후 한의학사 자격을 취득하거나, 한의학 전문 대학원에 입학하여 한의학 석사를 취득한 후, 한의사 국가 고시에 합격하여 한의사 면허를 취득해야 합니다. 한의학 전문 대학원에 입학하기 위해서는 4년제 대학 졸업자 및 동등 이상의 학위 소지자가 한의학교육입문검사(KEET)에 응시해야 하며, 이 외에 한의사로 일하려면 한자 능력이 필수여서 한자능력검증시험 2급 이상이어야 하고, 일정 기준 이상의 대학 평점, 학부에서의 일부 과목 이수, 면접 등이 요구됩니다. 한의학 전문 대학원을 졸업하면 한의학 석사 학위가 부여되며, 한의사 면허 취득을 위한 국가 고시 응시 자격을 지니게 됩니다. 보건복지부에서 인정하는, 외국의 한의사 자격증을 가지고 있는 경우에는 국내 한의사 국가 고시에 응시할 수 있는 자격이 생깁니다.

한의사 국가 고시에 합격하여 한의사 면허를 취득하면 국립의료원, 한방 병원, 요양 병원, 한의원 등으로 진출할 수 있고, 한의학 관련 연구소나 제약 회사 연구소, 대학에서 연구 업무를 수행할 수 있습니다. 보건복지부, 식품의약품안전처 등 공무원과 국내 행정 기관으로도 진출할 수 있고, 국제 기구의 보건 행정 분야로도 진출할 수도 있습니다. 한의사 면허를 취득한 후에 인턴 1년, 레지던트 3년을 거쳐 전문 분야의 전문의가 될 수 있습니다. 한의사 전문 분야는 한방내과, 한방부인과, 한방소아과, 한방안이비인후피부과, 한방신경정신과, 한방재활의학과, 침구의학과, 사상체질과 총 8개가 있습니다.

미래 전망은?

인구의 고령화, 소득 수준의 향상, 생활 환경의 변화 등으로 인해 질병의 치료보다는, 질병 예방과 건강 증진 등 예방적 의료 서비스에 국민들의 요구가 증가하고 있습니다. 이러한 변화와 함께 자연주의 건강 증진 방법에 관심을 갖게 되었고, 이는 한의학의 수요 증대로 나타나고 있습니다. 건강 관리, 비만 관리 등 예방 측면에서의 한의학 수요 증가와 한약재의 의료 보험 대상 확대 등은 한의사의 전망에 긍정적인 요소로 작용하고 있습니다.

해외에서도 전통 의학에 대한 관심과 수요가 증가하면서 국내의 유능한 한의사들이 미국 등으로 진출하고 있고, 정부에서도 한의학의 세계 시장 진출을 위해 많은 지원책을 내놓고 있습니다. 이는 국내 한방 의료 시장의 경쟁이 치열해지고 있는 상황에서 미국을 비롯한 유럽 등지에서 대체 의학으로서 자리 잡을 수 있는 기회가 될 수 있기 때문에 한의사들에게는 긍정적인 요소로 작용할 것입니다.

반면, 한의학을 전공한 사람 중 매년 면허를 취득하는 사람은 약 800명 내외로, 입직 경쟁이 치열해지고 있고, 의료 시장 개방으로 중국 한의사의 국내 진출이 증가하고 있는 점은 한의사의 전망에 부정적인 요소로 작용하고 있습니다.

Jump Up

한의사 전문의 분야에 대해 알아볼까요?

한방 의료의 분야별 전문화와 질병별 치료 영역의 특화를 위해 2000년부터 한의사 전문의 제도가 실시되었어요. 한의사 전문의 과정은 수련 한방 병원에서 1년의 인턴 과정과 3년의 레지던트 과정을 거친 후 한의사 전문의 자격시험에 합격해야 해요. 전문 분야는 총 8개로 나뉘어요.

▶ 한방내과: 위장관 질환과 췌장 및 비장의 질환, 호흡기 질환을 중심으로 한방 특유의 진단 및 치료 방법 등에 대해 전문적으로 배워요.
▶ 한방부인과: 여성의 월경, 임신, 출산과 관련된 모든 질환에 대해 진단 및 치료 방법을 배워요.
▶ 한방소아과: 소아가 성장 발달하여 성년에 이르는 과정에서 소아의 여러 병증 및 질환을 조기에 진단하여 치료하는 방법을 배워요.
▶ 한방이비인후피부과: 눈, 귀, 코, 인후, 구강 및 피부에 발생하는 각종 질환의 한의학적 치료 및 관리를 전문적으로 배워요.
▶ 한방신경정신과: 현대인에게서 많이 발생하는 스트레스, 화병, 우울증, 공황 장애 등 심리적·정신적 질환과 두통, 치매 등 신경계 질환 등에 대해 배워요.
▶ 한방재활의학과: 척추와 관절의 통증성 질환, 신경과 근육 계통에 나타나는 통증과 체형과 자세의 불균형에 따른 질환을 진단하고 치료하는 방법을 배워요.
▶ 침구의학과: 침, 뜸, 부항, 약침 등 각종 침구 치료 기구의 올바른 활용을 통해 인체에 나타나는 온갖 증상과 질병을 예방·완화·치료하는 방법을 배워요.
▶ 사상체질과: 사람의 체질을 태양인, 소양인, 태음인, 소음인의 네 가지로 구분하고, 각 체질에 대한 생리, 병리 및 진단과 치료 방법을 배워요.

한의예과
한의사 전공 분석

어떤 학과인가?

한의학은 5,000년 역사를 지닌 우리나라 고유의 학문이며, 질병의 근본적인 원인을 찾아 인체의 기능을 정상으로 회복시키는 데 중점을 두고, 치료 기술과 치료 영역을 연구하는 학문입니다. 우리나라를 비롯해 중국 및 일본 등 한자 문화권에서 연구되고 발전되어 온 학문으로, 서양에서도 한의학에 대한 관심이 점차 증가하고 있습니다. 의학이라고 하면 대부분 서양 의학만을 생각하는데, 서양 의학과 대응되는 동시에 서로 보완하는 동양 의학, 즉 한의학까지 포함해야 진정한 의미의 의학이라고 할 수 있습니다.

한의예과는 한의학 지식과 진료 능력을 가지고 봉사 정신과 사명감을 갖춘 한의사 및 한의학자를 배출하려는 목적으로 교육학는 학과입니다. 질병의 근본적인 원인을 알아내어 인체의 기능을 정상으로 회복시키기 위해 한약과 침술을 사용하는 방법, 침을 놓는 혈 자리를 찾는 방법, 침과 뜸의 이론과 치료 방법, 우리나라 고유의 체질 의학과 한약재의 효능 등 전통 치료법에 대해 배우는 학과입니다. 한의대학교는 한의예과 2년, 한의학과 4년 총6년 과정으로, 국가 면허 시험에 합격하면 한의사가 될 수 있고, 인턴 1년, 레지던트 3년을 거쳐 전문의 자격시험에 합격하면 전공 분야의 한의사 전문의가 될 수 있습니다.

교육 목표와 교육 내용은?

한의예과는 질병의 근본적인 원인을 알아내어 인체의 기능을 정상으로 회복시키기 위해 전문적인 지식과 기술, 지속적인 자기 학습 능력을 배양함으로써 창의성과 전문성을 개발하는 것을 교육 목표로 합니다.

학과에 적합한 인재상은?

치의학을 공부하기 위해서는 인간의 치아 구조나 아름다운 턱선 및 구강 구조를 조화롭게 만드는 데에 관심이 있어야 합니다. 인체의 구조나 기능에 대한 관심과 생물학적 지식, 과학적인 사고 능력이 필요합니다. 구강은 좁은 공간이므로 시술을 하기 위해서는 꼼꼼함, 정교한 손놀림을 갖추어야 하고, 손으로 무엇인가를 만드는 것에 흥미가 있는 사람에게 적합합니다. 각종 치과 장비와 기기를 사용하므로 능숙하게 기계를 다룰 수 있으면 좋습니다.

» 현대 의학과의 합리적인 조화를 통한 우수한 한의학을 만드는 인재를 양성합니다.
» 지역 사회 및 국민 보건 증진에 기여하여 참의료 실현에 앞장설 수 있는 인재를 양성합니다.
» 소외되기 쉬운 이웃을 돌아볼 수 있는 인성 개발 및 자기희생을 바탕으로 한 이웃 사랑의 정신을 실천하는 인재를 양성합니다.
» 한의학의 정체성을 확립하고, 한의학의 세계화와 전문화를 추구하는 인재를 양성합니다.
» 한의학과 서양 의학의 진단, 치료에 대한 이해를 적절히 활용할 수 있는 인재를 양성합니다.

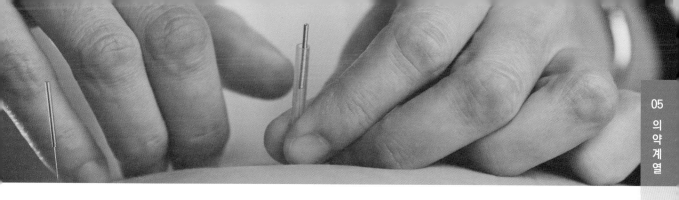

한의학은 사람의 생명과 건강을 다루는 학문이기 때문에 인체의 구조와 다양한 약재에 관심이 있으면 좋습니다. 인체 및 생명에 대해 관심을 가지고, 인체 생리를 이해하기 위한 기본 지식을 잘 알고 있어야 합니다. 기본적으로 사람과의 대화를 좋아해야 하고, 의사소통 능력과 대인관계 능력, 환자에 대한 세심한 배려와 친절한 태도를 갖추어야 합니다.

6년의 동안 인체 각 기관의 구조와 생리, 부위별 질환, 한약재의 효능, 국내외 이론 등 많은 양의 공부를 해야 하므로 스트레스 감내성, 도전 정신, 끈기와 인내, 강인한 정신력도 갖추어야 합니다. 남을 배려하고 이웃을 사랑하는 인성을 갖추고, 봉사 정신, 자연과학적 지식은 물론, 인문학적 지식을 갖춘 사람에게 적합합니다.

한의학의 이론 체계를 이해하기 위해서는 동양 철학과 한의학 서적들을 읽어야 하는데, 이들은 대부분 한자로 쓰여 있기 때문에 한자에 대한 흥미와 지식이 있어야 합니다.

주요 교육 목표

한의학 발전을 위한
연구 능력을 갖춘 인재 양성

윤리 의식, 인간성을
지닌 인재 양성

의사소통 능력과
협업 능력을 지닌 인재 양성

한의학의 기초 이론과
임상 기술을 발전시키는 인재 양성

인류애를 실천하는 인재 양성

국제 경쟁력을 갖춘 인재 양성

관련 학과는?

한의예과(인문), 한의예과(자연), 한의예과(인문계열), 한의예과(자연계열) 등

 ## 취득 가능 자격증은?

☑ 한의사 면허
☑ 한의사 전문의 면허(8개)
 - 한방내과
 - 한방부인과
 - 한방소아과
 - 한방신경정신과
 - 침구의학과
 - 한방안이비인후피부과
 - 한방재활의학과
 - 사상체질과 등

진출 직업은?

한의사, 한의학연구원, 공중보건의사, 한의군의장교, 의학전문기자 등

추천 도서는?

- 의사 어떻게 되었을까? (캠퍼스멘토, 한승배)
- 허준 동의보감 (아이템북스, 허준)
- 우주 변화와 한의학 (학민사, 정다래 외)
- MT 한의학 (장서가, 이영종)
- 맥진, 몸과 마음을 읽다 (솔트앤씨드, 황재옥)
- 사주 음양호행을 디자인하다 (지식과감성, 최제현 외)
- 음양오행, 별과 그림자 그리고 다섯 원소 (와이겔리, 김상연 외)
- 한 권으로 읽는 동의보감 (아이템하우스, 허준)
- 체질대로 알고 체질대로 살아라 (지식과감성, 구환석)
- 역사 속의 전염병과 한의학 (은행나무, 송지청)
- 역사 선생님도 가르쳐주지 않는 조선왕조 건강실록 (트로이목마, 고대원 외)
- 인문과 한의학 치료로 만나다 (미래를소유한 사람들, 강용원)
- 음양이 뭐지? (와이겔리, 어윤형 외)
- 흐름의 철학 경락 (자유아카데미, 이혜정 외)
- 몸, 한의학으로 다시 태어나다 (와이겔리, 안세영 외)
- 한의학과 심리학의 만남 (세창출판사, 양웅모 외)
- 뇌 과학의 모든 것 (휴머니스트, 박문호)
- 황제내경 (김영사, 지토 편집부, 홍순도 외 역)

학과 주요 교과목은?

기초 과목	의학용어, 동양철학, 한의학원론, 한의학개론, 한의학한문, 한의학용어, 일반화학, 일반화학실험, 일반생물학, 일반생물학실험, 한문I, 한의철학, 종교와 원불교, 경서강독, 기초중국어, 영어회화, 의학영어, 대학생활과 자기혁신 등
심화 과목	생리학, 생리학실습, 병리학, 발생학, 진단학, 약리학, 본초학, 방제학, 해부학, 해부실습, 처방학, 경혈학, 사상체질의학, 의사학, 내과, 침구과, 부인과, 소아과, 신경정신과, 이비인후과, 생화학 및 실습, 의학기공학, 본초학총론, 의학통계학, 중국어회화, 의학한문, 조직학 및 실습 등

졸업 후 진출 분야는?

기업 및 의료 기관	제약 회사, 한방 화장품 회사, 의료 기기 회사, 한방 병원, 한의원, 양방 종합 병원의 한방과
연구 기관	한의학 관련 연구소, 식품 및 제약 관련 연구소 등
정부 및 공공 기관	의무직 공무원, 보건직 공무원, 보건소, 보건지소, 국립의료원, 국립재활원 등

🔍 전공 관련 선택 과목은?

▶ 국어, 영어 교과는 모든 학문의 기초적인 성격을 가진 도구교과로 모든 학과에 이수가 필요하여 생략함.

수능 필수	화법과 언어, 독서와 작문, 문학, 대수, 미적분 I, 확률과 통계, 영어 I, 영어 II, 한국사, 통합사회, 통합과학, 성공적인 직업생활(직업)		
교과군	선택 과목		
	일반 선택	진로 선택	융합 선택
수학, 사회, 과학	대수, 미적분 I, 확률과 통계, 현대사회와 윤리, 화학, 생명과학	미적분 II, 윤리와 사상, 인문학과 윤리, 물질과 에너지, 화학 반응의 세계, 세포와 물질대사, 생물의 유전	윤리문제 탐구, 융합과학 탐구
체육·예술			
기술·가정/정보			
제2외국어/한문	중국어, 한문	한문 고전 읽기	언어생활과 한자
교양		인간과 철학, 인간과 심리, 보건	

학교생활기록부 관리는?

출결 사항	• 미인정(무단) 출결 사항이 없도록 관리하세요. 미인정(무단) 결석 등이 있으면 학교생활 충실도나 인성, 성실성 영역에서 부정적인 평가를 받을 가능성이 높아요.
자율·자치활동	• 교내외 다양한 활동에 참여하여 타인을 위해 봉사하는 모습, 창의적이고 분석적인 사고력이 드러나도록 노력하세요. • 한의학 분야에 대한 관심과 흥미를 바탕으로 인성, 나눔과 배려, 협동심, 창의력, 의사 결정 능력, 리더십 등이 드러나도록 하세요.
동아리활동	• 한의학 관련 동아리 활동에 참여하여 자신의 인성, 장점 등이 드러날 수 있도록 하세요. • 동아리 가입 동기, 진로에 동아리 활동이 미친 영향, 동아리 내 자신의 역할, 동아리 활동으로 변화된 자신의 모습, 전공과 관련된 자기 계발 경험 등 구체적인 활동 내용이 기록되도록 하세요. • 학교에서 주관하는 장애인, 다문화 가정 학생 돕기, 양로원 봉사 활동 등 사회 소외 계층을 대상으로 하는 봉사 활동을 하세요. • 학교내에서 타인을 위해 할 수 있는 지속적인 봉사 활동을 하세요.
진로 활동	• 장애인 돕기, 다문화 가정 학생 돕기나 양로원, 사회 복지 시설, 병원 등에서 진행되는 봉사 활동에 적극 참여하세요. • 봉사 시간을 늘리는 것보다 양질의 봉사를 꾸준하게 하는 것이 중요해요.
교과학습발달 상황	• 한의사 및 한의학 관련 학과 및 직업에 대한 정보 탐색 활동을 권장해요. • 한방 병원이나 한의예과 학과에 대한 체험 활동을 권장해요. • 한의학 분야의 진로 탐색 활동을 통해 진로 역량, 전공 적합성, 발전 가능성 등이 드러나도록 하세요.
독서 활동	• 수학, 물리학, 화학, 생명과학, 사회, 한문, 중국어 교과의 성적은 상위권으로 유지하고, 관련 교과 수업에서 한의학적인 관점에서 탐구 과제를 설정하고 이를 해결하기 위한 과정이 담길 수 있도록 하세요. • 수업 참여 과정에서 전공 적합성, 자기 주도성, 문제 해결 능력, 창의력, 발전 가능성 등의 역량이 발휘될 수 있도록 하세요.
행동 발달 특성 및 종합 의견	• 인문학, 철학, 심리학 등 다양한 분야의 책을 읽으세요. • 한의학, 수학, 과학, 생명 윤리 등 한의학과 관련된 독서 활동을 통해 한의예과 관련 기초 소양을 키우도록 하세요.

참고 문헌 및 참고 사이트

- "2015 개정 교육과정 시행에 따른 학생부종합전형 준비를 위한 선택교과목 가이드북", 명지대학교, 국민대학교, 서울여자대학교, 숭실대학교(2019).
- "2015 개정 교육과정에 따른 선택 과목 안내서", 교육청교육연구정보원서울특별시(2024).
- "2024 이후 학생부위주전형 모집단위별 인재상 및 권장과목", 부산대학교(2024).
- "2024 진로연계 과목 선택을 위한 학과안내서", 부산광역시교육청(2024).
- "2024학년도 서울대 권장 이수과목 목록", 서울대학교(2024).
- "고등학교 교과목 안내", 충청남도교육청(2019).
- "대학 전공 선택 길라잡이", 전라남도교육청(2024).
- "전공 적성 개발 길라잡이", 세종특별시자치교육청(2024).
- "진로 연계 과목 선택을 위한 학과 안내서", 광주광역시교육정보원(2024).
- "청소년을 사로잡는 진로디자인5", 부산광역시교육청(2024).
- "학생 진로진학과 연계한 과목 선택 가이드북", 교육부(2019).

- 커리어넷 www.career.go.kr
- 메이저맵 www.majormap.net
- 대입정보포털 어디가 www.adiga.kr
- 고용24 www.work24.go.kr
- 전국 각 대학 홈페이지